フューチャー・デザインと哲学

世代を超えた対話

西條辰義・宮田晃碩・松葉　類［編］

FUTURE DESIGN × PHILOSOPHY

keiso shobo

はしがき

「未来のために」といううたい文句は街にあふれている。未来を予想すると宣言する数値はつねに危機感をあおり、破壊された地球環境の映像は良心へとかすかな痛みを与える。にもかかわらず、われわれはこうした歯止めがきかない状況の恩恵をぬくぬくと受けつづけている。大きな矛盾を抱えたまま現代を生きる人間は、たったいま「未来のために」何ができるというのだろうか。

フューチャー・デザインは「将来可能性」という耳慣れない語を用いてこの矛盾に応えようとする。この語は地球環境学を含めた自然科学のみならず、人文学全体へも同様に未来に関する問いをつきつけている。さしせまった状況を前にしてなお、科学がデータの解析にとどまらないために、人文学が人間文化の理解に終わらないために。本書は学問領域を超えて、人間のとりうる次のステップは何かを考える。

はしがき

第一部　〈未来を予測する〉

はじめに

西條辰義・宮田晃碩・松葉　類

将来世代のための社会を作ろう、しかしそのためにはどうすればよいのか――こうした課題に取り組む実践および探究が、「フューチャー・デザイン」である。本書はそのフューチャー・デザインの取り組みを踏まえながら、さらにその将来を見据えて、哲学の観点から議論を深め、発展させることを狙っている。

実のところ「将来」ないし「未来」に関して、哲学者たちは豊富な思索と議論を重ねてきた。そこで問われてきたのは、「未来はすでに決定されているのか」、「そもそも未来は存在すると言えるのか」といった形而上学的な問いから、「将来に対して私たちはどのような責任を負うのか」、「責任を負うとすればそれは何に由来するものなのか」といった倫理的な問いまで多岐にわたる。フューチャー・デザインが取り組む課題と最も近い領域で言えば、「世代間倫理」の問題が挙げられるだろう。二〇世紀半ば以降、私たちが自覚するに至ったのは、人類の技術が人類自身の存続を危うくするということであった。この状況に即応して倫理学においては、将来世代への責任をどう考えるかということが問題となったのである。このような展開を視野に入れつつ、哲学における根本的な思索と議論の成果を、フューチャー・デザインという極めてアクチュアルな取り組みに接続させて考えるならば、私たちは将来との関わり方を自分自身の問題として、かつ様々な可能性に開かれたものとして、模索できるようになるのではないか。

これはたんに哲学からの「寄与」を狙うものではない。むしろ期待しているのは、今日交わされている哲学の議論が、フューチャー・デザインと出会うことで新たな視野のもとに置かれ、あらためて自らの課題を問い直すということである。『フューチャー・デザインと哲学』という書名には、たんなる二つの領域の並置ではなく、そうした双方向的な探求の可能性を含意したつもりである。

ともあれ、本書において「フューチャー・デザイン」とは何を指すものであるのか、それに対して各章がどのように関わるのかということを、まず簡単に示しておく必要があるだろう。以下では（1）フューチャー・デザインとは何か、（2）将来世代とは何か、（3）フューチャー・デザインは他の手法と何が異なるのか、（4）本書が取り組む課題は何か、（5）各章はどのように位置づけられるか、という順序で説明したい。

1　フューチャー・デザインとは何か

フューチャー・デザインとは何か――それは一言で言えば「人々が将来可能性を発揮できる社会の仕組みのデザインと、その実践」である。ただし、この「将来可能性」という概念については説明が必要だろう。ここでは、フューチャー・デザインが掲げる大きな枠組みと、そのなかで「将来可能性」という概念がどのような役割を果たしているかということを、簡単に説明したい。

冒頭に述べたように、私たち人類の技術はもはや、私たち自身の生存を脅かすまでになっている。有限な資源の過剰な消費、環境汚染、気候変動……。こうした問題については、科学的にも政治的にも具体的な調査や検証が必要とされる。しかしおそらく確かなことは、私たち自身が生活や社会のあり方を変えなければ、私たちの将来は非常に危ういということである。にもかかわらず、現代社会はつねにその必要な変化を先延ばしにし続けているように見える。この問題に対して、私たちはすぐさま応答しなければならない。

フューチャー・デザインの提案は、ラディカルかつクリアである。その提案の第一は、次のような問題意識に基づいている。すなわち、私たちは話し合いによって意思決定をするけれども、そこには将来世代の人々が参加することはできないのだから、彼らを利するような決定などなされえないのではないか、というものだ。つまり私たちがどれほど話し合いを重ね、変化が必要であるということを確認したとしても、結局のところ将来世代を利するインセンティブが欠けているのだから、それでは根本的な解決は不可能だろうということである。「話し合いの場に将来世代がいない」というのはどうしようもないことであり、私たちはここで行き止まりに打ち当たるように思えるかもしれない。しかしフューチャー・デザインは、ここで考え方の転換を提案する。その提案の鍵になるのが「将来可能性」という概念である。

将来可能性とは、「現在世代が自分の利益を差し置いても、将来世代の利益を優先するという可能性」のことを指す。私たちにはすでにこの将来可能性が備わっていると主張するのである。たとえば親が自分を犠牲にしても子どもの利益を優先するといったことは文化、時代、場所を超えて普遍的に見られる。これと同様のことが、自分の子に対してではなくさらに何世代も後の人々に対して、また必ずしも血縁関係にない人々に対しても考えられないだろうか、と想定するのが「将来可能性」のアイデアである。フューチャー・デザインの提案の第一は、私たち人類に「将来可能性」を認めてみよう、という発想の転換なのだ。

しかしそうだとすれば、現在の私たちの状況はどう考えればよいのか。私たちが将来可能性を有するならば、今日直面しているような困難には立ち至らないはずではないのか。いったいどこに間違いがあったのか。ここに、フューチャー・デザインが「人々が将来可能性を発揮できる社会の仕組みのデザインと、その実践」と言われるポイントがある。私たちの将来可能性は、それが十分に発揮されるような社会のもとでしか、発揮されることがない。現在私たちが生きている社会は、将来可能性を抑圧するような社会なのではないか。このような問題の把握に基づくのが、フューチャー・デザインの枠組みを構成する第二の提案である。その提案とはすなわち、人々が将来可能性を発揮できるような社会をデザインしよう、というものである。私たちはただ行動の変化を呼びかけるだけでは足りない。人々が自分の持っている可能性を展開し、自ずと行動を変化させることができる、そのような社会をデザインしようというのが、フューチャー・デザインのモットーなのである。

2　将来世代とは何か

将来可能性とは「現在世代が自分の利益を差し置いても、将来世代の利益を優先するという可能性」であると説明した。しかし「将来世代」とは、具体的に何を指しているのか。いったい何年後の人々を、誰から見たどこに住む人々を指すのか。この点についても説明が必要だろう。

これについて、フューチャー・デザインでは必ずしも何年後、どこに住む人々、などと具体的に定めているわけではない。ただし「自分の利益を差し置いても」という点は重要である。「自分の利益を差し置いても」というからには、「三〇年後の自分」などを将来世代として考えるわけにはいかない。また「自分の子どもや孫」なども将来世代の典型としては考えられない。むしろ、家族関係の利害を度外視して考えられるような距離にある人々を、ここでは将来世代として考えることになる。もちろん、私たちが自分の仲間とか共同体の一員と見なす範囲はグラデーションをもって広がっているだろう。そこに截然とした区別を引くことは難しい。ただここで重要なのは、ひとまずは「自分もしくは自分の家族を利する」ということを超える可能性が考えられている、ということである。

そのうえで、フューチャー・デザインが実際にどのように将来世代を想定するかということを説明しておこう。現在フューチャー・デザインは、市や町といった地方自治体のレベルで、市民参加のワークショップとして実践が行なわれている。ワークショップではたとえば「五〇年後の〇〇市」「百年後の××町」といったものが、将来世代として想定されることになる。つまりそこでは、参加者（現在世代の私たち）が住み暮らしている場所を介して、将来世代との関わりが想定されているわけである。

具体的に何年後を想定するかということは、焦点を当てる課題に応じて変わってくる。例を挙げると、上下水道の管理が主題となるときには、その耐用年数を考慮して百年単位で考えることになり、だいたい百年後の将来世代を想定することになる。これと同様に、公営住宅の場合は五〇年単位、さらにスケールを大きくして、窒素循環を考える場合には五百年単位、原子力発電所を問題とするならば放射性物質の半減期を考慮して百万年単位、といった具合である。気候変動の場合には、政治的取り決めを基準にするか、科学的予測を基準にするか、といった問題の切り取り方によって、想定する将来世代も変わってくる。

3　フューチャー・デザインの特徴

こうした問題設定のもとで取り組まれているフューチャー・デザインは、いったいどのような点で注目に値すると言えるのか。フューチャー・デザインは「将来失敗」、すなわち不可逆的な環境の変化によって私たちの生存が脅かされるという事態を回避しようとするわけだが、そのような取り組み自体は、フューチャー・デザインのほかにも、多岐にわたる枠組みと方法論においてなされている。それらとの違いはどこにあるのか。

フューチャー・デザインの根本的な特徴を二つ挙げるならば、その第一は、これが「人々の考え方」と「社会の仕組み」の双方に同時に働きかけようとするという点にある。フューチャー・デザインは将来可能性を発揮させることで考え方にある種の変化を起こすことを目指すわけだが、そのためには社会的な条件が整っていなければならないうえに、この条件もまた人々の考え方によって左右される。どちらか一方のみに働きかけたとしても、最終的な課題は解決できない。この点について、たとえばアルネ・ネスが一九七〇年代に提唱した「ディープ・エコロジー」は、自己意識の生態系への拡大がおのずと根本的な社会変革を導くと考える。しかし、自然環境と直接の交流を持てない都市部の人間にとっては、目の前の社会の仕組みを変えることがまずは重要となる。ここにはディープ・エコロジーがその理念の実現手段の多様性を認める一方で、具体的な運動へとなかなか発展しなかったことへの反省がある。

第二の特徴は「将来世代の観点から考える」という点にある。そもそも「将来可能性」という概念を提案するのは「将来世代が話し合いの場にいないのに、私たちはどうして将来世代のための決定ができるだろうか」という――ヨナスやフレチェットのいう「世代間倫理」が提起したような――問題に答えるためであった。つまり現在の私たちの意思決定の場面にどうにかして将来世代を利するインセンティブを介在させなければならない。そのための具体的な通路として、思い切って「将来世代の観点」を体現させるような仕組みを導入してみよう、というわけである。

この点について、実際に導入されている「仮想将来世代」という仕掛けを紹介したい。ワークショップ参加者はグループに分かれたうえで将来世代になりきり、自分の想像力を働かせて「将来世代がいかなる状況におかれているか」「その解決のために現在世代に何が必要か」などを語り合う。その際注意することは、ワークショップの行われている「現在」について語るときは、必ず「あの時は……だった」というように、過去形で語ってもらうということである。ワークショップが進むにつれて、参加者はもともと持っていたのとは別の観点から、つまり「将来世代の観点」から考えることができるようになる。ワークショップの具体的な進行としては、普通に現在世代として話し合いをしたグループと仮想将来世代のグループとを引き合わせて話し合いをしてもらったり、あるいは仮想将来世代から現在世代に戻って考えてもらったりと、様々なバリエーションが行われている。

こうした「仮想将来世代」という仕掛けを用いたワークショップは、具体的な施策を考えるための話し合いの手法として効果を上げているだけではなく、むしろワークショップが終わったあとにも参加者が変化した考え方を持ち続け、自主的に勉強会を開いたり、フューチャー・デザインを行う市民団体を立ち上げるなどといった結果を生んでいる。ここでは「社会の仕組み」と「人々の考え方」を同時に変えるということが起こりつつあると言えるのではないだろうか。

4　本書が取り組む課題は何か——各章の内容

このように提唱されてから一〇年が経過し、すでに一定の結果を生んでいるフューチャー・デザインの次なる課題とは、自らがどのような枠組みなのかをふたたび明らかにすることである。本書はとくにフューチャー・デザインが抱える三つの根本的な問題に正面から取り組むことを目指した。

第一部〈未来を予測する〉で問われるのは、まだ存在しない未来とその状況をいかに予測しうるかという問題である。「将来可能性」概念が成立するためには、前提となる「将来世代の利益」がいかなるものかを規定しなければならない。しかしそれが将来世代である以上、現在とどの程度かけ離れているかはこちらの想定次第となってしまうのではないか、そうなってしまえば結局、現在の利益に都合のいい将来像から「将来可能性」を導き出してしまうのではないか。第一部はこのような問いかけから、現在から未来を予測するということの根本的な意味を考えようとする。

第1章は、フューチャー・デザインがワークショップにおいて生み出してきたこれまでの成果を確認しながら、この手法の特長を明らかにする。もともと経済学における制度設計の手法が、政策決定においていかに有効かを問うなかで生まれたフューチャー・デザインは、従来の環境倫理学や生態学とは異なり、つねに実践を念頭に設計されている。したがって、本書がいかなる哲学的問題を含んでいるかを論じるための前提として、本章はこの手法を通じて目指されているものを確認する。

第2章は、将来世代の利益を考えるとはそもそもいかなる行為であるかを問う。長期的な課題が提示されている場合、往々にして将来世代の利益は現在の価値と相反するように設定されがちであるが、じつは現在の価値を考えることのなかに、すでに現在の価値観を相対化し「重心をずらす」視点が含まれているはずであり、言葉を換えれば現在とは別の価値観――それは過去や未来の価値観でありうる――を抱くという可能性が含まれている。本章はドイツの哲学者ハイデガーが問うた「現存在」という根本概念を土台に、このことを示そうとする。

第3章は科学的モデルにおける「未来予測」がいかなる曖昧さを孕んでいるかを明示する。未来を扱う学問は次の二点をアポリアとして抱えている。それは第一に、いかなる精密な観測と評価を行ったとしても未来予測がつねに原理的に不確実であるという点、そして第二に、未来予測には予測する者の視点が必ず影響してしまうという点である。したがって問われるべきは、目下の状況を正確に把握しながら、未来予測を行うこと、そしてその予測から翻って現在の状況に真摯にコミットすることである。本章は直線的な時間概念を批判しながら、未来予測という行為がたえず要請するこのような循環的な時間概念を提示しようとする。

第4章は、未来予測の際に問題となる現在の「無知」を分類し、それに関与する仕方を論じる。未来予測が原理的に不可能であるとしても、それを口実として思考を停止してしまってよいわけではない。つまり問題は、まったく知ることのできない未来への無知というよりは、すでにある程度の未来予測が可能であるにもかかわらず、それを見ようとしないことによって生じる無知である。本章は仮想的な将来世代との議論によって、この種の無知に対する応答を探るが、ここで分析の枠組みとなるのは「無知の研究」と呼ばれる哲学領域の成果である。

第5章は、人工知能とベーシックインカムの二つを題材に、いかなる未来が予想されるかを具体的に考察する。両者はともに、現在の人間による労働の価値を根本的に変えてしまう仕組みとして論じられることがあるが、この議論の有効性が問題となる。フューチャー・デザインはある意味で仮想的な将来世代との対話を通して理想状態の未来を構築することを目指すが、本章の議論はこの未来の設定の際に不可欠な手がかりを提供しうるであろう。

第二部〈未来とつながる〉で問われるのは、予測された未来と現在がいかにつながりうるかである。現在と予測された未来とが完全に切り離されたものであるとすれば、現在から未来へ行為する、あるいは未来から現在を考えるということが難しくなってしまう。長期的な課題に取り組むために、現在と未来とが「つながり」を持つにはどのようにすればよいのだろうか。第二部では現在と未来とが連続性、共同性を持つための道が探られる。

第6章は、広い意味ではフューチャー・デザインの土台でもある「世代間倫理」という語を世に知らしめたドイツの哲学者のヨナスの立論を通じて、現在世代が将来世代に対して責任を負うのはなぜかを問う。とくに問題となるのは、血統や土地といった具体的な関係性のない、いまだ存在しない将来世代に対する責任の根拠である。この問いに対し本章は、この世界で責任を負いうるのが人間だけである以上、責任という概念が成立するためには人間の存在そのものが脅かされるリスク――そしてそれへの「恐怖」を生み出す事態――を避けることを基準として行為すべきであると論じる。

第7章は対話形式の小論である。気候変動の苛烈な影響を受ける二二世紀に生きる哲学科と経済学科の学生らが、二一世紀以前の人々が二二世紀の彼らに気候変動を回避する責務を負っていたと考えることができるかを論じている。彼らの議論は、(結果的に十分に果たされることのなかった)その責務をいかにすれば実行できたのかという問題に及ぶ。彼らの提示するアイデアは、自分の死後も人類が存続することに異なる世代がともに価値を見出しており、その価値の共有を通じ、異なる世代が協力しあう関係に入るという考えである。本章の提示する対話が、筆者の創り出した想像上の将来世代による意見表明であることに注目すべきであろう。

第8章は、道徳的評価が「理性」に基づくものか「感情」に基づくものかという問いを一七世紀以降の英米哲学史において主題化する。哲学においてそれまで定説であった道徳理性主義は、ヒュームとスミスという二人の哲学者によって批判され、感情とその共有を基盤としなければ成立しないことが示される。しかし他方、感情のみに基づく場合、多様な人間と価値観をぶつけ合いながら共存すべき社会において通用する、客観的な道徳的評価を考えることができない。このような問題設定から本章で示されるのは、フューチャー・デザインが想定する将来世代と現在世代が道徳的評価を共有する可能性があるとすれば、理性と感情をどのように用いるべきかに関する思考枠組みである。

第三部〈未来と対話する〉で問われるのは、いかに将来世代と対話しうるかという問題である。実際に行われているフューチャー・デザインのワークショップにおいて、参加者の一部は将来世代がその場にいたとしたらという想定で彼らの声を代弁する役割を割り振られる。こうしたワークショップ形式でなくても、将来可能性へと応答するためには、少なくとも将来世代から見ていかに行為すべきかという視点が不可欠となる。したがって、将来世代を想定した議論の採用する方法論が検討されなければならない。第三部ではこの「対話」において何が行われているのかが問われる。

第9章は、フューチャー・デザインにおける対話がいかなる意味で可能となるかを、哲学者レヴィナスの問題設定を参照しながら論じる。仮想将来世代は、与えられたある条件下において「想像」されるが、それは将来世代との対話の根本的な不可能性と矛盾しない。そこに対話相手が実在していないことを前提に対話すること、それは「文学」が本質的に要請する思考の働きである。あらゆる議論の場、ひいては日常生活においてこの「文学」がたえず機能しているということが論じられる。

第10章は、いまそこにないもの（他者）を想像する際の困難を、サルトル哲学を手掛かりに「リアリティ」「奥行き」「異他性」と分析する。それらに対してフューチャー・デザインは二つの試みによって応答を行っている。第一に、議論の場に将来世代が居合わせる「かのように」議論を行うこと、第二に、それを本当の将来世代に向けて記録すること、すなわち未来に向かって「書くこと」である。

第11章は、現在世代が将来世代の言葉に耳を傾ける必要がないとして議論を拒む場合を論じようとする。そのために本章は、倫理的に対立する当事者間で対話を成立させる方法とはどのようなものか、という一般的な問題設定から次の三つの応答を考えている。それは第一に、対話相手についての情報をできるだけ多く知ること、第二に、対話相手が倫理的に置かれている立場に関連した感情教育を行うこと、第三に、パブリック・カンバセーション・プロジェクト（ＰＣＰ）のように議論に関係のないインフォーマルな対話を行ったうえで、あらためて議論を行うことである。将来世代という仕掛けがたんなる抽象的な情報の担い手となってしまわないために、本章では具体的な提案がなされる。

こうした問題の検討を通じて本書が目指しているのは、各章で展開される議論をこの場限りのものに終わらせず、さらに多くの思考と実践へと広げていくことである。哲学は決して、一部の特殊な職能のみが携わるものではない。むしろフューチャー・デザインの取り組み自体が「哲学的」な思考枠組みそのものなのではないか。というのもそれは、私たちが自明と見なしていることを問い直し、あらためて考える、という営みだからである。

したがって本書では、各章で哲学の専門的な議論を紹介する場合でも、つとめて平易な書きぶりを心がけることとした。いわゆる哲学の専門書や論文集とは趣を異にするはずである。哲学というものにさほど縁がないと思ってこられた読者の方々にも、「哲学する」チャンスをここに見出していただければと願う次第である。

第一部　〈未来を予測する〉

第1章　フューチャー・デザイン×哲学

西條辰義(1)

1　我々は何をしてきたのか

二〇一九年末から世界的に大流行した新型コロナウイルス感染症（COVID-19）は、二〇世紀半ばから始まった急激な地球規模の変化と関係しているのではないのか。少し振り返ってみよう。COVID-19は二〇一九年一二月三〇日に中国の武漢で確認されたが、その直後の二〇二〇年一月一〇日には、SARSを経験したトロントの医療研究者たちが航空機を介した国際的な感染拡大の可能性を警告している（Bogoch et al., 2020）。警告どおりCOVID-19は瞬く間に世界に広がった。各国で最初の患者が見つかった日を示そう。日本（二〇二〇年一月六日）、韓国（一月二〇日）、アメリカ（一月二一日）、フランス（一月二四日）、ドイツ（一月二七日）、イタリア、スペイン、イギリス

（一月三一日）などである。(2) なんと約一カ月で世界にひろがったといってよい。

この背景には一九五〇年以降、急速に拡大した航空輸送がある。旅客は年率約五％、貨物は年率約六％で成長した。そのため、旅客の場合は一四年ごと、貨物の場合は一二年ごとで倍増することになる（Schäfer and Waitz, 2014）。その後、二〇一〇―一九年の一〇年間において、旅客は年率六％で成長している（Iacus et al., 2020）。そうすると、一九五〇年に比して二〇一九年の旅客（有償旅客キロ数）は三二倍を超えて大きくなっている。二〇〇〇年以降の世界のＧＤＰの伸び率は四％弱であるため、航空旅客はＧＤＰよりも大きく伸びている。このようなグローバリゼーションを支えたのが化石燃料である。旅客や貨物を含む国際航空輸送における二酸化炭素の排出量は一九九〇年から二〇一六年の二七年間で倍増、つまり年率約二・六％で増加している。

このような急激な増加は航空輸送に限らない。人口、実質ＧＤＰ、化石燃料の使用量、肥料の使用量、自動車台数などの人間活動を示す指標は、産業革命以降、とりわけ二〇世紀の半ばから加速度的に増大している。これらの人間活動に伴い地球環境にかかわる指標、たとえば、大気中の二酸化炭素・窒素酸化物・メタンなどの濃度、海域への窒素流入量、熱帯林の減少量なども加速度的な変化が起こっている。これらの急激な変化は「超加速（Great Acceleration）」と呼ばれている（Steffen et al., 2015a）。一方、「地球の限界（Planetary Boundaries）」に関わる研究は、一万年あまり続いた安定的な完新世の環境を維持するために必要な九つの領域を識別し、それらの地球環境に対する許容限度を提案している（Rockström et al., 2009; Steffen et al., 2015b）。彼らによると、生物多様性、窒素やリンを含む生化学物質の循環などがすでに元の状態に戻ることのできない許容限度（tipping points）を超え、気候変動はその限界に近づいていることを示している。

そのため、完新世はすでに終了し、人類が地球システムを変え、新たな地質年代である人新世（Anthropocene）が始まっているとしている（Crutzen and Stoermer, 2000; Crutzen, 2002）。さらには、冷地球と温地球のサイクルから温地球と熱地球のサイクルに移行し始めているとの指摘もある（Steffen et al., 2018）。

他方で、主要諸国の債務残高は巨額である。COVID-19以前のデータだが、IMFによると、日本のそれはGDP比で二三六％、イタリア、アメリカ、フランスのそれは各々一三〇％、一〇八％、九六％である（IMF, 2021）。日本の場合、債務残高の解消のためには、消費税を三五―四〇％程度に上げ、これを百年続けることでようやく六〇％程度になるという試算もある（Hansen and İmrohoroğlu, 2016）。果たしてどの世代が進んでこれを実行するのだろうか。これに加えて、COVID-19対策として、各国政府は巨額の支出をしている。これらはすべて、将来世代の資源を奪うことで現世代の豊かさを維持しているということではないのか。

2　なぜ将来失敗は起こったのか

このような超加速により、様々な生態系を破壊し、将来世代の資源を奪い、将来世代に大きな負荷をかけてしまうことを将来失敗（future failures）とよぼう。将来失敗を引き起こしてしまう社会の仕組みはどこからきたのだろうか。それはヒトの持つ特性からきたに違いない。そのことを知るために、神経科学者がヒトをどのように捉えているのかを見よう。サポルスキーはヒトの特性について三つの特性を挙げている（Sapolsky, 2012）。一つは相対性（contrast）で、我々の五感は絶対量ではなく、その変化に反応する。たとえば急に暗くなったり、大きな音がしたりすると反応してしまう。これは自己の生存可能性を高めるための特性で、これをヒトが変化のないところ（評価関数の最大点）を求めるとするなら、相対性はヒトの持つ「最適性の原理」といってよい。二つ目が衝動性（impulse）で、ヒトは、目の前の美味しいものを我慢して食べずにいることは難しい。これも、そうすることで自己の生存可能性を高めるからである。衝動性を拡張したものが近視性（myopia）で、ヒトは目の前の欲望に負けてしまう。三つ目が社会性（sociality）で、他の動物に比して肉体的に劣ったヒトが食物連鎖の頂点に至るためには、一人ではなく複数の人々の連携が必要不可欠である(3)。相対性と近視性は、目の前のできごとにどう対処するのかというほどの意味で、短期的な性質である。一方、社会性は一朝一夕に身につくものではなく、それを伝承する仕組みがなければならないし、短期ではなく、少し長いタイムスパンの視野が必要となる。それでは、もう少し遠い将来に対してヒトはどのような特性を持っているのだろうか。同じく神経科学者のシャーロットは楽観性（optimism）を指摘している（Sharot, 2011）。彼女によると、どうも我々は、過去の嫌なことは忘れ、今の快楽を追い求め、将来を楽観的に考えるように進化した可能性がある。

このようなヒトの根源的な特質までさかのぼり社会制度との関係を検討する研究はほぼ皆無であるが、これらヒトの四つの特性を色濃く反映した社会の制度が、トマス・ホッブズやジョン・ロックなどの社会契約論者の提唱する自由、平等から派生した自由な「市場」ではなかろうか[4]。なんらかの権力を持つものが決める価格に従うのではなく、需給が釣り合う価格で自由な取引をするという市場は「人々の目の前の欲望を実現する優秀な仕組み」ではあるものの、「将来世代を考慮に入れて資源配分をする仕組み」ではない。残念ながら、将来世代は現在の市場でその意思を表明することができない。

「民主制」もヒトの持つ近視性、短期的な合理性、楽観性から自由ではない。任期に限りのある政治家は、そのような選挙民を想定するとともに、次の選挙に常に目を向け、彼らが将来世代のしあわせに目を向けるのは容易ではない。さらには、このような民主制は、短期的な利益を求める市場をコントロールできるはずもなく、かえって市場の持つ近視性を増幅させてしまう可能性すらある。このように民主制は、自由、平等という理念から派生する社会の仕組みがもたらす将来世代への負荷、つまり将来失敗を十全に考えられない。

それでは、地球規模での将来失敗の起源はどこにあったのだろうか。その遠因のひとつは黒死病であろう。経済史学者のアレンによると、ヨーロッパでは一四世紀半ばの黒死病で人口が激減したために、イギリス、とりわけロンドンでは賃金が高騰し、それが継続した（Allen, 2009）。同時に都市化が進展し、木材価格が上昇した。そこでエネルギー源として求められたのが、たまたま手近で豊富かつ安価であった石炭だったのである。炭鉱でたまる水を汲み上げるために、高価な労働者に代わって揚水ポンプを動かしたのが蒸気機関である。まさに有機エネルギーから化石エネルギーへの転換が起こり、「産業革命」を経て様々なイノベーションを経験してきたといってよい。

これらのイノベーションは、ヒトの相対性、近視性、楽観性をさらに強化するというフィードバックを引き起こす。これがさらに少しでも便利なもの、楽になるものへのイノベーションへの欲求につながる。加えて自由な市場は、さらなる効率化や、グローバル化を促す。このフィードバックの連鎖が、ますますヒトの相対性、近視性、楽観性を強化し、さまざまな将来失敗と共に際限のない成長を目指す社会を形作ってきたのではないのか。

そうだとするなら、社会制度そのものの変革が二一世紀前半の大きな課題になるはずではなかろうか。ところが、制度改革のエンジンとなるべき社会科学の様々な分野は、たとえば、社会学なら規範、政治学なら権力、心理学なら感情、経済学ならインセンティブという個別のパラダイムに固執し、小手先ではなく、持続可能な未来に向けてどのように制度を変革すべきかという答えを見いだしていない。にも拘わらず、社会科学の各分野に加えて、人文科学、情報科学、神経科学などの個別分野の知見を連携・総合し、ヒトの行動を把握し、それに基づき社会の仕組みを考案し、諸問題を解決するというのが現在の主流である。

フューチャー・デザイン（Future Design，ＦＤ）は従来の（社会）科学とは真逆の立場をとる（図１−１）。従来の社会科学は、人々の考え方は簡単には変わらないことを前提とし、すでにある社会の仕組みの中で何事が起こるのかに関心を寄せた。一方、人々の考え方は与件とするものの、社会の仕組みをデザインする、つまりそれを変数とすることで、効率性や公正性を達成する仕組みのデザインを考えたのが二〇世紀後半から今に至るメカニズム・デザインの分野である。他方、社会の仕組みそのものは与件とするものの、ちょっとした工夫で、人々の考え方というよりもむしろ行動変容を起こすというのが行動経済学といえよう。社会変革をキーワードとするFuture Earth，ＩＰＣＣ（Intergovernmental Panel on Climate Change）、ＳＤＧｓ（Sustainable Development Goals）も、社会の仕組みそのものをターゲットとするというよりもむしろそれを与件として、人々の行動変容を目指している。ところが、ヒトの考え方（性質）は、社会の制度とそのフィードバックで変容する。[5] つまり、社会の仕組みとしての民主制や市場そのものが、我々の考え方を形作っている。そのため、将来失敗を回避し、持続可能な社会の構築のため、我々の考え方そのものを変革する社会の仕組みのデザインが必要となってくる。そこで、デザインされた仕組みが人々の考え方をどのように変えるのかを検証するのに様々なサイエンスを用いるという手順をとる。これがＦＤの出発点である。

では、そのためにどのようなサイエンスが必要とされるだろうか。そ

		社会の仕組み	
		固定	変数
人々の考え方	固定	伝統的な（社会）科学	メカニズムデザイン
	変数	行動経済学, Future Earth, IPCC, SDGs	フューチャー・デザイン

図 1-1　人々の考え方と社会の仕組み

れは、「理性」偏重ではなく、人間の「感情」の側面をも適切に捉えうるようなサイエンスではないだろうか。ホッブズやロックでは、合理主義に基づく「理性」に依拠するのが原則といってよい。一方、理性だけでは、人がどのような理由で何を選ぶのかは理解できないと考え、「感情」や「共感」の存在も重視し、それを基礎に人の本性を解き明かしたのが、デイヴィッド・ヒューム、アダム・スミスではなかったのか(6)。ただ、社会の仕組みとしての自由な市場や間接民主制は、理性ベースの仕組みであり、感情や共感を基礎とする仕組みではない。一方で、自由な市場の理論構築を支えたのがスミスであり、その後、一九世紀以降、経済学を風靡した新古典派は、人々の考え方ないしは評価関数を与件とし、それを最大化するという合理性に基づくパラダイムを採用し、そこには感情や共感が入り込む余地はなかった。二〇世紀後半から、実験経済学や行動経済学は、感情や共感の復権を試みているが、『諸国民の富』を理性ベースとするなら『道徳感情論』は共感ベースの書物である。この両方を著したスミスは理性と共感の二輪車に乗っかっていたのに、新古典派は片方の車輪をはずしたのである(7)。

3　FDとは?

ヒュームは、「家族のすべての出費は家長の指示の下にあるとはいえ、家長は財産の大部分を妻の楽しみと子供の教育に注ぎ、そのうちわずかの部分を自分自身の使用や楽しみにあてる」のが当たり前と指摘する。一方で、このような家族内のメンバーに対する気前のよさや共感は見知らぬ他者や社会に対しては及ばないかもしれない。そこで登場するのが黙約（convention）である。オールを手にした二人がボートをこぐ場面を浮かべてほしい。二人が勝手にこいだところでボートは前進しない。知らず知らずのうちに息を合わせ、リズムを合せることを始める。これが黙約である(Hume, 1992)(8)。

上記のヒュームの例話は同世代ないしは同じ時代に生きている人々を想定している。一方で、これが世代間で通用するのだろうか。確かに、ヒュームがいうように、食糧不足の際、親が自分の食べる分を減らし、それを子供に与えることで、親はひもじいものの幸せを感じることにうなずく人は多いだろう。ただ、これを血縁関係のない将来世代にまで拡張できるのだろうか。そこで、「たとえ現在の利得が減るとしても、これが将来世代を豊かにするのなら、この意思決定・行動、さらにはそのように考えることそのものがヒトをより幸せにするという性質」を「将来可能性（futurability）」と定義してみよう。将来可能性はヒトの感性に依拠するコンセプトといってよい。たとえ、ヒトが将来可能性を持っているとしても、相対性、近視性、楽観性を強化し、将来をみる眼を持たない市場の仕組みの下では、それが発揮できないのではないか。ヒュームによる黙約の議論とは異なり、将来人と一緒にボートをこげないのである。つまり、将来可能性は当たり前ではない。

そこで、ＦＤでは、将来可能性を賦活する社会の仕組みのデザインを目指す（Saijo, 2019）。つまり、将来の人々との共感を呼び起こす仕組みのデザインが必要となる。一方で、社会の一部の人々の将来可能性が発現されるとしても、個々人でどの将来世代をターゲットとしているのかが異なる可能性がある。これを認めるとしても、個々人の持つ将来可能性が今の社会の中で自然とそれを持っているものだという感覚を共有できるのだろうか。さらには、共有するとしても、ヒュームがいうように、自然と将来世代を含む黙約ができあがるのだろうか。FDが直面する課題は、ひとつは時間軸、もうひとつは同じ時の空間、つまり時空に広がっている。

このような将来可能性を含む枠組みを構築せねばならない背景として、一九八七年にブラントラント委員会によって開催されたOur Common Futureにおける「持続可能な開発（未来の世代の欲求を満たしつつ、現在の世代のニーズを満たす開発）」に対する拭いがたい懸念がある。たとえば、上述の将来世代に大きな負担を被せる巨額な債務残高そのものは持続可能な開発ではない。そのため、債務残高の解決においては、現世代ないしはどこかの世代が決意してなんらかの犠牲を払わない限り、未来世代の負担を軽減することは不可能である。つまり、持続可能な開発は何もかもうまくいった先の定常状態を記述しているのみで、そこへの移行を示す概念ではない。

FD研究のアイデアの源泉は「イロコイ」である。アメリカ先住民は、五ないし六部族による連邦を組み、この連邦国家の総称をイロコイといった。そして彼らは、重要な意思決定をする際に、自己を七世代後に置き換えて考えたという(9)。想像するに、連邦国家の平和を維持するために遠い将来に視点を移し、そこから今を考えたのであろう。アメリカ建国者たちであるジョージ・ワシントンやベンジャミン・フランクリンは、イロコイから連邦制を学び、それを一三の植民地の結束に用いたといわれている。合衆国憲法制定二〇〇周年の際には、上院と下院でイロコイの貢献に感謝するという共同決議文を発してもいる。ただし、アメリカの憲法に連邦制は残ったものの、「七世代」の考え方は残らなかった。

4　ＦＤ実験

以上を背景に、二〇一三年頃から大阪大学の授業で学生に仮想将来人になってもらい、エネルギーの未来や原子力のあり方などに関する討議実験を開始した。今の年齢のままでタイムマシンにのり、ターゲットとなる将来にいき、そこから今の問題を考えるのが仮想将来人である。きちんと統制された討議ではなかったものの、仮想将来人を導入すると、討議の中身が変容することに気づいた。これに加えて大阪大学サステイナビリティ・サイエンス研究機構の研究者たちが、こんなＦＤ研究をしたいというマニフェストを書いたのが『フューチャー・デザイン』（西條、2015）である。[10]

これに続いて実験研究を開始した。新たに開発した世代間持続可能性ジレンマゲーム（Intergenerational Sustainability Dilemma Game, ＩＳＤＧ）を用い、実験ラボの中ではじめて仮想将来人の効果を検証している（Kamijo et al., 2017）。このゲームの最も単純な例をみよう。三人グループの被験者が最大一〇分まで話をし、ＡかＢかを選ぶ。Ａと選ぶと三六ドル、Ｂを選ぶと二七ドルを実験者からもらい、それを三人で分ける。これだけなら問題なくＡを選ぶであろう。ただ、金額の大きい

Aを選ぶと、次のグループのAとBのお金が九ドル減る。「次のグループ」とは実験の中での次世代といってよい。一方、金額の小さいBを選ぶと次のグループのAとBのお金は今のグループと同じになるとする。これを何世代も繰り返すという実験である。高知工科大学の学生を用いた実験では、Bを選択したグループは二八％であった。同じ実験ではあるもの、三人のうち一人に自分のグループ以降の人々を代表して残りの二人と交渉することをお願いする。このように、仮想将来人という「新たな社会の仕組み」を導入すると、Bの選択は六〇％になった。

仮想将来人を用いないアプローチもある。ISDGにおいて、三人で意思決定をするのだが、意思決定の理由を次世代に残し、さらには次世代に意思決定のアドバイスを残す。この仕組みをアカウンタビリティ・メカニズムと呼ぼう。ネパールのカトマンズで、学生ではなく一般人を用いたフィールド実験の様子を見よう（Timilsina et al., 2019）。何の仕組みも用いない場合、Bを選択したグループは六四％となり、かなり高いものだったが、アカウンタビリティ・メカニズムという新たな仕組みのもとでは、それが八八％になった[11]。

ところで、「熟議」は世代内のみならず世代間の問題を解決するための有効な方法となりうるのだろうか。ISDGにおいて、ネパールの都市部と農村部で何を選択するのかに関し、熟議の前と後の両方で個々人に選択肢を選んでもらった実験がある（Timilsina et al., 2018）。すると、熟議の前と後では選択にほぼ差がなかった。つまり、この実験では、世代間問題の解決において、民主制の一形態である熟議が必ずしも望ましい機能を果たすとは限らないことを示している。

それでは、間接民主制の基礎をなす投票制度をデザインし直すことで世代間の問題を解決できるのだろうか。ＩＳＤＧと一五六人の被験者を用いて行われた、話し合いではなく、投票を用いた実験を紹介しよう（Katsuki and Hizen, 2020）。この実験では、一人一票ではなく、投票者の投票数を変えることで、将来世代に利する可能性のある投票の仕組みを比較している。各世代には三人の参加者がいて、六世代のうちのどこかの世代に所属していると仮定して投票する。たとえば、参加者が第三世代だとすると、前の世代の選択の可能性はＡＡ、ＡＢ、ＢＡ、ＢＢの四つである。たとえば、ＡＢなら第一世代はＡ、第二世代はＢを選択したことを表現している。第三世代の参加者は、この四つの各々について、ＡかＢかのどちらに投票する。つまり、可能なすべての場合について投票する。ある参加者が第四世代なら、八（＝二×二×二）つの各々について投票する。投票方法については三通りの仕組みを準備している。（ａ）一人に一票、（ｂ）一人に二票、（ｃ）参加者のうち二人に一票、残りの一人に二票、である。なお、二票を持つ参加者に対しては、一票は自分のために、もう一票を後世の世代の人のために投票するよう指示した。各投票方法について、各世代から参加者をランダムに選ぶと、たとえばＡＢＡＡＢＡのような選択の列が得られる。各投票方法について五〇〇〇万回のシミュレーションを行った結果、（ａ）（ｂ）（ｃ）について、それぞれ九・二五％、一七・一一％、一四・六六％の割合で選択肢Ｂが選択された。確かに一人二票の場合は、Ｂの選択率が一七％を超えてはいるものの、さきほどの話し合いで選択を決める実験では、仮想将来人がいない場合のＢの選択率が二八％であったことを考えると、三種類の投票のどれもが持続可能性を促進するための有効な方法とは言えないのではないのか。なお、（b）、（c）の投票は、ドメイン投票とよばれている（Demeny, 1986）。ドメインは、子供にも投票権を与え、親が代理投票をするという手法を提案している[12]。

他方、中位投票なら世代間の持続可能性に有効であるとの実験結果もある（Hauser et al., 2014）。彼らは、世代間財ゲーム（Intergenerational Goods Game, ＩＧＧ）というＩＳＤＧとは少し異なったゲームを用いている。五人の参加者はそれぞれ自分が取りたい魚の匹数を投票する。魚の総数は一〇〇匹と限られている。漁獲数が高々五〇匹以下であれば、次世代の資源は一〇〇匹であり、そうでなければゼロとする。たとえば、投票用紙に書かれている数字が四、五、九、一四、二〇（中央値＝九）だとする。このとき、用紙に書かれた数字分だけ各々が魚をとると合計五二匹になる。すると、次の世代の資源はゼロ匹になる。一方で、各々がとるべき匹数を中央値（＝九）とするのが中位投票である。そうすると、釣れた魚の総数は四五匹で、次の世代の魚の資源は一〇〇匹になる。実験結果を紹介しよう。各参加者が自由に魚をとると、一八ゲーム中、第二世代までいったのは四ゲームで、第四世代まで生き残るゲームはゼロとなる。一方、中位投票を用いると、二〇のゲームのすべてで当初設定した最後の一二世代まで継続する。

それでは、中位投票を先ほどの三人のＩＳＤＧに適用するとどうなるのか。三人が話し合うのではなく、各々がＡかＢかに投票する。全員がＡなら中央値をＡとし、Ｂならそれを Ｂとする。三人のうち、二人がＡかつ一人がＢの場合の中央値をＡ、二人がＢかつ一人がＡの場合の中央値をＢとする。そうすると、投票結果は多数決と一致する。勝木・肥前（Katsuki and Hizen, 2020）における（a）でのBの採択率は九％あまりなので、中位投票が世代間の持続可能性問題を解決するとはいえないことになる。つまり、ハウザーたちの結果は、人数やゲームの設定の仕方で結果が異なる。

社会契約論の系譜を受け継ぐロールズの「無知のベール（これをかぶると自分の属する世代、年齢、性別、健康状態などがわからなくなる架空のベール）」は世代間の問題を解決するのだろうか（Rawls, 1971）。ロールズは、無知のベールのもとで、格差原理（difference principle: 経済的不平等があっても、最も不利な人々の利益が最大化されていれば、不平等は是正されなくてよいという原理）が採択されることを論証する。ただ、ロールズ自身の想定をいったん離れると、つまり、無知のベールが解かれて歴史が始まったときに、利己的な人々は無知のベールのもとで結んだ社会契約を破棄するのではないか。つまり、自分の属する世代がわかった瞬間、後世のために自分の利益を犠牲にするインセンティブが消えてなくなる可能性がある。というのは、社会契約を破ったとしても、将来世代が彼らにペナルティを課すことはありえないという時間不整合の問題（time inconsistency problem）に直面するからである（Calvo, 1978）[13]。

IGGの枠組みで無知のベールの有効性を検証する被験者実験を紹介しよう（Klaser et al., 2021）。各世代は三人からなり、三人は最大二一ユーロを実験者から受け取ることができるとする。まず、各々の参加者はいくら欲しいのかを表明する。もし、三人の取り分の合計が少なくとも一六ユーロなら、各参加者は表明した金額を実験者からもらうものの、ゲームは終了する。つまり、次世代以降の世代はゲームそのものに参加できなくなる。もし三人の取り分の合計が一五ユーロ以下なら、各参加者は表明した金額を実験者からもらうとともに、次の世代も同じゲームをプレイすることができるとする。つまり、ゲームを継続するための公平で効率的な取り分は、各参加者が五ユーロを主張することである。ベースライン実験では、各参加者は自分がどの世代に属しているかは知っているが、実験が何世代まで続くのかは知らないとしている。そうすると、六つのゲームでは一世代で終了し、二つのゲームでは二世代で終了した。一方、無知のベールの場合、三人の各々がどの世代に属しているかわからないまま、無知のベールの下で、どのように分けるべきかを決める。投票用紙に自分の取り分ではなく、三人の各々がいくらもらうべきなのかを記入する。この分け方が全員同じになると投票プロセスは終了する。その後、彼らは自分がどの世代に属しているかを知ることになる。四つのゲームでは一世代で終了し、二つのゲームでは二世代で終了した。ほかにも同様の結果を得ている実験がある（Wolf and Dron, 2020）。つまり、無知のベールを用いたとしても、時間不整合性の問題に直面することになり、これは持続可能性を維持する仕組みとはなりえない可能性が大である。

間接民主制を支える投票システムは、理性ベースの仕組みと考えて良いが、この仕組みに子供を含む将来世代の投票権を現世代に与えても、実験室の中ではほとんど機能しない。一方で、理性ベースの無知のベールという仕組みも、実験室の中でうまくいかない。他方、仮想将来人や意思決定の理由を将来世代に残す仕組みであるアカウンタビリティ・メカニズムは、実験室の中で、将来可

能性をアクティベイトする。(14)

5　市民の皆さんとともに

以上の実験研究を受けて、仮想将来人を用いる実践が、岩手県矢巾町、長野県松本市、京都府宇治市、京都府木津川市、岐阜県高山市・飛驒市・白川村、愛媛県西条市、京都府、土佐経済同友会、ネパール・ポカラ市などで始まっている。

この中で、二〇一八年に宇治市で開催されたFDワークショップとそこから派生した「フューチャー・デザイン宇治」を紹介しよう。宇治市には一三二の市民の集会所がある。前世紀の後半、宅地造成の際、業者に集会所をつくってもらい、それを市に寄付するという政策を実施したため、数多くの集会所ができた。年月がたち、雨漏りなどで市の予算の範囲内では集会所が維持できなくなった。では取り壊すとなると、地域の皆さんは納得できない。そのため、宇治市は「つながり・居場所・地域の未来」というテーマでFDワークショップを開催した。現代から将来を考えるという通常の枠組みで考えてもらうと、四人一組の各組で近視的な強い意見を持つ方々が議論を支配した。「集会所をなくするなんてとんでもない」という方々が四人の中に一人ぐらいいて、彼らが議論を支配し、残りの三人の方々が発言しづらくなった。一カ月後、全員に仮想将来人になって「今」を考えてもらうと、強い意見を持つ方々の発言が後退して、彼らが笑顔になった。後で調べてみると、四人の中で強い意見を持っていた方が、どうも将来の視点から見ると自分の発言があまりにも近視的であることに気づき、さらには、残りの三人の方たちもそう感じているということが分かり、笑顔にならざるをえなかったとのことである。セッションの中の一つの提案を紹介しよう。「うちの地区では人口が減ってしまって、学校で空き教室ができているので、そこを集会所にしたらどうか。そうすると子供たちともコミュニケーションが取れるし、先生方が授業などで手が足りなくて困っているとわれわれが助けられるんだ」。仮想将来人の導入は、人々の対立を避け、問題の解決を促進しているといってよい。

このセッションに参加した三二名のうち、二五名前後の皆さんが、「フューチャー・デザイン宇治」という市民団体を立ち上げた。二〇一九年一一月、ＦＤ宇治と宇治市が主催するシンポジウムで、ＦＤ宇治のメンバーからの報告があった。世話人のＫさんは一級建築士の方で、宇治市で建築事務所を経営なさっておられる。彼は、「これまで顧客の注文に応じて家を設計してきました。しかし、セッションに参加した後、その家とともに地域のことも考えるようになりましたし、さらには、将来の視点からその家と地域のことを自然と考えるようになったのです。そうすることでこれまでと比べて設計するのが格段に楽しくなりました。本当にうれしくうきうきしています」とのこと。

もうお一人の報告を紹介しよう。主婦のＳさんのお子さんは学校に行ったり行かなかったりという不登校状態。将来の教育を考える中で、次のような話が出たとのこと。「今は二〇六〇年。夏場の外気温はしょっちゅう四〇度を超えるんだよね。一〇年も前にもう子供は学校に行かなくなり、おうちで教育が始まったんだ。インターネットを使い、子供のペースに合わせる教育が始まったことを思い出すなあ」。そうするとSさんは不登校という概念はなくなることに気づき、心が楽になったのだそうで、これをきっかけに彼女はPTAの会長さんに立候補し当選なさった。将来から今を見据えた学校のあり方を先生方と共に検討を始めたとのことである。

このシンポジウムの後、宇治市はFD宇治と共に職員研修でFDを使っている。さらには、二〇二〇年から二一年にかけて、総合計画の一部をFD宇治と共にデザインしている。市民が行政とともに自らの将来のデザインを始めている。つまり、間接民主制を補完する仕組みを作りつつあるといってよい。

図1–1が示すように、FDの目標は、将来可能性をアクティベイトする社会の仕組みをデザインし、人々の考え方、生き方を変革することである。KさんやSさんの例はまさにこのことを示しているのではないだろうか。ただ、FDが皆さんのマインドセットを変えたのではなく、今の社会の仕組みである市場や民主制によって抑圧されていた考え方や生き方が、FDの仕組みにより、解放された、ないしは将来可能性のスイッチが入ったのではないのか。ISDGを用いたfMRI実験で、そのスイッチが右側頭頭頂接合部（right temporoparietal junction）であるらしいことを発見しつつある。

6　これから

「理性」と「感情」をめぐる哲学的な議論を将来世代にむけると、これまで見えてこなかった地平が視野に入ってくるのではないか。本章では、理性をベースとする社会システムである民主制や市場が持続可能性を担保する仕組みではないことを基礎に、持続可能性を高める仕組みを探ってきた。その際、ヒトの「将来可能性」をアクティベイトする仕組みのデザインを考えてきた。将来可能性は、共感を基礎にする概念であり、感情の路線であるとみなしてよいが、将来可能性そのものが時空に広がっているため、持続可能な社会システムのデザインは容易ではなく、従来になかった課題に直面することになる。

時空の広がりの中で感情ベースの社会システムのデザインは容易ではないが、ＦＤではその糸口をみつけつつある。哲学の理論、それに基づく実験、さらには実践というサイクルを経て、新たな理論構築という流れが始まろうとしている。多くの哲学研究者がＦＤ研究に参入することを期待している。[15]

注

(1) 本章の作成にあたって本書の各執筆者や二つのワークショップの参加者から数多くのコメントをいただいた。とりわけ、宇佐美誠氏からは詳細なコメントを拝受した。記して感謝したい。なお、本章は哲学を全く知らない筆者が哲学者の皆さんにフューチャー・デザインを紹介するために書いたものをもとにしている。フューチャー・デザインのリビューとして Saijo (2020) を参照されたい。

(2) worldometers (2021) および Wikipedia (2021) を参照されたい。

(3) ただ、このような社会性の見方は、「ヒト」が「非ヒト」を制覇するという対立軸ないしは二分法でそれをとらえるというベーコン以降の伝統に沿ったものかもしれない。一方で、山も川も海も植物も（ヒトを含む）動物も同じ立ち位置であるというほどの意味合いにおける社会性、つまり二分法ではない社会に対する見方がこれからの科学を変革するエンジンになる可能性を秘めている。

(4) もちろん、市場は社会契約論者たち以前にあった仕組みではあるが、彼らが新たな息吹を吹き込んだといってよい。ホッブズたちは「万人の万人に対する闘争」に終止符を打ち、不平等を容認する社会制度や因循姑息な規範などの軛を絶つために、社会契約を結び、人々が自由と平等を得るという構想を示している。これを支えるのが国家であり、国家を通じて、自由な市場、成人なら誰でも参加できる（間接）民主制という現在の社会体制の基礎が形作られる。Deneen (2018)、伊藤・山内・中島・納富 (2020)、重田 (2013) を参照されたい。なお、西條 (2015) は、将来世代との関連で市場と民主制を検討している。

(5) 社会の制度ではないものの、新型コロナで我々の行動や考え方そのものが変容したことを我々は経験しているのではないのか。

(6) 宇野 (2013) を参照されたい。

(7) 中村 (2018) は、「悪いお金儲け」を抑制し「良いお金儲け」を促進してきたのが経済学の主流であり、この流れが、スミス、ミル、マーシャル、ケインズ、マルクスであったとしている。

(8) 國分 (2015) 第六章を参照されたい。

(9) ただし、そのような記述はイロコイの憲法に相当する The Great Binding Law にはないものの、口承では残っているようである（アンダーウッド、1998, p. 109)。

(10)　同書の拡張版がSaijo（2020）である。

(11)　我が国では、森友・加計問題、桜を見る会問題、日本学術会議会員任命拒否問題など、意思決定の理由を公開しないのが常態化しているが、アカウンタビリティ・メカニズムを用いることで意思決定の中身そのものが変わる可能性を秘めている。

(12)　Kamijo et al.（2019）でもドメイン投票が機能しないことを実験で示している。

(13)　小林（2019）の第五章では、時間不整合性を避ける仕組みとして、「仮想将来世代」の創設を「新しい社会契約」と呼んでいる。

(14)　実験室での検証はないものの、Krznaric（2020）も様々な感情系の社会システムを提案している。ＳＤＧｓの理論的背景を提供したRowarth（2017）は、社会システムが達成すべきゴールを示しているものの、社会システムそのもののデザインは示していない。

(15)　学術雑誌 *Sustainability* がＦＤに関する特集号（https://www.mdpi.com/journal/sustainability/special_issues/Sustainable_Future_Societies）を出している。参照されたい。

第2章　「自分自身のため」とは何か?
――マルティン・ハイデガーの示唆と世代間対話の可能性

宮田晃碩

1　はじめに

哲学は、私たちの将来への関わり方をどのように変えるだろうか。とりわけいま「フューチャー・デザイン」と哲学とが出会うとき、哲学にはいったいどのような働きが期待できるだろうか。フューチャー・デザインは次のような問題に取り組もうとしている。すなわち、私たちは将来世代に対して必要な配慮ができていないのではないか、ひいては私たちの生きる社会そのものが、将来世代への配慮を阻むような構造になっているのではないか、というものである。このような問題に対して、社会のあり方と私たち個々人の考え方や生き方、その双方を変革しようと試みるのが、フューチャー・デザインである。「変革」というと無理強いのように聞こえるかもしれないが、そうではない。ここで「将来可能性」という仮説的な概念がカギになる。その仮説によれば、私たちは外から押し付けられずとも、いわば自らの本性として、将来世代を利することに喜びをおぼえるというのだ。だから、この「将来可能性」が存分に発揮されるような社会をデザインしよう、というわけである。フューチャー・デザインとは、つまり、各人の自発的な自己変容を信頼しつつ、それを手助けするプログラムなのだと言えるだろう。

思うに哲学は、その「各人の自発的な自己変容」に、思考を促し助けるという仕方で関わることができる。哲学は、何らかの教条や制度を押し付けるのではなく、ひとりひとりが自ら思考し、新たな行動や考え方の可能性を発見するという、そのことの支えとなりうるのではないか。それによってひょっとすると、日々の生活のなかで忘れられ抑圧されていた「将来可能性」を賦活する、ということもできるのではないか。

そういうわけで私としては、様々な哲学的議論が、フューチャー・デザインの取り組みと協調していくことを願っている。それによって私たちが、より自由に将来へ向かえるようになることを。ただし本章では、特に重要だと思われる論点として、「自分自身のためとは何か」という問いを追究したい。それによって、「将来世代を利することに喜びをおぼえる」という「将来可能性」の規定が何を意味しているのかを、哲学的に検討してみたいのである。

「自分自身のためとは何か」ということを考える手がかりとして、本章ではドイツの哲学者マルティン・ハイデガー（一八八九―一九七六）の主著『存在と時間』（Heidegger, 2006）を参照する。

ハイデガーは「世界内存在」、「本来性」といった独自の概念を用いながら、私たち自身の存在とはいったい何なのか、私たちはひょっとして、いつも自分自身の存在を見失っているのではないか、ということを論じている。その議論を参照しながら私が結論として示したいのは、次のようなことである。すなわち、「自分自身のため」ということを考えるにあたって、私たちはまず自分自身とは何なのかを、自らの生きている具体的な「場所」や関わっている「物」から受け取り直す必要がある。そして、この受け取り直すという開放的な姿勢を取ることが、じつは高次の意味で「自分自身のため」に生きることなのではないか、ということである。そしてそこでは、過去世代や将来世代との間接的な対話が生じるのではないか、ということを考えてみたい。

以上が本章の主旨であるが、あらかじめ断っておくならば、私はここで「自分自身のためとは何か」という問いに決定的な答えを示したいわけではない。そもそもこのような問いは、他人が答えを示せるものではないだろう。むしろ、この問いについて私たちひとりひとりが具体的に考える、そのための手がかりを提供できればと願っている。

2　自分自身のためとは何か——問題の導入

「自分自身のため」とは何だろうか。それは「自分自身の幸福のため」と言い換えられるかもしれない。実際、フューチャー・デザインは「将来世代も現在世代も幸せになるような社会」を目指すものだと説明されることもある。しかし、私たちは何が「自分自身の幸福」であるかをはっきり知っていると言えるだろうか。ひょっとすると私たちは、何が「自分自身の幸福」であるかを十分に知らず、自分たちの生を毀損しているかもしれない。もしそうだとすれば、私たちはまた、何が将来世代の幸福であるのかについても語る用意ができていない、ということになるだろう。

何を幸福と感じるかは、当然ながら人によって異なるだろう。だから「自分自身のためとは何か」という問いに対しては、その人自身の報告によるしかない、と答えたくもなる。フューチャー・デザインにおける「将来可能性」という概念に立ち戻るならば、「将来世代を利することに喜びを覚える」かどうかは、結局その人次第、というふうにも考えられよう。だがここには微妙な問題がある。たとえば卑近な例として、学校の宿題を投げ出して漫画に読みふける子どもに対し、親が「それは自分のためにならないよ」と諭すような場面は考えられる。それに対してこの子どもは「何が自分のためになるかは自分で決めるよ、これがぼくにとっての幸福なんだ」と言い返すかもしれない。ここでは、この子ども自身の報告に反することを親が「当人のため」と主張していることになるが、私たちは親にも一理（あるいはそれ以上の道理が）あると考えるだろう。

ここに見てとれるのは、「その人自身のため」という観念の多義性である。その多義性に与っているのは、ひとつには「その人自身」が時間的な広がりをもつことだろう。子どもを諭すこの親はおそらく「この子は現在の幸福しか考えておらず、それに対して自分は将来のこの子のためを思って言っているのだ」と考えているのだ。しかし問題は、単に時間的な広がりにのみあるのではない。

この例において、学校の宿題をこなすよりも自分の関心に合うものを楽しむ方が将来の自分のためにもなるのだ、といった反論は可能である。つまり仮に「その人自身」というものを将来まで含めて考えたとしても、そこには対立がありうる。そして、そこで生じている対立は、なにか単一の規準――たとえば「将来の収入を最大化するのはどちらの選択か」といった規準――のもとでの対立ではないように思える。そこではむしろ、「何がその人自身のためなのか」ということを判断するための規準をめぐって、つまりいわゆる価値観をめぐって、対立が生じているのだと思われる。

　ここに見られるような「その人自身のため」という観念の多義性ないし定まらなさは、いたるところで見出される。右の例は教育に関わるものだと言えるが、他にも途上国の開発や、医療における意思決定の場面なども挙げられよう。そのような場面でたとえば「何が現地の人々のためなのか」、「何が患者本人のためなのか」といった問いに逢着するとき、私たちが関わっているのはおそらく、「何がその人の本質なのか」という問いである。私たちは、その人がその人であると言えるその核心を失わせるような選択を、「その人自身のため」とは言わないだろう。もちろんこのように「本質」という概念を持ち出したとて、問題が簡単になるわけではない。「何がその人の本質なのか」という問いをめぐって対立がありうるからである。たとえば割礼のような伝統的な習俗に携わることを現地の人々の「本質」であると考える人と、そうではなくて近代的な衛生観念に基づいた生活を送ることが現地の人々の（そしてすべての人間の）「本質」に適っていると考える人とでは、「何が現地の人々のためなのか」について対立が生じるだろう。

したがって問題は、私たちの「本質」とは何だろうか、ということになる。それが一義的に定まるならば、「自分自身のためとは何か」という問いにも片が付くだろう。そしてもし私たちの本質に将来世代の幸福というものも関わっているのだとすれば、「将来世代の幸福に資することは、私たち自身のためでもある」と言えるかもしれない(1)。

だがしかし、私たちの本質なるものを、いったいどのように考えればよいのだろうか。いったいそんなものがあると言えるのだろうか。それはむしろ、様々な選択を通じて変化したり、他者とともに作り上げたりするものではないだろうか。

以下で検討したいのはまさにその点である。私たちは身の回りの事物や人々との関わりのなかで、それぞれ自ら考えながら、自らの「本質」を探し求めるほかないのではないか。それはおそらく客観的な指標によって測られたり、統一的な観点によって定められたりするものではない。そしてまさにここに、哲学という営みの役割があるように思われるのである。こうした問題に関して、以下ではハイデガーの議論を参照しながら考察を展開したい。

3　私たちの本質は「実存」である

私たちの「本質」について、あくまで私たち自身の立場から考えるということを徹底して行った哲学者が、冒頭で名前を挙げたハイデガーである。ハイデガーは、私たちの存在について考え直すために、まず伝統的な哲学の言葉づかいを避ける。私たちのことも「人間」とは極力呼ばない。そうすると余計な先入見が入ってきて、あくまで私たち自身の観点から思考する、ということを妨げるかもしれないからである。そこで代わりに用いられるのが「現存在」という術語である。(2) 私たち各人がそれであるところのもの、それが現存在である。そしてハイデガーは次のように言う。「現存在の「本質」は、その実存に存する」。彼の主著『存在と時間』は、この「実存」がどのようなものであるかを徹底的に検討している。ここでは、この「実存」についてのハイデガーの考察から、「自分自身のためとは何か」という問いへの洞察を取り出したい。

「実存主義」という言葉を聞いたことのある人ならば、おそらくジャン＝ポール・サルトル（一九〇五―一九八〇）の「実存は本質に先立つ」という言葉も聞いたことがあるだろう（サルトル、1996）。私たち人間は、道具とは異なり、その本質、すなわちそれが「何であるか」をあらかじめ定められたものではなく、むしろまず端的に存在（実存）してしまっている。私たちは世界に投げ出されていて、自分が「何であるか」を選択せねばならない。その選択は、必ずしも自分の意のままになるものではないが、しかしやはり自分の選択として引き受けねばならないものである。そのような根源的な自由を、この思想は強調する。

「現存在の「本質」は、その実存に存する」と言うハイデガーもやはり、そうした私たちのあり方に注意を向け、また私たち各人の存在はそれぞれ「自分のもの」である、ということを強調する。ところが彼によれば私たちは普段、この「自分の存在は自分のものだ」ということを忘れてしまっていて、自分や他者が「何であるか」を、むしろ世間的な理解に基づき捉えてしまっているというのである。これは実存というあり方から見れば、「非本来的」にしか自分自身であることができていないと言える。とすれば、それに対して「本来的」とハイデガーが言うあり方のうちに、私たちは右の問い、つまり自分自身のためとはどういうことか、という問いへの手がかりを見出せるだろう。

とはいえ一足飛びに「本来性とは何か」を論ずることもできない。やや遠回りになるが、ここでは「世界内存在」「非本来性」「本来性」「歴史性」というハイデガーの概念を順に取り上げることで、ハイデガーの考える本来性というものを描き出してみようと思う。

4　私たちは世界に埋め込まれて、自分のために存在している

私たちは日常的に、様々な物や他者と関わりながら生きており、そのような仕方で世界に住みついている。これは言うまでもない自明のことのようだが、ハイデガーはこのような私たちの存在を「世界内存在」と名付ける。といっても、何か容れものの中に入っているような具合に世界の「中に」いるということではない。むしろ、私たちが存在することと世界が存在することとを一体の事態として捉えるところに、この概念の要点がある。私たちの存在は世界の存在を欠いては考えられないし、世界の存在もまた私たちの存在を欠いては考えられない、と見るのである。そしてこの世

界内存在というあり方のうちに、ハイデガーは私たちの存在の独特の自己目的性を、つまり私たちがある意味で必ず「自分のために」生きざるをえない、という事情を見て取る。

　ハイデガーによれば、私たちは必ず自分自身の存在を気にかけるなかで、様々な物や他者と関わっている[3]。何かある対象に関わるというときにも、まず純粋な対象を認め、それに後から意味を付与するのではない。私たちはむしろ、立ち現れてくる事物を自分自身の存在に関連づけて、何らかの方向づけのもとで見ている。たとえば喫茶店で水を注がれたコップが運ばれてきたならば、私たちはそれをまず「飲むためのもの」として理解するだろう。そして「飲むためのもの」という理解はまた「渇きを癒すため」とか「会話の間を持たせるため」というように、私たち自身のありように関連づけられている。こうした連関があらかじめ視野に入っているからこそ、私たちはコップといったものを見出しうる。つまり、私たちが自分の存在を何らかの仕方で気にかけているということが、あらかじめ物事の立ち現れ方を導いているのであり、その限りで私たちはどうあっても「自分のため」に存在しているのである。このような私たちの存在の仕方を、ハイデガーは「気づかい」という概念で特徴づける。私たちはいつでも、究極的には自分の存在を気づかうという仕方で存在しているのである[4]。

　ただしその「気づかい」は、あくまで具体的な事物との関わりのなかで働いている、という点にも注意せねばならない。あらかじめ純粋に「自己」が目的として設定され、そのあとから様々なものが手段として見出される、というのではない。究極目的としての「自己」はむしろ、たいてい背景に退いていて、私たちがまず見出すものは、何らかの可能性を伴った、具体的な事物である。これは当たり前のことのようだが、重要な点である。というのも、様々な物との出会いは、私たちが自分の存在を気にかける仕方を決定するほどの力をもつからである。

たとえばのどが渇いているときに水の入ったコップを見れば、私たちはそれを「飲むためのもの」と見てしまうだろう。あるいは異民族に囲まれた人々が大量の兵器を手に入れたとすれば、また一定程度に発達した産業をもつ社会が効率的なエネルギー供給の方法とその資源を発見したとすれば、どうだろうか。そこで発見されるものは決して、価値中立的な対象として現れるのではなく、むしろ「何のためのものか」ということがあらかじめ定まったものとして、私たちに対して現れる。そしてそれと同時に私たちは、自分たちの状況を、たとえば水を飲むべき状況として、異民族に立ち向かうべき状況として、産業をより発達させるべき状況として、解釈してしまう。つまり私たちはそのつど、具体的な事物のもとで、それらが提供してくれる可能性に即して「自己解釈」をするのである。だから、どのような物に出会うか、どのような状況に身を置くかということは、その人が何者であるかを決定的に変えてしまうことにもなりうる。「自分のために生きている」とは言っても、何が「自分のため」になるかというその目的性を、私たちはいつも自分で定めているとは限らない。むしろ私たちは、あくまで世界に埋め込まれて、自分のために存在している。これが「世界内存在」という概念によってハイデガーが描き出そうとする、私たちのありようである。

5 「非本来性」と「本来性」——私たちは自己決定の可能性をもつ

　では、様々な事物が何らかの可能性において見られるというとき、そうした個々の可能性や、その可能性を導く目的性は、どのように決定されているのだろうか。いったい誰がそれを決定しているというのだろうか。それは特定の誰かではない。しかし、私たちがいつの間にかそのように決定しているのだ、ということも確かである。ハイデガーはその不定の「誰か」を、「ひと（das Man）」と呼ぶ。これは、ドイツ語で「ひとは世間でこう言っている」と言う際に用いられる不定代名詞“man”（英語の“one”にあたる）を術語化したものである。つまり世間の不定の人々を指すのがこの「ひと」という語である。ハイデガーによれば、私たちは様々な事物と関わるとき、知らず知らずのうちにこの「ひと」に自分を同化して、「ひとは椅子に座るものだ」とか「ひとはコップで水を飲むものだ」といった仕方で、事物を理解している。世界のなかで現れてくる事物には、このようにあらかじめ「ひと」による公共的な解釈が与えられており、私たちは「ひと」に自分を同化してしまっているからこそ、物事を理解してそれを扱うことができるのである[5]。

　これは言い換えれば、私たちが「自分の存在を気にかける」仕方を、すでに「ひと」によって決定されてしまっている、ということでもある。そこでは、私たちは各自の固有性を失ってしまい、ただ「ひと」として、「ひと」のために生きているにすぎない、とハイデガーは指摘するのである。

このようなあり方をハイデガーは「非本来的な実存」と呼ぶ。

　この「非本来性」においても、右に見た「気づかい」の構造が失われているわけではない。私たちの存在はここでも「自分自身のため」という構造をもっている。だが肝心の「自分自身」がもはや、本来の自己ではなく、「ひと」としての自己になってしまっているのである。私たちがどのような関心を持つか、何を是とし何を否とするかは誰が決めたのかといえば、それは誰でもない。誰に聞いても返ってくる答えは「私が決めたのではない、ひとが決めたのだ」というものになるだろう。「見てみろ、そういう状況なのだ」というわけである。すべての責任は「ひと」に帰され、私たち各人はその決定について責任を問われなくなる。これが「ひと」の働きなのである。

　しかし考えてみよう。ここで「ひとが決めたのだ」と答える人は、その「ひとの決定」に従っているわけだが、従うということ自体は自分の決定ではなかっただろうか。つまりこの人物は「ひとに従う」という決定をいつの間にかしてしまっていながら、そのことには注意を向けずに「ひとが決めたのだ」と言っているのではないだろうか。さらに厳しく追及することもできる。「ひとが決めたのだ」と答えるとき、その人物は、そうやって自分の決定から目をそらす、ということをも自分で選択してしまっているのではないだろうか。ここまで考えると、「ひと」としてのあり方をハイデガーが「非本来的な実存」と呼ぶ、やや複雑な事情も理解できる。この概念が指摘しているのは、その人物がなにか「本当の自分」のようなものを見失っているということではない。そうではなくてむしろ、この人物は「自ら決定している」ということから目を背け、この自己決定の可能性を逸している――そのようなあり方が「非本来的な実存」と言われるのである。

「自分自身のためとは何か」という問いに立ち返るならば、この議論は、ある本質的な点を衝いている。日常生活において様々な物を利用しながら自らの目的を達成しようとするときにも、ひょっとすると私たちは、あくまで「ひと」としての自分のために生きてしまっているのかもしれない。それもある意味では自分のために生きることではある。しかしそれは――極端な言い方をすれば――誰も責任を担おうとしない、いつの間にか定められた、既成の秩序の奴隷となったかぎりでの「自分」のために生きる、ということなのかもしれない。そこで私たちは、別の可能性を選ぶこともできたということに目を瞑ってしまっている。それに対して、もしこの自分の選択というものを担い直すことができるならば、それこそある高次の意味で「自分自身のため」と言えるのではないか。

では、自らの選択、自らの決定を担い直す「本来的な実存」とは、いったいどのようなあり方なのだろうか。

結論から言えば、私たちは「世界内存在」としてある以上、つまり具体的な物事と関わりながら社会のなかで何らかの公共的な役割を負いつつ存在する以上、非本来性から完全に脱却するということはできない。だが自分の状況や自分の選択について、あいまいに「ひと」のせいにしたりせず、むしろ「それは自分自身の選択である」と引き受けることならばできる。ハイデガーはこうした可能性を、私たちが自己を取り戻す可能性として捉え、「本来性」と呼ぶのである。だから本来性は、必ず非本来性との関わりのなかで考えられる。それは具体的な行為や生き方の違いというより、いつの間にか選んでしまっていた具体的な行為や生き方に対して、私たちが自分でどのように向きあうか、ということに関わるのである。(6)

これは非常に無力な可能性であるようにも思われる。単なる開き直りと何が違うのか、と思われるかもしれない。だが私たちが世間の常識や自分の先入見に対して、「それに従うというのは自分自身の選択ではないのか」と問い質すとき、そこには自分の置かれた状況を新たな仕方で意味づける可能性が開かれる、とは言えるだろう。具体的な物や人々との関わりのただなかで、「ひと」の提示してくる状況の解釈に囚われない、様々な可能性に開かれている自分自身を再発見するのだ、とは言えるだろう。本来性とはその意味で、私たちの根本的な自由に対する気づきであると言うことができる。

問題は、この自由をどう行使するか、ということである。先に確認したのは、私たちは「自分の存在を気にかける」という自分自身の存在を具体的な物のもとで展開するということ、つまりたとえば資源を発見して、自分はそれを活用すべき状況にあるといった仕方で自己解釈を行う、ということであった。とすれば私たちにできることは、やはり具体的な物を発見し、しかも様々な解釈がその物に畳み込まれているような物を発見し、「ひと」による支配的な解釈を疑いながらそれとは別様の「自己解釈」を試みる、ということであろう。これは、自分が関わりながら生きている物や場所から、自分自身の新たな可能性を受け取ることだともいえる。そしてそのような事物との本来的な関わり方の可能性を、ハイデガーは「歴史性」をめぐる議論のなかで示しているのである。

6 「歴史性」という条件――私たちは具体的な物や場所から可能性を受け取る

ハイデガーが「歴史性」と呼ぶのは、教科書に年代とともに記されるような出来事の系列のことではない。むしろハイデガーは、現存在が根本的に歴史的なのであると主張する。つまりこれは、私たちがどのように存在しているか、というそのあり方を示す概念なのである。もちろんいわゆる「歴史」と関係がないわけではなく、この私たちの「歴史性」に基づいて、歴史学が対象にするような「歴史」も生じてくるとされる。いずれにせよ注意すべきは、この概念が、現在を生きている私たちのあり方を示しているということである。(7)

ハイデガーは歴史性に関しても、その本来的なあり方と非本来的なあり方とを区別する。「非本来的な歴史性」が、歴史を単に出来事の系列と解する――そこからあらためて、その間の因果関係や必然性を説明しようと試みたりする――のに対して、「本来的な歴史性」は、自分の置かれた状況を自分自身に伝え渡されたものとして、自分が(同時代の人々とともに)引き受けるべきものとして捉えるのだという。そうして状況を引き受けるときに私たちが見出すものをハイデガーは「遺産」と呼ぶ。私たちはたとえば、鎌倉の大仏や京都の清水寺といった歴史的文化財を、あるいは広島の原爆ドームなどを「遺産」として思い浮かべることもできる。だがそればかりでなく、ありふれた里山や小さな港、使い古された漁具や過去の書物なども「遺産」として思い浮かべてよいだろう。それらは、ただ過去に作られたものだから「遺産」と呼ばれるのではない。むしろ、過去の人々がそうした物や場所と関わりながら生きており、それらを様々な可能性のもとで見ていた、そのことが遺産を遺産たらしめるのである。重要なのは、現在の私たちに見えているのとは異なる仕方で、その事物が現れていただろうということ、そういう意味でその事物は、別の世界に属していただろう、ということである[8]。遺産は言ってみれば、私たちの生活に、「ひと」による状況の解釈とは異なる次元を侵入させるのである。それによって私たちは、様々な異なる可能性を畳み込んだものとして、その事物を見ることができる[9]。

遺産に秘められた様々な可能性をあらためて発見するという「本来的な歴史性」の働きを、ハイデガーは「反復」と呼ぶ。これは、単に過去を称揚することではないし、ましてや過去に縛られることではない。それはむしろ、過去の人々に対して「応答する」ことだとハイデガーは言う。事物を新たな可能性のもとに解釈し、もって私たちは新たな「自己解釈」を得ることができる。このことが、かつて存在した人々への応答になると言うのである。

「応答」というハイデガーの言い方を真に受けるならば、遺産を介して私たちは、過去の人々と、対話できるのだと言えるだろう。そこで私たちは、現在の自分たちが事物との様々な関わり方に開かれているということを発見するばかりでなく、同時に、過去の人々もまた様々な可能性のなかからそのつどひとつの可能性を選び取って生きてきたのだということを発見する。そしてまさに、その過去の人々の選択に応ずるようにして、私たちもまたひとつの可能性を選択するのだ、というわけである。

さらに敷衍するならば、私たちは、私たち自身が「遺産」を残すことによって将来の人々と対話することもできるのだ、と言えるかもしれない。私たちは、過去の人々との対話を通じて、自分たちの選択が――たとえばこの資源をどう使うのか、この町でどう暮らすのか、この本をどう読むのか、といったことが――過去の人々から託された、ほかならぬ自分たちの選択であることを知る。それは翻って、将来の人々がこの私たちの選択を再発見して、それに応答してくれることを待ち望む、ということでもあるだろう。しかし、そのようなことを待ち望むことができるのは、私たち自身が将来の人々を、本来的でありうる存在として見出すかぎりにおいてである。これは、私たちが現在関わっている事物を、将来に残す「遺産」として見ることができるかどうか、ということに懸かっている。

こうして、現在の私たちが関わる（二重の意味での）「遺産」は、過去の人々や将来の人々との対話のよすがになるのだと言えるだろう。非本来的なあり方において、このような世代間の対話の次元は気づかれていない。なぜならそこでは、事物がただ「ひと」の解釈のもとでのみ、私たちに対して現れているからである。その解釈が、様々な可能性のなかから自分たちの選び取るものとして自覚されていないからである。それに対して本来的なあり方においては、事物の現れ方や状況の解釈が、あくまで現在の私たちの選択として自覚される。そこでは、過去の人々は別の仕方で理解したのではないか、それに対して私たちの選択は見合うものになっているだろうかとか、私たちの選択に対して将来の人々はどう応答するだろうかといったことが考えられるようになる。

つまるところ、ここで考えられている本来的な歴史性とは、単に伝統に回帰するということでも、逆に物や場所への拘束から解放されるということでもなく、むしろ物や場所のもとで暮らすあり方にあらためて向き直り、その物や場所の可能性をどのように引き出しながら生きることができるのか、それを模索することであると言える。ここでは、物や場所に秘められた可能性を探求し切り拓くということが、自分たち自身の可能性を切り拓くことと一体になっているのである。

以上、ハイデガーの概念を紹介、解釈しながら見てきたことをまとめよう。第一に「本来性」という概念から私が読み取りたいのは、「自分自身のため」というのが必ずしも、「自分の利益のため」といったことを意味するわけではない、ということである。むしろそれは、自分がいつの間にか従っていた秩序や、現在世代の利害関心に対して、「どうして私はそれに従うのか」といった問いの観点を獲得するということさえ意味しうる。そのような問いに対する正解が、どこかに用意されているわけではない。しかしだからと言って、自分で恣意的にその答えを決められるというわけでもない。その「答え」はむしろ、過去世代や将来世代との「対話」を通じて、私たちの「応答」として、探し求められるものだろう。現在世代の私たちの選択に重みを付与してくれるのは、そうした過去世代や将来世代の存在なのだと言える。これが、「歴史性」という概念から私の読み取りたい点である。

7　物や場所への気づかい——将来世代との共生へ向けて

右で考えてきたのは、「自分自身のためとはいったい何か」と自ら考えることが、ある高次の意味で「自分自身のため」と言えるのではないか、ということであった。だがここではもはや、「考える」ということの意味が、通常想定されるようなものとは異なっている。それは、達成すべき目標への手段を考えるとか、解くべき問題の解答を考えるといったものではない。むしろそれは、自分が関わりながら暮らしている物や場所に対して、その様々な見方や関わり方を模索し、自分自身のあり方を変えていくような「考え方」である。

私たちはこれを、思考の「重心」をずらすこと、と捉えてもよいだろう。つまり、目標や問題をあらかじめ定まったものとして捉え、それに対するアプローチを「考える」——その場合、思考の重心は「目標」や「問題」にあって、私たちの思考はその周りをめぐることになる——のではなく、むしろ現在の私たちを取り巻く事物を重心として、あたかもその周囲をめぐるように「考える」のだ、ということである。これはごく簡単なことのように思えるかもしれない。だが私たちは、あらかじめ「目標」や「問題」といったものを定めずに身の回りのものを見る、ということがなかなかできない。それは先に「世界内存在」という概念に関連して論じたとおりである。しかし思うに、フューチャー・デザインのワークショップで行われているのは、まさにその「重心をずらすこと」

ではないだろうか。その詳細な検討は別の機会に譲らねばならないが、以下ではそう考える理由を簡単に示しておきたい。

フューチャー・デザインのワークショップではしばしば、何十年後かの地域の住民になりきって対話するという、「仮想将来世代」を導入したセッションが行われる。そのワークショップの特徴は、現在の観点から将来を予測するのではなく、とにかく仮に将来世代の観点に立ってみて、その観点からその土地での暮らしを語り直すということである。これによって参加者は、自分自身が暮らしている当の場所やそこにある様々な物について、現在の自分自身の観点とは異なる観点から語ることを求められる。

ここで注目したいことのひとつは、将来世代の観点を手に入れることが、ワークショップの参加者にとって「知的な満足感」および「ある卓越感」を伴うものとして経験されている、ということである（Nakagawa et al. 2017）。つまりそこで起こっていることは、単に将来世代のニーズを認識するということではないのである。もしそうだったとすれば、その認識は現在を生きる自分自身の観点と衝突し、自らの自由を制限するものとして経験されてもおかしくない。だがフューチャー・デザインにおいては、これまでの自分の関心に縛られず様々な観点を取りうるということが、自分自身のある卓越した自由として経験されているのである。ここでの「自分自身」とは、現在の関心に縛られた「ひと」としての自己ではなく、「自分自身のためとは何だろうか」と問うような立場における自己であると言えよう。

もうひとつ注目したいのは、このワークショップがあくまで具体的な地域に即して行われるということである。そこでは、抽象的に将来世代の存在が想像され、演じられるのではなく、むしろその地域に暮らす住民のあいだでその地域について語り直す、ということが行なわれる。そこでは地域の祭りや景観のような、ローカルな事柄についての知識が呼び起こされる[10]。この点に着目するならば、仮想将来世代とは、現在の私たちが生きている具体的な場所とそこにある事物について別様に語り直すための仕掛けであるとも言えるだろう。だからこそワークショップの後にも、参加者には「知的な満足感」が持続したのだと考えることができる。たとえば買い物をするといった場面でも、現在の自分の観点とは異なる観点から物との関わりを見直すといったことが可能になったのではないかと考えられる。

こうした点から、フューチャー・デザインのワークショップにおいては、「思考の重心を物や場所へとずらす」という仕方で「自ら考える」ことが促されているのではないか、そしてこれは画期的なことなのではないか、と思うのである。日常的には、現在というものは、それほど多様な可能性をもって見えてはいない。私たちは、いまある通りの現在に埋め込まれていて、この観点から、過去や将来を見ている。日常生活において、過去とは、現在が引きずっている尾のようなものであり、将来とは、現在が向かってゆく先でしかない。さらに話し合いの場ともなれば、何らかの目標や問題をあらかじめ設定して、そこへ向かって議論を重ねることが求められ、「将来」は問題が解決されてゆく道筋のうえに位置づけられる。そしてその場合、「将来」はもはや、そもそも「目標」や「問題」を設定した現在を問い直すような批判的な力を持ちえなくなってしまう。しかし、本当はこの現在に、そもそも様々な把握の可能性があったのだということを、フューチャー・デザインは見えるようにする。将来世代の観点に立ってみるということは、そのようにして現在の事物を様々な可能性において再発見すること、現在がいわば幾重にも奥行きをもって見えるようにすることなのだと言えるだろう。そのような仕方でフューチャー・デザインは、日常に立脚したまま、日常を考え直す機会を提供してくれるのだと言える。

ただしここで当然問われるべきは、いったいどのような物や場所を、私たちの思考の重心にできるのか、ということであろう。現在のところフューチャー・デザインの実践においてその機能を果たしているのは、市や町といったレベルでの（その再編も視野に入れた）地域であったり、集会所や学校、病院、あるいは水道管といった施設であったりするようである。だが物や場所は、よりミクロでもありうるし、よりマクロでもありうる。その最たる例は「地球」という物（あるいは場所）であろう。実際、いまや地球をこそ、単なる資源としてではなく、むしろ私たちの対話のよすがとして再発見せねばならない――これが現代の私たちの差し迫った状況であるようにも思われる。そのような転換はどのように起こるのだろうか。私としてはここに、詩的想像力と科学的探求との結びつくべき場所を見出したいようにも思うが、それについて考えることは本稿の範囲を大きく超えている。

またここまで考えてきた「対話」とは、ハイデガーが「遺産」と呼ぶような事物を媒介とした、世代間での対話のことであった。その際不問に付されてきたのは、現在世代のなかでの対話はどのように考えられるべきか、ということである。そしてそれと関連して、ここまで「私たち」と呼んできたもののあいまいさも、あらためて指摘されねばならない。「非本来性において私たちは自らの選択から目を背けている」などと言うとき、実際に権力を持ち社会のありようを決定している具体的な層の存在や、現在世代における人々の差異が見過ごされてしまう危険性がある。(11) しかし私としては、必ずしも現在世代における対話の問題をクリアしたのちに世代間の対話を考えねばならない、とは思わない。むしろ、世代間の対話の次元に身を置いてはじめて可能になるような、現在世代における対話というものもあるだろう。現在世代の「私たち」の不均一さを照らし出し、それについて考え直すためにも、フューチャー・デザインの枠組みは活用されうるのではないかと思う。

8　おわりに

ここまで「自分自身のためとは何か」という問いをめぐって、ハイデガーの思索を参照し、またフューチャー・デザインの実践を簡単に取り上げ、答えを探ってきた。その考察を踏まえるならば、「将来世代を利することに喜びをおぼえる」という「将来可能性」の仮説については、次のように考えることができるだろう。

もしこれをあたかも人間という種に定まった本質であるかのように考え、それを自らや他者に押し付けるならば、私たちは自分自身のあり方を自ら決定するという可能性を、ハイデガーの言い方に従えば「本来的な実存」を、手放すことになりかねない。だがそれに対して、もしこれを私たちの探求のための条件であると考えるならば、私たちはこれによって、自らの「本質」を手放さないための指針を手にしていると言えるだろう。つまり、「将来世代を利することに喜びをおぼえる」という仮説は、次のように解せるのではないか、と思うのである——将来世代の人々が「自分自身のため」を追求しうるということが、私たち自身にとっても「自分自身のため」を追求するための条件である。そこで「喜び」と感じられるのは、「何が私たちのためなのか」ということを、間接的にであれ過去世代や将来世代と語り合い、そのような対話を自らのために望みうるということの喜びなのである、と。

ここまで行ってきたことは、ハイデガーという哲学者の議論を参照しつつ、「自分自身のためとは何か」という問いについて哲学的に考察してみることであった。それによって、将来世代の幸福を考えることが、どのような意味で現在世代の私たち自身の幸福にも寄与しうるのか、ということを明らかにしようとしてきた。しかしこうした考察は、私たちの思考がどのようなものでなければならないかを、なにか世代を超越した観点から示そうとするものではない。哲学的な議論もまた、現在行われるものであるかぎり、現在世代の議論であるという制約を免れないだろう。私が試みたいと思ったのはむしろ、あくまで現在世代の立場において、ハイデガーという哲学者の「遺産」を通じて世代間の対話に身を置いてみる、ということであった。この議論の「現在」性をしるしづけるのは、フューチャー・デザインという出来事であり、それを取り巻く現在の状況である。フューチャー・デザインの取り組みとそれに関する私たちの議論を、いったい将来世代の人々はどのように受け取り、考えるのか。そのような視点で考えることは、現在の私たちの責任を自覚させるというだけでなく、むしろ私たちの思考を自由で喜ばしいものにするのではないかと思う。

注

（1）将来世代への責任を「共同体主義」の立場から説明する議論は、まさにこのような方針を取っていると言える。共同体主義の考え方によれば、私たちの存在は「個人」として自足的に成立するものではなく、むしろ共同体に依存するものである。共同体のなかに何らかの位置を占めることで、個人というものも存在するのである。そしてこの共同体は現在世代のみから成るのではなく、過去世代や将来世代にわたるものであると考えるならば、私たちは自分の存在を、過去世代や将来世代に負っていると言える。したがって将来世代への配慮は、まさに私たち自身の本質に根差したことである、と言われるのである（de-Shalit, 2005）。

（2）『存在と時間』では「私たち自身が各自それであるところの、存在するもの」を「現存在」と呼び、これがどのようなあり方をしているのかを分析している。ここでは「人間」といった呼び方が避けられているのだが、基本的には人間のことを（ただし当事者としての観点から）指していると考えて差し支えない。本章の論述では極力ハイデガーの術語に頼らず日常的な言葉づかいに近づけるため、「現存在」という語は用いず「私たち」とした。

（3）『存在と時間』においては繰り返し、現存在について「この存在者にとっては、自らの存在において、この存在そのものが気がかりである（関心の的である）」という規定が確認される。初出の箇所としては第四節を参照。

(4) こうした道具的な存在者の理解については特に『存在と時間』第十五—十八節を参照。また一方で、事物や現象を科学的に捉え直して客観的に記述するといったことももちろん可能である。ハイデガーは、そのようにして措定されるものの存在を「客体性」(Vorhandenheit)と呼び、日常的な実践の場面における(コップなどの)道具的な存在者のありようから区別する。後者は「手許性」(Zuhandenheit)と呼ばれる。客体的な事物はもはや、私たち個々人の役に立つといった観点からは独立したものとして捉えられるわけだが、ハイデガーはその存在もまた私たちの理解(例えば数学的理解や物理学的理解といった)においてはじめて成立するものであるとする。そして当の数学的理解や物理学的理解は、私たちの日常的な世界理解の「変容」であると捉えられるのである(『存在と時間』第三十三、四十四、六十九節などを参照)。詳細に立ち入ることはできないが、この「変容」の可能性は私たちの存在の重要な特徴である。しかしいずれにせよ、本章では主に「手許性」に関わる私たちの日常的な実践の場面およびその「本来性」との関わりに議論を限定していること、そしてハイデガーの議論においては「客体性」もまた日常的な理解からの派生として捉えられるのだということを注しておきたい。

(5) 「ひと」に関しては、『存在と時間』第二十五—二十七節および第三十五—三十八節を参照。

(6) 「本来性」に関しては、特に『存在と時間』第五十四—六十節を参照。

(7) 「歴史性」に関しては、『存在と時間』第七十二—七十七節を参照。

(8) その点で、現在流通している規格化された工業製品などを「遺産」と呼ぶことは難しいと思われる。しかしそれがいずれ「遺産」になるだろう、ということを想像することはできる。

(9) そのようにして、現在に支配的な解釈から私たちを解き放つという働きを、ハイデガーは「今日の脱現在化」と呼んでいる。「脱現在化」という概念に着目して『存在と時間』における「本来的な歴史性」の含意を展開する論考として、次のものが参照できる。森一郎「共‐脱現在化と共‐存在時性:ハイデガー解釈の可能性」(森, 2018)

(10) この点は筆者自身が二〇一八年にファシリテーターとして参加した、宇治市での「地域コミュニティの未来を考えるワークショップ」での観察による。
(11) このような批判は早くからハイデガーに向けられている。代表的なものとしてアドルノ(1992)を参照。

第3章　円環と直線の交点
——わたしたちは現在をどう引き受けるのか

佐藤麻貴

「わたしたちは、昔の人が思い描いた未来に閉じ込められたのよ」

——伊藤計劃『〈harmony《ハーモニー》/〉』

1　はじめに

いつの時代も、未来は渾沌としている。その渾沌とした未来をどうデザインするのか、というのが本書の掲げる問いである。拙稿ではこれを、いったい「未来をデザインするということは、どういうことか」。加えて、わたしたちが未来をデザインするという課題を通して思索を深めていく際、現在世代として、「何を（what）」、「どのように（how）」引き受け、「未だ来ざる未来に備えるべきなのか」という問いへと翻訳する。コンピュータ・モデリングによる予測技術が発達して以降、現在世代が考える将来は、シミュレーションにより開かれてきている側面もある。

本稿では、直線的時間概念に対応した、過去の延長線上に置いた現在、将来の捉え方を批判的に論じる。その糸口として、人間社会の将来・未来を考えるにあたり用いられるコンピュータ・モデリング（所与の現象を現在の観点から認識・追認した、過去の延長線上としての世界観を反映したモデル）という、未来予測の科学を取り上げる。一般的に、モデリング予測においては、複数のパラメタに付随する過去データ（過去）を礎に、過去、現在、未来という時点を想定し、それを貫く直線的な時間軸上に、任意の時点（t）が捉えられる。すなわち、現在（t^{0}）に対し過去は（t^{-n}、nは任意の数値）であるわけだし、未来は（t^{+n}）として、時間概念は直線的に捉えられるのである。こうした直線的時間軸における未来予測に基づいた科学の世界観を批判的に論じた上で、直線的な時間軸の考え方と、ある仕方で設定された時間観念や時間概念の中で展開される事象との関係性を整理しながら、現在から近い将来——今将に来たらんとする未来、たとえば今から一〇—三〇年位の未来——と、それよりまた先の未来——未だ来ざる未来、現在から一〇〇年位先の未来——を推測する作業そのものについて考察を加える[1]。

こうした直線的時間概念の観点そのものを問い直すことから、本稿ではさらに新たな問いを立て、グローバル市民として地球という惑星に住まい、人間ではない他者をも含む、他者と共生する上での観念的思索を展開する。この試みにおいて主軸となるのは、時間概念を短期的に捉えるのか、長期的に捉えるのか、直線的に捉えるのか、円環的に捉えるのか、といった時間概念そのものをどう捉えるのかという問題から必然的に派生してくる、人間の意思決定（政策過程）の問題への接続である。実のところ、行動の選択にあたって考慮に入れる時間を長くとるならば、協調行動をとる方が得策である、というある種の合理的判断がある――協調行動についていて、たとえばゲーム理論においては、無期限繰り返し囚人のジレンマが協調行動を促すことを示唆している。こうしたことを念頭に置きつつ、そこから導き出される将来世代との連帯や利他の必要性について、現在世代がどう受け止めれば良いのか、という考察を展開する。こうした思索的試み――ある種の現在性を引きうける形での堂々巡りの思考――を通して、現在世代がフューチャー・デザインを考える際の、何かしらのヒントを導出してみたい。

2　不確実性に対峙する「態度」という問題
――宗教か、科学か？　過去か、未来か？

神という存在が確かにあった前近代までであれば、人々は様々な方策をこらして、オラクル（神の宣託）を読み解く努力を惜しまなかったであろう。そもそも、わたしたち日本人が中国文明との交流を通して獲得し、自分たちの文化を支える文字の一部として使っている漢字も、元々はカメの甲羅や動物の骨を炙ってできた占卜から生じており、それらが転じて甲骨文字（亀甲獣骨文字）という漢字の原型をなしている。ここに見てとれるのは、わたしたちの文化の根本的な部分が、混沌とした未来への恐れに端を発している、ということである。先に書いたように、未来とはいつの時代も渾沌としており、そうした予測不能である故に渾沌とした未来に対しての恐れ、期待と希望が未来には常に付随する。しかしながら不思議なことに、人類共通に見られるのは、およそどの文化にも、ある種の終末論的なもの（キリスト教のエスカトロジー、仏教の末法思想、儒教の末世思想、マヤ暦終末論など）があるということだ。すなわち、未来とは未知であるからこそ、可能性に開かれているると同時に、ある種の起源と終焉を内包するという考え方である。ポスト近代という、宗教的権威が失墜し世俗化した時代において、神のオラクルを読み解く人々は少なくなり、宗教の示していた「大いなるものへの恐れ」が剝奪され、未来とは「無限に続く現在の延長」であるかのように錯覚しているのが現代であるようにも見受けられる。

では改めて、現在――いま、ここ――において未来を考えるということは、どういうことだろうか。ある人々は、宗教が非科学的、非合理的であるとしてそれを切り捨て、合理的、理性的かつ科学的に未来を捉えようとする。しかし、そのような人々が将来予測のために用いるコンピュータは、古代人が用いる水晶玉と、実質的に異ならないのではないだろうか。そこには近代以降の社会が内包する幻想――すなわち、数値データという数値化された個々の現象の差異（差分）とある種の価値づけ（重みづけ）に置換された自然物理的現象や社会的事象に、何らかの操作が加えられることにより、あたかも真理やある種の正しさに近似するという幻想――がますます内生化され、強化されているだけではないだろうか、という疑いが生じる。

こうした近代社会に内包されている幻想を前提とした上で未来という対象を考えるということは、いったいどういった作業なのだろうか。それは、必ずしも過去および現在の延長線上には位置づけられない「未来」を考察の対象に入れることにより、近代が内包する幻想――数値化による事象の把握を、科学という検証可能性で担保することにより、正しいと判断できるとする幻想――によって覆い隠されてきた問題に光を当て、浮き彫りにするということではないだろうか。こうした試みはすなわち、何かに依拠すれば正しい解決方法が示されるだろうという前提のもとで成立する近代科学(自然法則)というものが、宗教(神)と類似したものではないかという問題を指摘する。つまりここで指摘されるのは、未来を熟慮し、憂いと希望のまなざしを未来に向ける際に、宗教と、宗教に代替する側面を内包する近代科学の問題は、切っても切り離せない問題であるということだ。つまり、神の存在と神託が、未来を予測する上では合理的判断の基盤であり、合意形成の源泉であった時代に対して、現代は人間の創造物であるコンピュータを用い、あたかも無機的に色がついていないかのように見受けられる、数値化されているデータに基づいたモデルによる未来予測が、神託に代替する。提示された未来はある種の合理性を含み、(数値という)ある種の絶対性を提示する媒介手段であり、絶対性が介在しているために信憑性があり、合意形成の源泉となりやすい。科学が信仰の対象として宗教に代替されるようになったという指摘は、必ずしも失笑して済ませられるものではない。現代は、宗教的な神の権威から逃れたものの、科学的手続きを踏まえたデータという偶像を崇拝するという態度をとっているに過ぎない。

このように未来をデザインする基盤となる、ある種の未来へのアプローチの仕方の問題設計の所在をひもとき、その構造の一側面を照射するとき、もしかしたら、むしろ問題にすべきは、未来を慮り、憂うよりも、先に考慮すべきことがあるのではないのか、という疑問である。こうした新たな問題を設定すると、未来社会のデザインを試みるとき、現在を——いま、ここ——という限定的な想像力で引き受け、また、得られるデータの有限性に引き連れられるかたちでしか、ある種の未来をデザインすることができないということが露呈する。つまり、現在世代が未来を考慮するという作業を進めるということは、過去を引き受けた延長線上での「現在」という制約条件を立ち位置に据えた上で、あえて未来をデザインするという作業を意味する。こうした過去の延長線に見据える現在から未来へという、狭義の未来のかたちの模索作業は必然的に、わたしたち現在世代の態度として、未来を見据えるという作業はいかになされるべきか、という問いへと繋がる。

現在のコンピュータ・モデルにおいて数値化された世界に代弁される「未来」とは、往々にして、過去に起きた事象の数値データという（データ上では確実に起きた過去という意味での）確実性の、それらの示す傾向の延長を前提に設計されている（トレンド・モデル）。もちろん、トレンド・モデルはその都度、直線的時間軸の上に「点」として現れる現在の実測データに基づき補正される。具体的には、それぞれのモデル設計者の「世界観」を反映させる形で選択された様々なパラメタと、それらパラメタの重みづけの微調整により、過去データと現在データが最適に整合性を示すところで、モデルの実社会へのフィッティングが議論されるわけである。

気候変動予測モデルなどは、そのよい例である。気候変動の脅威を訴える際に参照されるＩＰＣＣ（Intergovernmental Panel on Climate Change）の気候モデルは、もともとはＷＭＯ（World Meteorological Organization）が作成したものであるため、大気循環をモデルに置換した大気モデルを中心にして設計されている。地球平面気温予測にとって最も研究データが少なかった海洋モデルとそれに付随するデータがパラメタとして参照されるようになったのは、つい最近のできごとである——水（H_2O）は熱容量が多いため、海洋の蓄熱と放熱が大気モデルとの関連性で説明されなければ気候モデルは不完全であるとの指摘がされていた。そうしたことに加え、ＩＰＣＣの気候モデルが示す、未来の気候予測に対しては、そのモデルが反映しているとされている地球環境観への懐疑論すら論じられるようになってきている。[2] もちろん、未来予測においてはＢＡＵ（Business As Usual：何も対策を講じなかったケース）という過去―現在の延長線上の未来予測に加え、様々な分析が成された上で設定された（未来予測）シナリオに基づいて、未来の在り方も複数提示されている。[3] しかし、様々なシナリオが設定されているとしても、それは往々にして過去の傾向（トレンド）の延長線上の未来が描かれているにすぎず、未来に起こる「かも」しれない不測の事態、技術のブレークスルー的な事項や、将来の産業構造転換の可能性については、予測の基となるデータが存在しないため対応しきれない。たとえば、喫緊の例で挙げるとすると、COVID-19の世界的蔓延、パンデミックによる経済の停滞などは、過去データを参照した上でのトレンド・モデルの精度（フィッティング）をどんなに高めようと、コンピュータがはじき出せる確率は絶対的なものにはならない。つまり、将来予測に用いられるシナリオ分析は、存在しないデータの問題だけに還元されるとは限らず、現在を起点に将来を想像するしかない現在世代の想像力の問題にも依存してくるともいえる。[4]

言い換えると、想定外の事態は、最初から想定されえないということである。しかしながら往々にして、環境政策、エネルギー政策、経済政策等の策定時において、こうした過去―現在の延長線上に描かれたモデル予測、専門家集団が予見する未来に基づく政策的意思決定がなされている。モデルのカラクリと限界が露呈した時、将来世代からすると、現在世代のコンピュータ・モデルを用いた未来デザインの営みはどう映るのであろうか。

現在社会において、コンピュータ・モデルを駆使した上で未来を予測するという作業を通して、わたしたち人間はいったい何をしているのだろうか。モデル設計者の世界観に基づき作成されたコンピュータ・モデルのはじき出す未来は、それ自体は誰でも同じ手法と同じデータを用いれば再現可能であるような科学的手続を踏んでいる。故にそれはサイエンスであり、同時に不確実な未来への想像力を膨らませるという点においてはアートの要素も含むであろう。しかしながら、モデル設計者たちの受けている専門教育が、専門領域に分断された知識を基にした、非常に限定的で狭隘な専門性に則ったものである場合、環境的次元のみならず社会的次元も含む包括的な「未来」への想像力は、何をもってして可能であり、そのモデルで予測された未来が実現される確率度合いは、どこまで精緻予測だといえるのであろうか。科学は確かに、因果関係を重視し、因果で説明できる世界観をモデルに落とし込むことにより、ある程度の将来予測を可能ならしめ、可視化しているともいえる。とは言いながらも、こうした行為は、ある種の未来を予測できているとしても、そうなる可能性が「ある確率分」ある、というだけにすぎない。現在なされるべき意思決定、政策の実施や政策過程などが、こうしたシミュレーションに基づいた未来予測に過剰に左右されてしまう場合があるのだとしたら、それは、意思決定や政策内容次第では、もしかしたら未来の人々に対して、現在世代が施す余計なお節介ということになるのではないだろうか(5)。

つまり、翻って考えると、モデル・シミュレーションのはじき出す未来が意思決定の対象としているのは、将来世代をも対象としているかのように見せておきながら、現在世代そのものであるに過ぎない。要するに、将来世代という未知の未来を担う人々への慮りを根拠に、未来をデザインするためには、むしろ「現在をどうデザインしなおすか」ということが最も喫緊の課題であるという事実が、現在世代に突き付けられているのだ。つまり、未来を慮るように見える仕掛けにおいて、真に問題となるのは、――前方へ飛ばしたブーメランが自分の手元に戻ってくるように――わたしたち現在世代の問題として、問題を捉えなおすという作業である。時間が不可逆的であり、一方向にしか進まないという物理的制約を受けている以上、わたしたちが確実に知りえているのは、過去であり、現在でしかない。わたしたちが想像できる以上に不確実性が高く、未知の未来を慮るという作業は、すなわち、「過去に規定されている現在世代が現在性をどう引き受けるか？」という問いであり、この問いこそが、本来の本質的な問いであるということだ。以上の議論をまとめると次のように言えよう。時間の直線的概念を強化した、過去データに基づくモデル予測によって、予測された架空の未来を慮るよりも先に、現在露呈している様々な問題について、現在世代がそれを将来世代に受け継がせたり、先送りさせたりする形で解決を図るのではなく、まさにそれを現在――

いま、ここ――の問題として真摯に引き受け、主体的に取り組んでこそ、将来世代を真に慮る行為になるのではないだろうか。

３　直線的時間概念の呪縛――過去から現在へ、現在から未来へ

未来とは不確実なものであるとは言いながらも、朗報もある。ＩＴ技術や人工知能など、いまだ不確実性をはらむ未来の普及技術を想像するよりも確実なのが、人口動態に着目することである。我が国の場合、総務省の人口動態統計を参照すれば、ある程度までは確実な将来として、人口推移をベースにした未来を描くことは可能だ。日本においては出生率の低下と共に、少子高齢化が進行していることは良く知られている事実だ。総務省の二〇一七年に実施された「国勢調査」データによると、生産年齢人口は一九九五年をピークに、総人口は二〇〇八年をピークに、すでに減少に転じている（図3-1）。一四歳以下の推計人口も一九八二年から連続して減少が続いており、少子化問題とはすでに八〇年代前半から露呈している問題であるが、政府としては特に何も手を打ってこなかったということも事実である。国立社会保障・人口問題研究所の将来推計（出生中位・死亡中位推計）によると、総人口は二〇三〇年には一億一六六二万人、二〇六〇年には八六七四万人にまで減少すると見込まれており、生産年齢人口は二〇三〇年の六七七三万人から二〇六〇年の四四一八万人にまで減少することが見込まれている。つまり、複数のパラメタを駆使する複雑な予測モデ

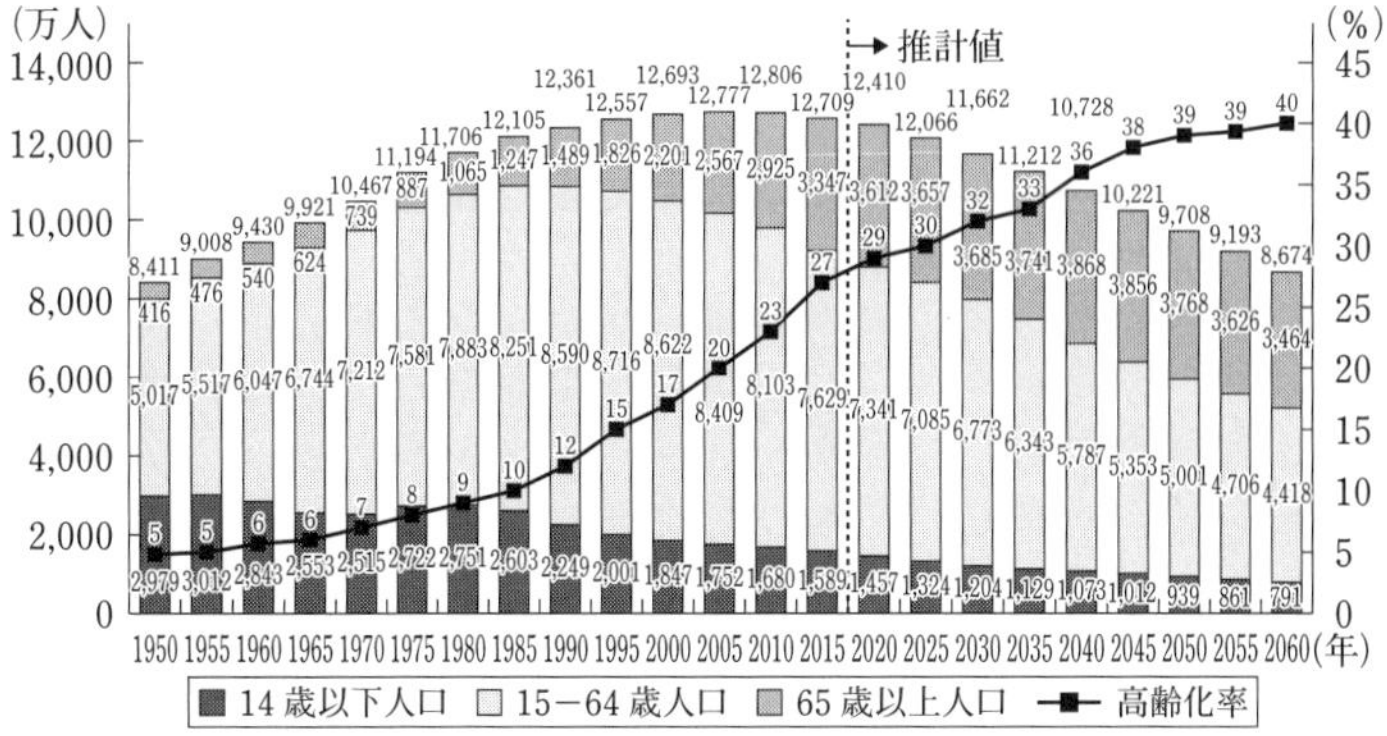

図 3-1　我が国の人口の推移（総務省，2017）

ルを使わなくても、人口統計データから推測すれば、外国人労働者の受入緩和をしない限り、現状のままでは日本の未来は縮小社会になることが確実である。

国土交通省が作成した『二〇一三年版国土交通白書』データ（図3－2）は、日本における過去の人口データが掲載されている。少し古いデータであるため、図3－1と比較すると、中位予測であっても、人口減少率が図3－1の予測よりも高く設定されていることが見て取れる。つまり、この二つのグラフを比較すると、たった四年の間にでさえ、得られた数値データ（実際の人口動態、出生率、死亡率など）で補正されることにより、予測される未来が少しずつ変化しているということが如実に示されている。すなわち、先に論じたように、確実に起きた過去から得られたデータにより、未来の姿も確実に補正されていく。

ここで多くの読者は気付きはじめているかもしれないが、未来予測の精度とは、統計データ処理という問題でもある。統計手法自体は近代の産物であり、統計学は一六六三年に

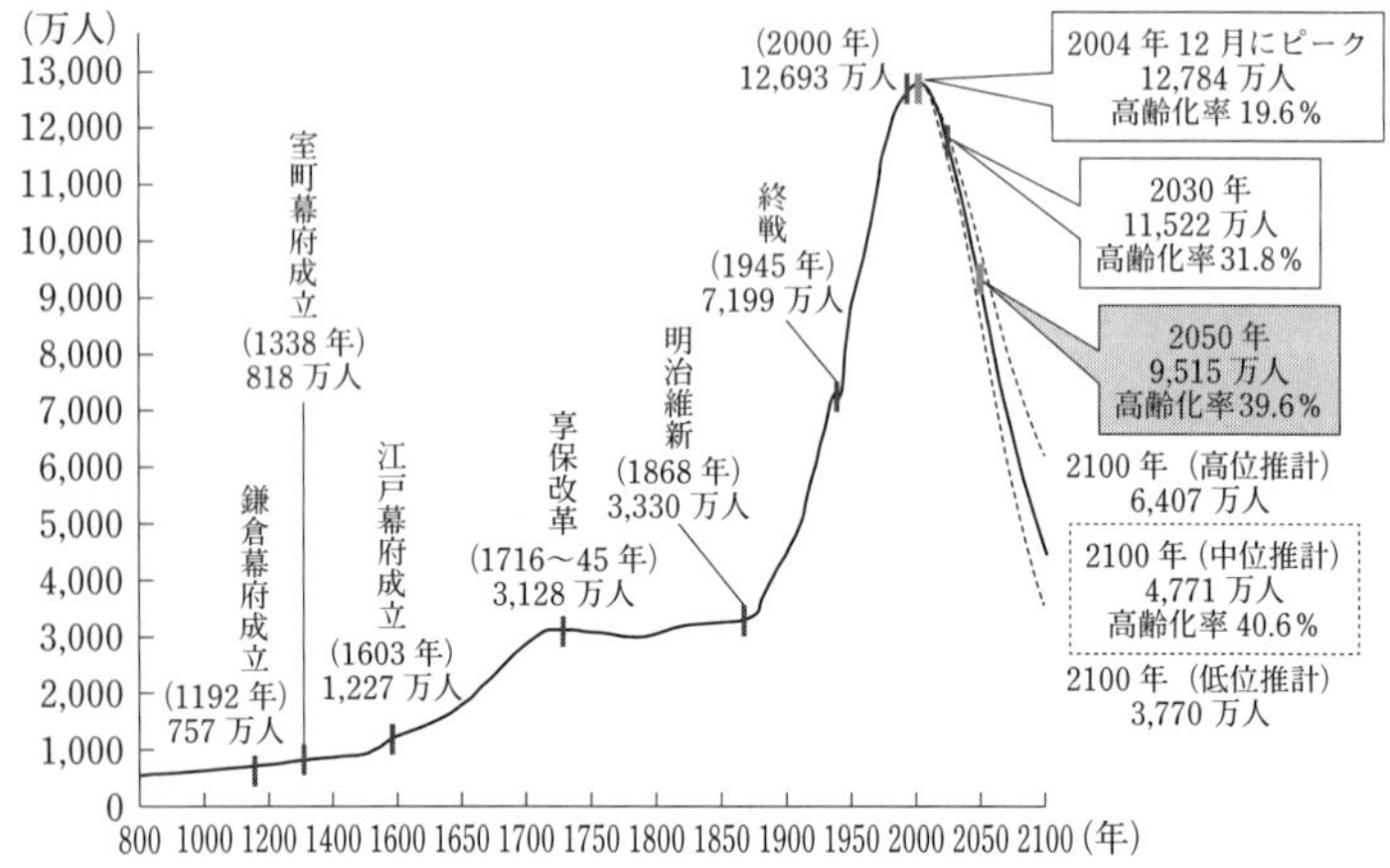

図 3-2　日本の人口推移（超長期）（国土交通省，2013）

イギリス人ジョン・グラント（John Graunt, 1620-1674）によって書かれた人口統計学の書籍（"*Natural and Political Observations upon the Bills of Mortality*"）がヨーロッパでは最も古いものとされている。

そもそも統計（スタティスティックス、statistics）の語源は、「状態」をあらわすラテン語のスタティスティークム（statisticum）であり、国勢の基礎である人口推移を数値データで把握する試みを起源としている。数値データは、ある時間に把捉された状態を「静的」、つまりスタティック（static）であると捉え、それを基準として、事象を把握しようとする数学的処理に過ぎない。言い換えると、統計処理とは、その統計データが取られた時間軸において静止していると仮定しているから、統計処理が可能なのだ。時間の流れに応じてダイナミックに変動する個々の動きは、止まっている「点」として把捉されているから分析できるともいえるが、動画の静止画

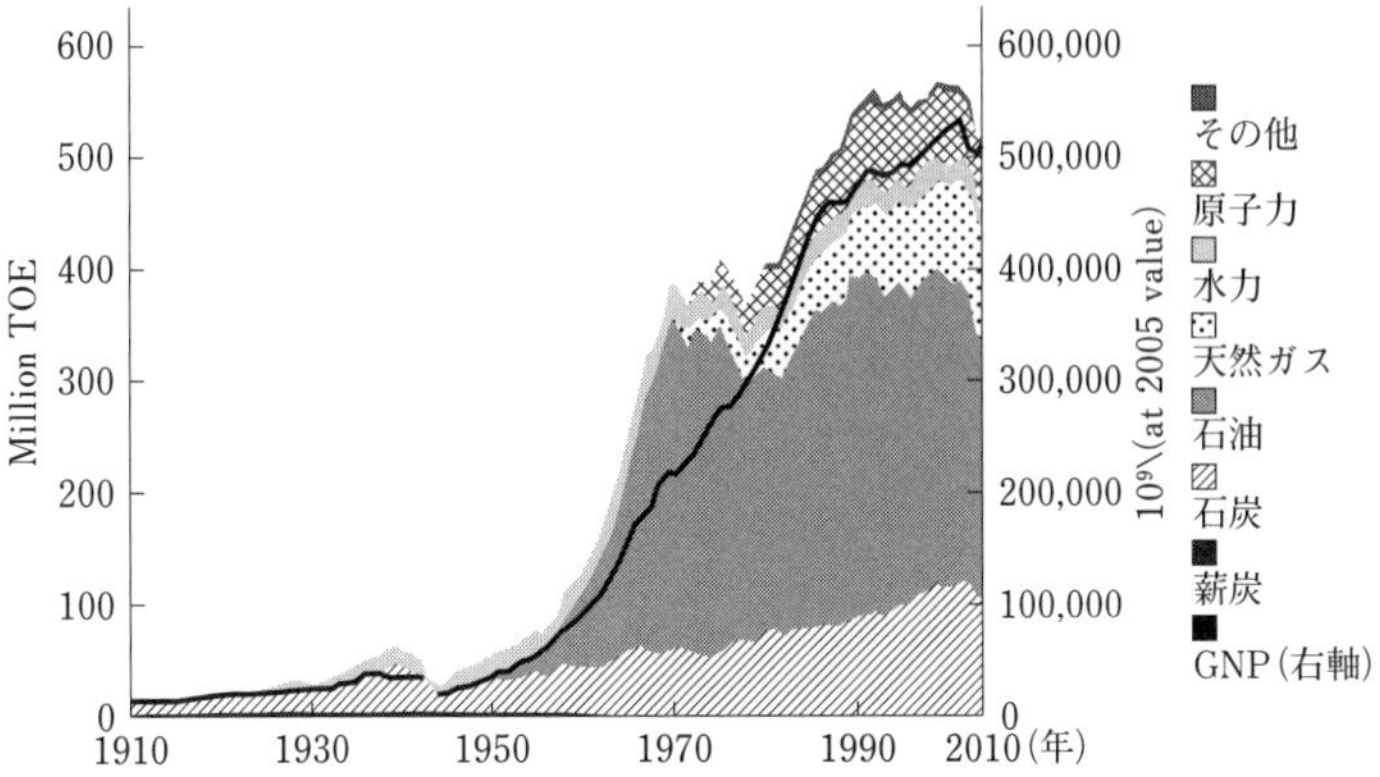

図 3-3　経済成長率とエネルギー消費量（日本：1910〜2010 年）
（Kaya, Yamaji, and Akimoto, 2015）

像のように止められたままの状態だ。ただ利点があるとすれば、過去の一時点から現代までの連続的な静止画像を（パラパラ漫画のように）連写することにより、あたかも動態である「かのように」把握することができるというだけである。二〇世紀の複雑系の科学以降、線形モデルに対して、非線形モデルによる予測精度を高めるという議論が一方で成されているが、アルゴリズム研究者の間では、非線形モデルにしたところで、単純な仮説が正しいとする「オッカムの剃刀の原則」からは逃れられるものではなく、結局はモデルの複雑さにペナルティを与えるラッソ（Lasso）の最適化アルゴリズムでオーバー・フィッティングを回避する手法を取ることに変わりはない[6]。

また異なるデータを参照してみよう。図3−3は、日本における経済成長率とエネルギー消費量の百年間の推移を示したものである。一九五〇年代に現在世代だった（一九〇〇―一九三〇年代生まれの）人間たちは、果たして二一世紀の最適なエネルギー・ミックスを予想できただろうか。戦後の高度経済成長期に合わせて、エネルギー消費量は劇的に伸び、それに伴いGNPも倍増していった様子が、グラフからは歴然としている。エネルギー資源どころか、いわゆる自然資源に乏しい日本の場合、ほとんどの資源を輸入に依存していることを加味しても、日本という国家が、戦後ベビーブーマー達の人口ボーナス（労働力の増加）の恩恵に恵まれ、自然資源を海外から輸入し、資源を大量投入できるほどの購買力平価を得て、大国へ成長した過程の急進性には目を見張るものがある。しかし、そうした海外からの過度な資源依存への危機感から、五〇年代当時の現役世代は、発電コストが比較的安価で発電効率が良いとされている原子力発電政策を粛々と進める。当時の現在世代が進めてくれた原子力政策により、日本は七〇年代の二回の石油危機（オイル・ショック）を無事に乗り越え、産業を推進し、経済成長を続けることができたのも、揺るぎない事実である（資源エネルギー庁、2017）。

五〇年代に現在世代であった人間たちは、現在の気候変動問題や、二〇一一年に日本を襲う東日本大震災を予想することはできただろうか。むしろ、彼らは逼迫する電力供給と乏しい国内資源とのジレンマに対抗するために原子力政策を推進したに過ぎないのではないだろうか。多くの国民は長らく原子力発電の恩恵に与ったが、五〇年代当時、原子力設備の寿命が四〇年程度とされる中で、延命措置がされてまで原子力が稼働されるという想定がされていたかは不明である。また、八〇年代のバブル経済崩壊や、二〇〇〇年代の「失われた二〇年」を予測することはできたのであろうか。

あるいは、電子産業やデジタル産業の急激な成長を見越していたならば、それらは電力偏重依存産業であることも見越して、もしかしたら、さらに加速度的に原子力政策を推進していたかもしれない。もし五〇年代の現役世代が二〇二〇年代の現状を予測できていたのだとしたら、彼らの想像力に基づき予測した二〇二〇年の何を憂え、一九五〇年代において、来るべき七〇年後の未来に備えて、何をすることができたのだろうか。

ファイナンス（金融）理論においては、金銭には時間的価値があるとし、基本的には未来よりも現在に価値があるとする。こうした考え方の背景にあるのは、投資をする際には投資回収効率を考慮に入れる必要があり、そのためには、将来における不確実性（インフレやデフレなど）を考慮しなくてはならないという考え方である。そこでは、将来のある金額を現在価値（Present Value）に換算するといくらになるかを、「割引」という仕組みによって算出する。具体的には、将来のある金額と同じ価値をもつと考えうる今日の金額のことを（将来のある金額の）現在価値として、n年後に受け取る現金Cの現在価値を割り引くことによって、将来のある金額の現在価値を算出するのである(7)。たとえば投資をするかしないかの判断基準には、その投資によってどれだけの利益を得ることができるのかを示す指標、正味現在価値（Net Present Value, NPV）が用いられる。多くの場合、未来とは、終焉が決まっている閉じた将来期間を仮定するものではなく、時間軸は常に開かれている。こうした無限に広がる未来という時間軸を想定する場合、未来の不確実性はより大きくなる。

投資判断をするとき、インフラ設備の場合は投資回収年数として一〇年単位の未来を考慮に入れるなど、投資対象が何かに応じて、想定する未来の年数は異なってくる。投資が念頭にある場合、割引が生じてしまう未来において利得を最大化することが、資本主義社会における現在世代の抱える基本課題である。地球の将来世代という、ある種の無限の未来の時間という設定を仮置きする場合（nを∞にする場合）、未来になればなるほど、現在からは乖離していくために不確実性も高くなる。しかしながら、そうした遠い未来の不確実性も、未来に対する割引率（r）を変化させることにより、トレード・オフさせることができる。つまり、未来における価値も現在価値も同じ価値であると考えることができれば、未知の不確実性に着目して既知のことを継続するよりも、逆に未知の新しいことに着目して、未知ゆえの偶然性に楽観的に投資する方が良い結果をもたらす場合もある。なぜなら、先に示した過去データの事例が指し示すように、現在とは、過去の延長線上にあることに間違いはないのだが、それは必ずしも過去世界において人間が認知していたのと同じ因子で世界が計測され、その計測に応じて世界が展開していくわけではないからだ（たとえば、重工産業からデジタル産業へのシフトに伴い、必要とされる素材やそれを扱う技術、技術者像は変化している）。

世界情勢や人間を取り巻く社会状況は刻一刻と、常に緩やかに変化し続け、動的な世界を切り取った静的な「点」を捉えた統計データだけでは推し量ることのできない未来世界が、もしかしたら今現在、足元で展開されつつあるかもしれない。それは必ずしも、現在においても、まだ計測すべき事象（パラメタ）としてすら認識されていない可能性すらあるからだ。仮に、現在を過去からの延長であると考えるのは、ある種の数値データを用いたまやかしの世界像であるとするならば、未来を現在の延長線上にあるものと捉えることもやはり、未来の可能性を現在の価値の中に押し込めて、未知なる可能性を閉じたものにしてしまうという、現在世代の自己都合的な作業になると言えるのではないだろうか(8)。つまり、問題は、蓋然性を重視するのか、偶然性に希望を寄せるのかという現在世代の将来(近接未来)への態度にある。

4 時間と空間——不確実性のひろがり

ここで、立ち止まって考えるに値するのは、近代社会が構築してきた直線的、不可逆的な時間概念の再検討ではないだろうか。将来について思いを馳せつつ、政策決定事項を検討する作業は、一九七二年に出版されたローマ・クラブによる『成長の限界』を皮切りに進められており、政策立案の際に、将来を見据えた課題検討を行うことは、決して新しい試みではない。では、今回、問われている「フューチャー・デザイン」は従来の「将来デザイン」と何が異なるのであろうか。意思決定に関わる人々の門戸を広げる市民参加と、市民間対話が目新しい点なのだろうか。確かに、有識者たる選ばれし人々だけが未来に思いを馳せるという、トップ・ダウン的に描く未来像をベースに意思決定がされる時代は終わったのかもしれない。現代社会は二〇世紀よりも、より開かれた社会になってきていることの現れであろう(9)。しかしながら、ボトム・アップ的な、政策立案段階からの市民参加への試みは、二〇〇〇年頃にデンマークにおける熟議民主主義（Deliberative Democracy）の検討の際に、情報の非対称性の問題に加え、無知のベールを被った市民に対し、政策決定者側は、情報操作をすることにより、政策決定事項を優位にコントロールできる危険性をはらんでいるという問題が露呈したことを思い起こしたい。こうした問題から導出されるのは、トップ・ダウン的アプローチとボトム・アップ的アプローチの両極ではない、第三のアプローチを模索しなくてはならないという示唆だろう。また安直な左翼主義的グローバル主義の反動から、国家利益の重視など、利己（自己利益）を担保すべく排他性を強調していくような現在の在り方から、より連帯や協同、協調行動を意識した、次の段階のグローバル主義への展望を描いていかなくてはならないはずだ。

時間から目を転じて空間の広がりに視点を移すと、グローバル社会という観点では、二〇世紀前半は世界戦争の時代であった。カントの論じる永続的な世界平和を希求する世界共和国の形成と世界市民法の成立（Kant, 1795）に至らないまでも、一九二〇年に発足した国際連盟を経て、一九四五年には、平和を人類の一つの共通善とする国際連合が発足する。二〇世紀後半には、平和維持に加え、全地球的問題として国連機関で合意形成が進められている双子の地球環境問題――気候変動問題と生物多様性――への対応も加わり、どのようにしたら世界の共通善に向かって協力できるのかといった模索が始まる。つまり、皮肉にも人類は、自らが生み出した環境問題を人類共通の仮想敵に仮置きすることによって、グローバルな協力体制構築を形成しようと試みているのが現代ではないだろうか。カントが『永遠平和のために』の中で主張した、世界市民の権利としての移動の自由としての「訪問権」は、しかしながら、二〇一九年一二月から武漢を中心に、徐々に世界をパンデミックの恐怖へと引き入れたCOVID-19により、あえなく制限される。二一世紀に入り、気候変動のみならず、人獣共通感染症というグローバルな問題が、貴賤の差なく地球市民の日常生活を脅かす。二〇世紀に、バックミンスター・フラーが提唱した宇宙船地球号（"Spaceship Earth", 1963）の概念が、今ほど切実に感じられる時代はないだろう。すなわち、わたしたち一般市民は、宇宙船地球号において、好むと好まざるとに関わらず、壮大な社会実験に関与せざるをえない存在であることを、日々実感させられている。将来デザインの枠組みを考えるにあたり、今後はますます、一カ国や一地域単位という具体を伴った閉じた空間で考えられるものではなく、より抽象的なグローバル社会をも視野に入れていかなくてはならない。またそれは、常に社会実験（learning-by-doing base）にならざるをえないことが示唆されている。

政策決定者、専門家、市民というステークホルダー間に厳然たる情報の非対称性が存在する中、情報の非対称性を解消する役割は「教育」であることは容易に想起される。意思決定の透明性を、様々な社会的アクター間の対話を醸成することによって担保することも然りながら、現在世代が未来を見据える時に手にしている情報は、過去と現在の延長線上としてトレンド・モデル的に描ける未来がどうなっているだろうか、という貧弱な想像力を基盤とした仮想未来でしかない。そうした現在世代の描く仮想未来に拘泥しなくてはならないのだとしたら、それは現在世代が描くある種の閉ざされたつまらない未来に、将来世代を束縛し、押し込めてしまうということではないだろうか。

伊藤計劃が描いたSF小説『〈harmony/〉《ハーモニー》』（伊藤、2010）の中の御冷《みひえ》ミァハが友人の霧慧《きりえ》トァンに「憂鬱そうな口調でため息をつきながら」口にする「未来は一言で『退屈』だ――中略――わたしたちは昔の人が思い描いた未来に閉じこめられたのよ」という言葉のように。では、真に将来世代に利をもたらす政策とは何だろうか。現代をどう見据えるのかという喫緊の政策的課題に加え、近接未来を担う子どもたちに、開かれた世界観をもってもらい、どのような状況にも創造的に対応することができるような柔軟な考えをもった大人になれる教育をすること、あるいは人工知能やロボットに技能が奪われることを恐れる現在世代に対し、リカレント教育を行っていく政策なのだろうか。今は未だ存在しない、声なき将来世代の利益に資するとは、「何を代弁する者」として、現在世代の政策決定に、「どのような権利をもって」参加することなのだろうか。将来世代を代弁するのが、いずれにせよ現在世代であるのだとすれば、仮想の将来世代に付与された「権利」は、所詮、現在世代に連環の中で「還元」されるものに過ぎない。だとすれば「将来を引き受けているのは現在世代である」という事実に焦点を当て直すことが必要だ。

　古代ギリシアの時間概念は、この論考で考えてきたような不可逆的な一方向性の時間に、様々な概念を付随させている。いわゆる、近現代の人類に共通する時間概念が、線形で不可逆的時間であるクロノス（khronos/chronos〔*Χρόνος*〕）という機械的で連続した直線的時間概念だとすれば、古代ギリシアでは、そこにカイロス（kairos〔*Καιρός*〕）という主観的な、時間の質の概念を提示する。[10]出来事の連続性や重なり、速度が変わったり、繰り返したり、逆流したり、止まったりするように感じられる人間の内的な時間であるカイロスは、クロノス的な客観性が担保された一律の時間概念とは異なる。クロノスとカイロスに加え、人生など、終焉がある時間の期間、その中で培われ、ある一定期間における持続性を示唆するアイオーン（aion〔Αἰών〕）という時間概念（メメント・モリともいうだろう）もある。こうしたカイロスやアイオーンといった時間概念が示唆するのは、個々人の経験の繰り返しや、人生という生きられた時間、生きている時間、これから生きる時間、終わりがある時間の連続性の中で、時間とは必ずしも直線的時間概念だけで描写されるのではなく、むしろ直線的時間概念の上に重ね描きされる質的時間——時間の濃度、流れの速さ、日々の繰り返し（ルーティン）の連続、一年を通した季節の移り変わりの繰り返し、農業的時間、神祇・祭礼的時間——によって描写されるということだ。すなわち直線的連続的時間概念に対し、円環的・回帰的な構造をもった時間概念が重層構造的に重ね描きされるということだ[11]。

線形で不可逆的な一方向性の直線的な時間概念を成立させているのは、個々人が生きている「終わりのある時間」の濃淡と繰り返しの連続性である。意思と目的が介在するために、必然的に一方向的にならざるをえない時間の上に、質的時間が重ね書きされていく。客観的には時間は、確かに一方向的であり、現在において過去や未来が直接経験されるものではないのだが、人生というアイオーン的時間軸を生き切った、すでに存在しない過去に生きた不在の人々と、まだ存在すらしない未来の不在の人々の接続点として、未知の未来に向かって歩みだしている幼い小さい人々から、現在における意思決定の担い手とされている人々までを含める形で現在世代がある[12]。すなわち、現在世代とは、様々な時間概念に下支えされた重ね描きの時間軸の中で、ある種の意思決定を任されている人々であり、そうしたわたしたちの責務とは、過去世代が善意で未来を慮って行った過去の意思決定に、ある意味で規定されていながらも、未来を過去世代がしたように慮りつつ、未来ではなく現在をしかと見据えた意思決定を行うという現在の責任を引き受け、将来世代に対し、どうしてそのような意思決定を行ったのかという説明責任を果たせるようにするということではないだろうか。そうすることでしかわたしたちは、未来と対峙できないのではないだろうか。

5　おわりに

未来を思い、デザインするということは、まずは、わたしたち現在世代が、現代の抱える問題性を確かに引き受け、それを現在世代の問題として解決していくことでしか始まらない。未来を開くということは、現在性をしかと受け止め、引き受けていくことであり、そうした積み重ねからしか、未来へのデザインは生まれないはずである。未来の人々への共感、未来の人々との対話、それは、未来が不確実であり、将来世代の人々と直に対面し、対話できない以上、ある種の机上の空論であり夢物語に近い幻想に過ぎない。したがって、フューチャー・デザインを論じる際に、真剣に語るべきはむしろ、わたしたち現在世代が過去世代から引き受けたものを、未来への先送りとするのではなく、どこまで、過去世代から引き継いだもの——正の遺産と負の遺産の両側面を持っているもの——を、現在において解決することができるのか、という問題であろう。

コンピュータという半導体の塊から出される神託は、未来への合意形成の手段として使われるのであれば、未来を慮る意図において有効であろう。しかし、それは、太古の昔に水晶玉に垣間見る将来に思いを馳せ、現在の困難を引き受ける勇気をもらった古代人たちと何ら変わりはない。水晶玉や亀甲獣骨からコンピュータへと道具立てが変わっただけで、わたしたち人間は、同じことを繰り返しているのである。現在において、古代と異なる点があるとすれば、閉じた地域社会の中の最適解を探るだけでは事足りず、グローバル市民として地球に住まう（人間以外をも含む）他者たちと共生する試みについて、連帯や利他主義を踏まえながら未来を考えなくてはならないという点にある。そうした作業とは、個々人に与えられたアイオーンという一定期間の中で重ね描きしながら生きる「生きている時間軸」の中での合理性を担保しつつ、（ファイナンス理論における現在価値の問題のように）ある程度、（逆説的かもしれないが）未来を捨象するということではないだろうか。

つまり、現在の問題性をどう捉え、どう解決するのか、という現在世代自らが対処しなくてはならない問題を、将来世代に持ち越す形で外部経済化するのではなく、過去世代から引き継がれた問題と新たに自分たちが直面する問題を、自らの世代が受け止め（たとえば、環境問題に代表されるような外部不経済の内部化を引き受け）、あらゆる問題にしかと現在世代が対峙することに他ならないのではないだろうか。

換言すると、近現代社会は、人間にとって不都合な事柄や事象を、外部化という蓋をすることで考慮に入れないようにしてきたことを特徴とし、急速な成長と発展を手に入れてきた。しかしながら、人類社会が直面しているのは、気候変動に代表されるような喫緊に対処しなくてはならない地球規模の課題への対処も含めた上で、従来よりも不確実性が高いとされる未来との対峙である。過去の単純な延長では儘ならないかもしれない未来を前にしたとき、社会の構成員である現在世代の一人一人が、未来世代と彼らが開いていくであろう未来社会を、未来へと受け渡していく現在世代の責務として、未だ来たらぬ世代と共に見据えるという覚悟を持った時に、それまで外部化という蓋をすることで考慮に入れないようにしてきた事柄や事象を、現在世代こそが現在世代の問題として引き受け、対処する好機（カイロス）と捉えなくてはならない。未来を考えるということは、司馬遷がその『太史公自序』において「往事を述べ、来者を思う」と書いたように、現在世代が過去世代から受け継いだ現在を、現在世代が「どうデザインしなおすか」という覚悟をいかに持ち、いかに具現化していくのかに懸かっている。

注

（1）ここでは、時間観念と時間概念を区別して書いている。筆者は、時間というものが観念的（あるいは直観的に）に捉えられており、観念が先立つことで初めて、観念が概念化され、時間概念が成立すると捉えている。したがい、本試論も観念的思索にすぎず、既存のシステム工学やモデル・シミュレーションにおいて、確固として揺ぎなく「在る」とされている前提概念に、その根本から揺さぶりをかける試みである。

（2）ＩＰＣＣの気候モデルにおいて、気候変動予測が過剰にシミュレートされていることは、キヤノングローバル戦略研究所主幹杉山大志氏に報告されている（杉山、2020a）。また、天候不順がある度に、温暖化や気候変動と即座に結び付けて論じられることに対し、杉山氏は警鐘を鳴らしている（杉山、2020b）。

（3）初期のＩＰＣＣにおけるシナリオ予測は国立環境研究所の森田恒之氏の功績が大きい。詳細は二〇〇〇年一〇月に発表された日本気象学会の論考（森田・増井、2000）と、二〇〇一年六月に発表された環境省報告書（森田、2001）を参照のこと。

（4）シナリオ分析においては、将来の「あるべき姿」を仮置きした上で、将来の視点から現在の政策を検討するバックキャスティングにおいて、あるべき地球の未来や有限性の資源をどう分配するのかということを検討するための、シナリオの作り方もあろう。しかし、いくら素晴らしいシナリオを描くにせよ、そうしたシナリオが描く未来の在り方に対し、それら未来予測が何らかの政策過程に関与する場合は、関与する主体間コンセンサスが必要であることは自明のことだろう。

（5）たとえば、日本経済の状況を見てみると、ケインズ経済学――改めて断るまでもなく、労働資本（Ｌ）が重要なパラメタである――に基づけば、人口（Ｌ）の縮小傾向にあることから、人口のパラメタに引きずられて、現在の産業構造に大きな変化が無ければ、失われた二〇年も加味した場合、経済規模が縮小していくことが容易に予想される。にも関わらず、将来世代の双肩に圧し掛かる、老朽化するインフラ整備（道路、鉄道、下水道設備等）のメンテナンスにかかるコスト負担を憂い、インフラ設備の老朽化に備えるために、現在世代が率先して老朽化設備の刷新のための投資を行うという選択はなされていない。むしろ、右肩上がりの経済成長を予想し、そうした架空の未来の状況に備え、将来世代にとっては無駄であり、むしろ負担になるかもしれない新たなインフラ整備投資の方に、現在世代は傾注している。このような、現在状況と乖離した状況を将来に想定して行うのは、規模の拡大を前提とした右肩上がりの経済が認知バイアスとして埋め込まれていることに起因する。認知バイアスという誤認に基づき、将来予測がなされているのであれば、そうした状況は将来世代からすれば、余計なお節介になる可能性は否定できない。なお、老朽化するインフラ整備のメンテナンス・コストの膨張については、土木工学や都市工学の研究者たちが警鐘を鳴らして久しいが、二〇一五年の防衛省

「インフラ長寿命化計画」を契機に、国土交通省も「社会資本の老朽化対策情報ポータルサイト」を開設している（国土交通省、2016）。

（6）「オッカムの剃刀の原則」とは、ある事柄を説明するためには、必要以上に多くを仮定するべきでなく、あくまでも、必要最小限の要素で説明すべきという原則。「ラッソ（Lasso）の最適化アルゴリズム」とは、モデルの複雑さにペナルティを与える正則化の応用。モデルに含まれる各項の重みの合計をペナルティとして与えることにより、モデルのオーバー・フィッティングを回避する手法を指している。ビッグデータを扱うディープ・ラーニングや、ディープ・ラーニングを基に予測を行う人工知能研究においては、データとモデルのオーバー・フィッティングがしばし問題になるが、この時にオーバー・フィッティングの問題を是正するために用いられる考え方が「正則化」。数理解析や情報処理では、数学的処理のアルゴリズムとして、ラッソの最適化アルゴリズムによる正則化が論じられている。

（7）現在価値を算出するための数式は次の通り。この時、rは割引率。

PV（現在価値）=C（n年後に受け取る現金）/$(1+r)^n$

たとえば、金利が二%のとき、一年後に一〇〇円を受け取るとする場合、現在の一〇〇円の価値はPV=100/1.02=98.04円となる。つまり、投資判断をする際には、現在の九八円を現金で持っているよりは、金利二%の場合、投資した方が良いという判断になる。

（8）時間そのものが人間の付与した概念に過ぎず、あるのは、熱力学第二法則におけるエントロピーの増大概念と、そこに付随する、エントロピーの増大に伴う不可逆的な時間的経過であるということから、量子理論物理学者の中には、時間は存在せず、あるのは人間が投影している世界観としての時間概念に過ぎないという主張をしている者もいる（ロヴェッリ、2019）。

（9）社会の大きなうねりの中で、意思決定の場が民衆に対し、閉じられたり開かれたりするのは、歴史の流れが示していることと思われる。したがい、開かれるようになった一方で、逆に、一部の国家や地域においては、民主主義的な開かれた対話の動きに抗うように、政治主導的意思決定が強化されるという皮肉な事象も散見されている。たとえば、SNSを用いた民衆による蜂起を中心に展開されたとされるアラブの民主化と騒がれた

「アラブの春（Arab Spring, 二〇一〇―二〇一二年）」後のエジプトやリビアにおける政治混乱は、生活の安定との代償であったことが明らかになりつつある。

(10) 古代ギリシア神話において、クロノスは時間の神で、カオスやアイオーンと共に原初の神々の内の一人とされている。クロノスが「時間」の神であるの対し、アイオーンは「時代」や「ある期間」、「永遠」や「永劫」を象徴する神である。一方、カイロスは「時刻」や「機会（チャンス）」の神。この事から「クロノス時間」は、過去から未来へと一定速度や一定方向で機械的に流れる連続した時間を表現するのに対し、「カイロス時間」は、一瞬や人間の主観的、内面的な時間を表すこともある（高津、1960）。

(11) 時間の「質的時間（temps-qualité）」と可測的な「量的時間（temps-quantité）」の差異に注目したのはベルクソンである。ベルクソンは、質的時間こそ「体験される時間」という意味において「実の時間（temps réel）」とし、それに対し物理的可測的時間を「虚構の時間（temps fictif）」とした（ベルクソン、2001）。また、ここでは紙幅の関係で割愛するが、円環的時間概念の考察については、九鬼（2016）を参照のこと。九鬼の円環的・回帰的時間概念は東洋的時間概念として、輪廻に着想を得た上でヴェーダを参照して論じられている。また、ここで用いている「重ね描き」とは大森正蔵の概念であることも付記しておく。直線的時間概念が生み出す錯誤に関しては、『大森正蔵セレクション』に収録されている論考「時は流れず――時間と運動の無縁」（大森、2011）、等を参照してほしい。また、社会学者の真木悠介は時間概念を質・量としての時間と不可逆性・可逆性としての時間に分類し、時間意識を四つの形態に分類した独自の議論を展開している（真木、1981）。

(12) ここの議論は、九鬼周造の「第三の時間」を意識している。九鬼の「第三の時間」とは次の通りである。時間とは、直線的観念的な物理的に計測可能な「現象学的時間」と円環的・回帰的構造をもった「形而上学的時間」が考えられ、水平的な現象学的時間に形而上学的時間が垂直に交わるところに、「現在」が無限の厚みと深みをもって現れると論じている。時間概念とは、意思と目的があって概念として成立するということを前提とすれば、「過去」「未来」よりも、「現在」の現在性にこそ、着目しなくてはならないだろう。

第4章　仮想将来世代と「無知」
――群盲、部屋のなかの象を評す

太田和彦

1　序論

本章では、私たちが未来について想像したり、予測したり、意味づけたりするときに付き合っていかざるをえない、私たち自身の「無知」(ignorance) について論じる。

誰もがそれについて懸念してはいるが、誰も取り組みたがらない、あるいは眼をそむけたがっている根本的な問題を指す諺として、「部屋のなかの象」(elephant in the room) がある。「部屋のなかの象」が検討されないまま放置された場合、組織や機関の危機管理や計画立案のための能力が損なわれ、ときには問題が手に負えないほど深刻化することについては、安全保障論や経営学、心理学、終末期医療などをはじめ、さまざまな分野で指摘がなされている(1)。

私たちは「部屋のなかの象」とどのように向き合えばよいのか？　先行研究(2)から導ける重要な知見は、私たちがあるツールや手法を使うことによって、「象」の存在を部屋にいる全員に向けて詳らかにし、その結果として全員が蒙を啓いて、すべてがうまくいくようにはならないという点にある。誰かが特権的に人々のいる洞窟から抜け出し、洞窟にとどまっている人々に「君たちが見ているのは影に過ぎない」と告げさえすれば、人々が自分の視野の狭さに気づくという図式に、本章は与しない。

先ほどあげた諺とは別の、やはり象が登場する古いインドの寓話に、「群盲、象を評す」がある。この寓話は仏教、ヒンドゥー教、ジャイナ教などで伝承されており、いくつかのバリエーションがあるが、大まかには次のような話だ。

> あるとき、目の不自由な六人の男たちは、象という奇妙な動物が町に連れてこられたという報せを聞いた。しかし、誰もその形を知らなかった。彼らは好奇心から、象を触って調べてみることにした。最初に象の足に手探りした者は「木の幹のようだ」と言った。鼻に手を当てた者は「いや、太い蛇のようだ」と言った。耳に手が届いた者は「いや、扇のようだ」と言った。尻尾を握った者は「いや、縄のようだ」と言った。横腹に手を置いた者は「いや、壁のようだ」と言った。牙に触った者は「いや、硬く、滑らかで、槍のようだ」と言った。

この後、ある話型では、盲目の男たちは、象についての意見が揃わず、他の者が嘘をついているのではないかと疑って、喧嘩を始める。また、別の話型では、男たちは喧嘩をせず、お互いの象についての評価を聞きはじめ、協力して象を「見よう」とする。さらに別の話型では、王様が現れ、象の全体像を説明し、男たちは、自分が部分的には正しく、全体としては間違っていたことを学ぶ。「群盲、象を評す」のいずれの話型においても共通する教訓は、私たちが得ることができる経験や知識の本質的な制限と、同じ観察対象に対する異なる視点の尊重である。

さて、ここで先ほどの「部屋のなかの象」の諺に戻ろう。私たちは部屋のなかに問題があることについてはおおよそ知っている（「部屋のなかの象」）。しかし、私たちはそれがどのような問題であるか、その全体像について知っているわけではない（「群盲、象を評す」）。この、「群盲、部屋のなかの象を評す」が、社会の持続可能性の低さに頭を悩ませる私たちが置かれている状況であると本章は定位する。私たちが喧嘩をはじめずに、また象の全体像を「見る」ことができる王様を待ち望むことなく、象についての何らかの知見を協力して引き出そうとするためには、ある種の言語能力を開発する必要がある。本章はその方法のひとつとして、フューチャー・デザイン（以下、ＦＤ）を位置付ける。

2　未来についての無知の扱い方——先行研究①

「部屋のなかの象」（誰もがそれについて懸念してはいるが、誰もそれについて話したがらない大問題）、「群盲、象を評す」（私たちの認識や経験は部分的なものである）に類する現象について検討するうえで参照することができる文献は、「無知の研究」（ignorance studies）と呼ばれる哲学を含む学際研究の一分野に多く見出せる。(3)「無知」は未来と、とりわけ安全保障と密接な関係を持つ。世界的な経済・金融危機の引き金となった二〇〇八年のリーマン・ブラザーズの破綻、二〇一一年の東日本大震災に伴う福島原発事故、イスラム過激派組織・イスラム国の台頭、そして二〇二〇年の新型コロナウイルスのパンデミックに至るまで、ある種のシグナルに対して、適切に、あるいは時宜を得た注意が払われなかったために被害が深刻化した例は枚挙に暇がない。これは、未来を想像したり、予測したり、意味づけたりするときに、不都合な事実や科学的データを直視することを避けたり、抑圧したり、都合よく忘れる一方で、より受け入れやすいビジョン、シナリオ、トレンドに与したり、現状維持を自明としがちであるという、私たちの一般的な傾向と関係している。——かくして、私たちは部屋のなかに象がいると気付いていても、それを無視するようになる。

それでも、誰かが部屋のなかの象について話し始めたとしよう。いまのところ、象は大人しくしているようだが、一度暴れだしたら手が付けられないことになるかもしれない。しかし、無知な私たちのあいだでは、象がどういうものかの意見が一致しない。

私たちが「無知」というとき、多くの場合、それは物を知らない状態として理解される。そのため、「無知」が原因である問題に対しては、情報不足を埋めるために、まずはより多くの情報を収集するという戦略が思い浮かぶ。この戦略は一見合理的ではあるが、どれだけの情報を集めれば十分かについて基準を持たなければ、結論に辿り着くことができない。時間や予算などの制限により、情報収集は終わるが、知識は常に不完全なままである。

これが未来に関する「無知」となると、より話は複雑になる。私たちは本質的に未来については何も知ることができない。一方で、過去のデータから現在の延長としてどのような出来事が将来生じうるかについての予測を立てることは可能である。だが、「未来の予測」という形で知ることができる未来とは過去と現在の延長であり、「未来そのもの」ではない（太田、2017）。

未来の予測と意思決定理論のモデルは、「不明確な問題を、現在得ることができる情報と枠組みに基づいて把握し、対処する」という構造的な制限と不可分である。私たちは情報を分析するにあたり、状況を変更する際の決定要因を検出するうえで役に立ち、想定外の事態や望ましくない事態が生じる割合を最小にし、否定的な影響を回避するための行動の選択肢を増やすことができる分析枠組みを積極的に用いて、未来の予測を行う（Kolliarakis, 2019）。未来の予測にあたっては、当然ながら、専門家も意思決定者も、予備的な知識と情報をふまえたあとで予測を行う。予測の方法論は、どんなに洗練されていようとも、常にそれ自身の公理的前提の限界内に留まり、意思決定のために、ある特定の因果関係への集中を促すと同時に、他の因果関係に対する選択的な目隠しを課す。――かくして、私たちは象を評する群盲の一人となる。

私たちが「部屋のなかの象を評する群盲」であることそれ自体は逃れえないことであるが、問題は、その後である。たとえば、避けられない不確実性を、より多くの情報やエビデンスによって、あたかも管理可能なものとして扱おうとすることは良いやり方ではない（Heazle, 2010）。実際には、不確実性を排除することはできないにもかかわらず、政策立案者や専門家の威信、あるいは取り組みへの動機を弱体化させてしまう可能性があるため、「どのような不確実性が排除できないままなのか」という問いがブロックされてしまうからである。このようにして、意図されないままに、組織あるいは制度における認識論的な盲点――「無知」は拡大する。

「無知の研究」から学ぶべき重要な観点は、「無知」は、政治的・社会的行為の反復的な特徴として捉えられるべきであり、必ずしも例外的な状態、逸脱、過ちとして捉えられるべきではないという位置づけである。二〇一五年に編集された「無知の研究」のハンドブックでは、無知が生じるメカニズムは「社会的相互作用の中で、日常のコミュニケーションの中で、意思決定の規則的な特徴として理解され、理論化される必要がある」（Gross and McGoey, 2015, p. 4）という指針のもとで、政策や認識論的共同体における、無知の文化的、専門的、制度的な生産と再生産に注目が向けられている。

3 「未知の既知」を拡大させる抑圧と急き立て——先行研究の分析②

「無知」（知らないこと）を、「既知」（すでに知っていること）と「未知」（いまだ知らないこと）の関係性から整理してみよう。図4-1のマトリックスは、既知と未知の組み合わせを図示したものである（Kolliarakis, 2019）。左側には「既知のもの」（Knowns）が存在し、右側には「未知のもの」（Unknowns）が存在する。中央の水平線は、知識について知っていることの証明度（頑強性、妥当性、信頼性）の高さと低さを分けている。マトリックスの上の部分では、知識の存在が認識されているのに対し、下の部分では、そのような認識が欠如している。言い換えれば、下の部分から上の部分への移動において重要なのは、新しい知識

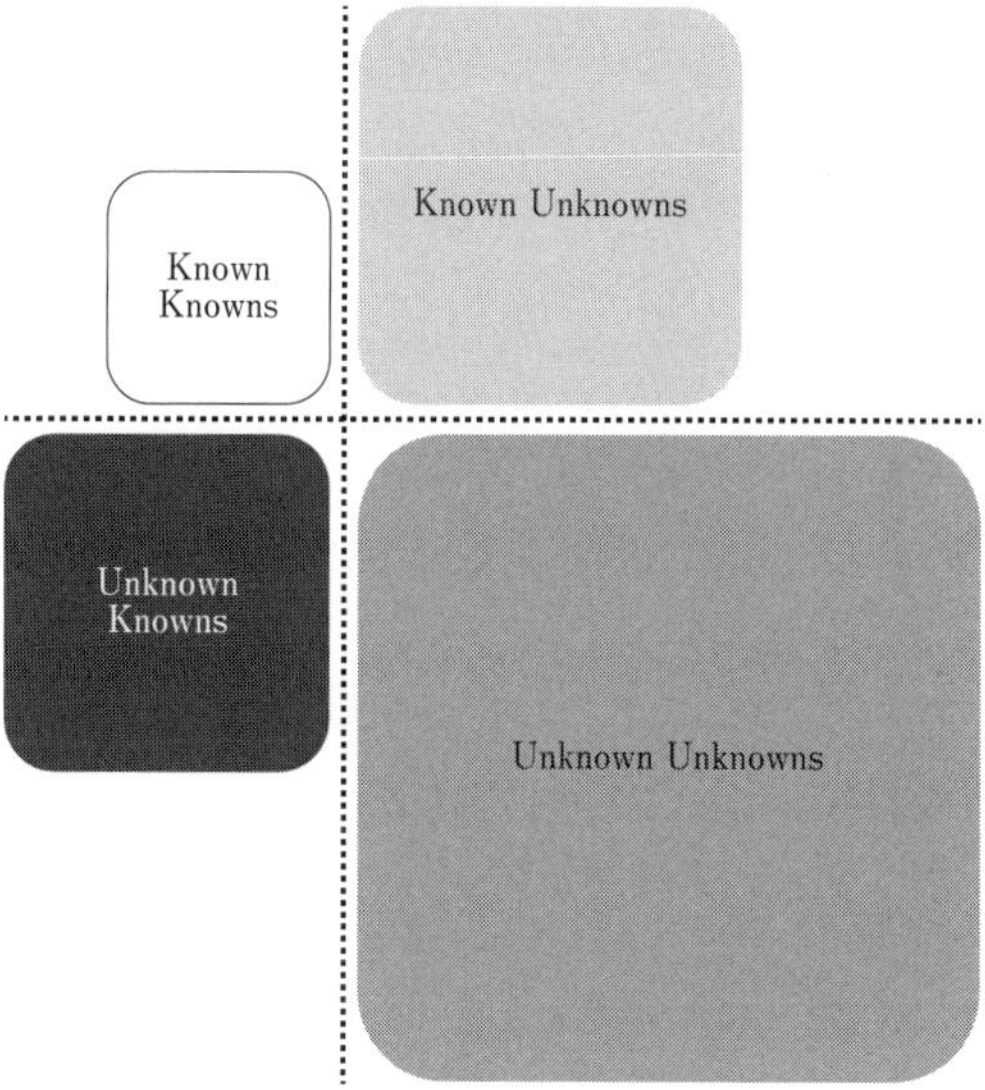

図4-1　4つのメタ認識領域

ではなく、それについて知ろうという欲求である（逆に、上の部分から下の部分への移動は、たとえば忘却によってなされる）。

「既知の既知」（Known Knowns）とは、〝知っていることを知っている〟状態であり、たとえば「この引き出しを、この鍵で開けることができる」状態にあたる。「既知の未知」（Known Unknowns）は、〝知らないことを知っている〟状態であり、「この引き出しを開ける適切な鍵を知らない、または持っていないために開けられない」状態にあたる。ここまでは、引き出しの開け方についての知識が確かにあることに注目されたい。一方で、「未知の既知」（Unknown Knowns）は、〝知っていることを知らない〟状態であり、「鍵については知っているが、それが引き出しを開けるためのものであるとは考えもつかない」状態にあたる。「未知の未知」（Unknown Unknowns）は、〝知らないことを知らない〟状態であり「そもそも引き出しについても鍵についても知らない」状態にあたる。

着目されるのは、マトリックスの左下にある「未知の既知」である。これは何かについて知っているか知らないかではなく、そのことについてどれだけ確信を持っているか、あるいは意識しているかということに関わる。もちろん、すべての「未知の既知」が問題を引き起こすわけではなく、記述されていない知識や、組織内で暗黙のルーティンに埋め込まれ、具体化されているために不明確になっている知識なども含まれる。

しかし、「未知の既知」が、抑圧と急き立てによって拡大していく状況には注意が必要となる。

抑圧から「未知の既知」が拡大していく典型的な状況として、危険を知らせる微弱なシグナルを、意味のないノイズとして解釈して聞き流してしまうことがあげられる。スティーブ・レイナーは、「未知の既知」が生じるメカニズムについて、危険を知らせるシグナルを「社会や制度が積極的に排除するのは、［引用者注：そのシグナルが］重要な組織の取り決めや制度が目標を追求する能力を損なう恐れがあるからである」（Rayner, 2012, p. 108）[(4)]と指摘している。レイナーは、組織や制度の内部にとどめた場合、一貫性と安定性を危機にさらすような情報を「不快な知識」（uncomfortable knowledge）と呼ぶ。

「不快な知識」は、後述するように、それ自体が組織に埋め込まれた価値観や規範と反するため、そもそも考慮に値しないものとしてあらかじめ考慮の外に置かれることがある。そしてそのことは、「未知の既知」を拡大させる。たとえば、組織のメンバーが喫緊の問題について警告を発しても、組織が「不快な知識」を評価する代わりに、それらの人々を「反体制的」と見なして処分するようであれば、誰もそれについて口にしなくなる（Roberts, 2013）。人は多くの場合、他の人々に何についての知識が受け入れられ、有効であり、共有されるに値し、存在することが許され、何がそうではないかという周辺事情に基づいて、何を話し、何を話すべきでないかを決める。そのときに、「知ってはいるが、知らないことにする事柄」は作り出される。しかも、知識や記憶は、それ単体の内容にとどまらず、いくつかの「待ったなしに付随する」周辺情報と数珠繋ぎのものとして働く。そのため、自覚のないまま「知ってはいるが、知らないことにする事柄」は増え続けることとなり、容易に入手可能なはずの知識が不可視化されたり、ときには「人々を選択的な近視のなかに閉じ込める」こととなる（Kolliarakis, 2019）。

急き立てから「未知の既知」が拡大していく状況としては、将来の望ましくない事象を回避しつつ、望ましい目標を実現するために、一つのアクション・プランに認識論的な注意と資源を集中させることがあげられる。この方針は、マーガレット・サッチャー元首相のスローガンに沿ってＴＩＮＡ（There Is No Alternative: この道しかない）とも呼ばれる。一つの目標にすべての努力を集中させ、競合する道筋を拒否するＴＩＮＡは、力強く、魅力的に映りうるが、すでに見てきたようにこの方針のもとでは、方針にそぐわない「不快な知識」の排除とそれに伴う「未知の既知」の広がりが懸念される（Sotolongo, 2004）。

この点だけをみれば、急き立てから「未知の既知」が拡大していく状況は、抑圧のそれとかなり似通ったもののように見える。しかし急き立ての場合は、何か守る価値のあるものがあり、それに対する脅威やリスクを早期に認識し、脅威やリスクの発生や拡大を抑制することに資する知識は、むしろ求められている。それにも関わらず、盲点が拡大していく背景には、私たちの注意力は有限であり、あるものに注意を向ければ、他のものへの注意がおろそかになるという事情がある。(5)どこに焦点を当て、何を周辺視野へと除外するかの選択は、組織の将来にとって非常に重要である（Neugarten, 2006）。ＴＩＮＡの問題点とは、焦点を当てられ意味のあるシグナルとみなされるもの（「行動に結びつく知識」）と、周辺視野に追いやられ役に立たないノイズとして捨てられるもの（「行動に結びつかない知識」）の境界が明確になりすぎてしまうことにある（Day and Shoemaker, 2004）。政策決定過程において、焦点と周辺視野がＴＩＮＡの方針のもとで固定されないようにするための方策として、Kolliarakis（2019）は次の二つをあげる。一つは、多様性と不協和音への寛容さを、制度的な義務と組織設計に組み込むことである。もう一つは、行政の縦割りを緩和し、組織間のコミュニケーションを垂直的・水平的に強化することである。いずれの場合でも、目的は偏りや誤りを排除することそれ自体ではなく、一つの道筋の中での早すぎるロックイン（「この道しかない」）を防ぐことにある。

以上の事柄を「象」に関わる諺と寓話に結びつけるならば、ＴＩＮＡは「部屋のなかの象」がいることについて自覚的ではあるが、自らが「群盲」の一人であることから目をそらしている状態だといえる。「象」、つまり対処すべき問題がどのような性質のものであるかは、拙速に定位するべきではない。もちろん、対処する方針を定めるために遅かれ早かれ問題を定位する必要があるのだが、拙速な判断や、代替案を用意しない実践は、後になって「象」が想定と異なる挙動をはじめた場合に不釣り合いなコストを支払うことになる可能性が高い。そのため、「象」は様々な手によって撫でられ、評される必要がある。――しかしながら、「象」を評する時間は無限にあるわけではない。

4　「故意の盲目」の受け入れ方——先行研究の分析③

以上のように、無知は避けられない場合もあるが、自らが意図的に招いた結果であることもある。他者に対する支配と権威を示すためではなく、私たちが自分の行動を正当化するために自分自身に語りかける物語の一部分、日常生活に不可欠な一部分として、無知が生み出される事態を示す言葉に「故意の盲目」(willful blindness. Heffernan, 2011; Pelkmans and Bovensiepen, 2019) というものがある。これは、先述の「不快な知識」を故意にシャットアウトすることを意味する。つまり、危機が迫っていることを知らせるシグナルがあったとしても、それを認めれば〝余計な仕事〟が増える——日常的な業務や、制度的な手続きやルーティンを不安定化させ、業務を遅滞させたり、計画の抜本的な見直しを迫られたりする——かもしれないとき、または自分たちの政治的主張を変えなければならなかったりするとき、人々はそのシグナルを無視するようになる。これは人々が怠惰であるからではない。組織や機関が、日々の業務を円滑に進めるためには、あらゆるリスク要因を検討したり、その複雑さ、不確実性、曖昧さに直面したりしつづけるわけにはいかないからだ。日常の業務、標準的な操作手順に、非日常や標準外の出来事に対処するための準備が組み込まれていることは当然望ましい(たとえば、定期的な職場の避難訓練など)。だが、それにも当然、限界はある。そのため、組織や機関に死角が生じるのは避けられない。

盲目であることには、多かれ少なかれ合理的な理由がある。しかし、もちろん、危機を知らせるシグナルが組織的に抑圧され、容易に入手可能なはずの知識やデータがあからさまに無視され続ける事態を許せば、責任者（意思決定者）はそれが惨事と結びついたときに追及を免れえないだろう。そのため、危機を知らせるシグナルが責任者に届きやすいような仕組み作りが目指されるが、それで状況が改善されるわけではない。シグナルが示す事柄についての検討とそれに基づく対処には、当然ながらコストがかかる。また、提起されるリスク要因に対処しようとした結果、別の箇所が手薄になり、べつの問題を誘発することがある（畑村、2002）。しかも、複雑な状況は刻々と変化しつづけ、不確実性、曖昧さは残り続ける。さらに、シグナルにもとづいた対処法について、利害関係者全員の納得を望むことは難しい「厄介な問題」と呼ばれる性質の問題では、ある改善策が、別の問題を引き起こすことさえある（Rittel and Webber, 1973）[6]。先ほどの「部屋のなかの象」の諺に則れば、こうなるだろう。——部屋のなかに「象」がいると人々が言い出さないことにはもっともな理由がある。だが、「象」が暴れだしたときに責任をとらなくてはならない意思決定者としては、できるだけ「象」についての報せがほしい。しかし「象」に関わる報せを得られたとしても、それを活用できるとは限らない。

5　未知の既知を言表する方法としてのFD

ここまでの分析は、以下のように整理できる。

- 無知の研究は、無知を、例外的な状態、逸脱、過ちとしてではなく、政治的・社会的行為の反復的な特徴として捉える観点を提起する。
- 「象」――誰も取り組みたがらない、あるいは眼をそむけたがっている問題――について、私たち自身が知っていることを知らない事柄（「未知の既知」）は、抑圧と急き立てによって拡大していく。この状況を避けるための手段の一つが、現状分析のための多様なアプローチ（「象」の多様な撫で方）の確保である。
- 部屋のなかに「象」がいると人々が言い出さないことには合理的な理由がある（「故意の盲目」）。
- 「象」が暴れだしたときに責任をとらなくてはならない意思決定者としては、できるだけ「象」についての報せがほしいが、その報せを活用できるとは限らない（コスト、注意力の配分、「厄介な問題」）。

これらの課題に即して、ＦＤの特徴とされている事柄をどのように活用することができるかを検討する。「象」をめぐる諺と寓話に沿って、それらを二つに大別しよう。

（A）デタッチメント

一つは、仮想将来世代を交えた意見交換を通して「部屋のなかの象」について語りやすい状況を作り出す機能である。演劇的な設定のもとで仮想将来世代役の参加者の想像力が賦活されることが期待されるのはもちろん(7)、「X年後の未来から来た者としての意見」であれば、その言質をとられて自分に「象」の世話役が押し付けられる危険性はかなり緩和される。

仮想将来世代という設定はいわば、「不快な知識」を排除する役割――「不快な知識」を排除することによって、秩序は生成され、意味のある事実と快適な関係性は維持される。組織は安定しているように見え、未来はまるで計算可能で制御可能であるかのようになる――からのデタッチメント（原、2016）を通して、比較的安全に「未知の既知」の掘り起こしを参加者に促すための仕立てであると、ここでは位置づけることができる。参加者が「象」について話しやすいようにすること、「象」について知っていたけれど知らなかったことにしていた事柄を、迂回路を経て話す場を作ることが、ここでの効果となる。

私たちが仮想将来世代になりきり、「X年後の未来では」と語ることができてしまう背景には、私たちは普段は自覚していないが、未来についての予測や未来についての希望を事あるごとに（本を読んだり、ニュースを見たり、人と話をするなかで）思い浮かべており、それらが状況と動線が整えられたことで表出するという仮説が考えられる。若年者よりも高齢者のほうが積極的に多くの意見を出すという傾向から考えても、この仮説と効果には一定の妥当性が見込まれる。

（B）複数の未来の想定

もう一つは、仮想将来世代を交えることによって、「象」の撫でる部位に変化をもたらすことができる機能である。部屋のなかの全員が「象」の同じ部位を似たような仕方で撫でていれば、人々の「象」についての見解は揃うだろうが、それは「象」についてのより良い理解には結びつかない。そのため、様々な部位を様々な仕方で撫でてみる必要は常にある。小道具なども交えた演劇的な設定は、この試行に人々を（比較的低いコストで）誘い出しやすい。

しかし、注意すべきFDの特徴の一つは、仮想将来世代が、演劇的役割の枠内でとはいえ、未来がどうなっているかについて語ることができてしまうという点である（仮想将来世代による僭称という問題については後述）。この欠点は、「仮想将来世代が集合的な位相を持ち、状況と利害を共有している場合」【P】に前面化しやすい。もちろん、デタッチメントの効果を考えるなら、一定の意義はある。しかし、TINAの弊害を避けつつ、「未知の既知」についての表出を助ける手法として有益であるFDの形式を考えるのであれば、たとえば、仮想将来世代と現世代を交えた議論、あるいは仮想将来世代のみの議論において、「仮想将来世代が異なる将来を仮想した場合」【S】（たとえば将来の想定が、状況a、状況b、状況c…と分かれている場合）、「仮想将来世代同士の利害相反がある場合」【T】（たとえば、将来の状況aからメリットを受ける主体とデメリットを受ける主体を併存させた場合）などを提起することができよう（太田、2018）。

【S】と【T】では、それぞれ異なる効果が予見される。【S】「仮想将来世代が異なる将来を仮想する場合」、期待される効果の一つが「個人の中の未来の吟味」である。たとえば、異なる仮想将来世代のグループ同士の議論は、参加者各人がそれぞれ想定していた未来についてのイメージの取捨選択を促すこととなるだろう。自分が想定する（あるいはそうであってほしいと希望する）未来の内実ａと、他者が想定する未来の内実ｂ、ｃのあいだの相違の検討は、それぞれの未来の想定あるいは希望を両立させることが可能な物理的・社会的インフラ（技術、法制度、価値観、慣習等）、およびそれぞれの未来の想定あるいは希望が両立するような社会の全体像へと想像を拡張することが求められることとなる。つまり、【S】は「部屋のなかの象」の姿かたちを様々な仕方で撫で、評することを助ける。

仮想将来世代の各人が…

- 状況と利害を共有する【P】
  - →仮想将来世代はデタッチメントのきっかけ。
- 状況と利害を共有しない
  - ―仮想将来世代が異なる将来を仮想する【S】
  - ⇒想定・希望される未来の多様なイメージを吟味し，社会像を想像することを促す。
  - ―仮想将来世代同士の利害相反がある【T】
  - ⇒現世代においても未来世代においても検討する意義をもつ事柄を専門的知見を交えて検証することを促す。

図 4-2

また、【T】「仮想将来世代同士の利害相反がある場合」、期待される効果の一つが「集団における特定の話題の活性化」である。たとえば、将来の状況ａからメリットを受ける仮想将来世代のグループとデメリットを受ける仮想将来世代のグループ同士の議論は、どのような話題が現世代においても未来世代（将来世代）においても検討する意義をもつかということを確認させることとなるだろう。また、メリットとデメリットはそれを受ける仕方と程度が主要な問題となるため、状況ａを様々な側面から予測し、仮想将来世代の意見の妥当性を評価することが必要となる。[8] つまり、【T】は「部屋のなかの象」の御し方について、その方向性や実施の妥当性について省みる（行動の結果、かえって「象」の機嫌を損ねることになったり、別の「象」が部屋にやってきたり、「象」の世話がある特定のメンバーに過度の負担を強いたりする可能性は常にあるが、行動の最中にその可能性について言及するのは困難である）ことを助ける。

【S】と【T】のいずれの形式においても期待される効果は、想像力と根気強さの涵養である。それは私たちが喧嘩をせずに、また象を「見る」ことができる王様を待ち望むことなく、象についての何らかの知見を協力して引き出し、また御するための交渉《ネゴシエーション》を助けるだろう。ＦＤは、仮想将来世代として参加者に意見を述べてもらう体験を通じて、（未来そのものではなく）参加者の未来を想像しようとする姿勢をデザインすることで、この「象」に関わる地味であるが重要なガバナンスに人々を参与させる素地を作り出すものといえる。この点は極めて重要である。「不快な知識」が掘り起こされたとしても、ある一部の人々によって占有・封印されてしまえば意味がない。都市計画、エネルギー、気候政策、教育、雇用、社会福祉、インフラ整備、サイバーセキュリティなどに関わる社会問題への対処は、「根本原因」を見抜いてあざやかに解決する革新的なものではなく、日常業務の惰性と利害関係者の政治力学に挟まれて、不器用で中途半端なものとならざるをえない(Lindblom, 1979; Verweij and Thompson, 2006; Kolliarakis, 2017)。だが、そうであったとしても、私たちは倦まずに「象」と向き合い、撫で、評し、御する必要がある。そのための、ある種の言語能力を開発する方法のひとつとして，ＦＤは位置付けることができるだろう。

6　未知の既知を言表する方法としてＦＤを用いる場合の注意点

本章では，私たちが未来について想像したり，予測したり，意味づけたりするときに付き合っていかざるをえない私たち自身の「無知」について論じた。そして，「無知の研究」を分析枠組みとし，「部屋のなかの象」という諺と，「群盲，象を評す」という寓話を添え木として，仮想将来世代を交えた交渉が，「無知」と付き合っていくためのいくつかの助けを提供しうることを示した。

最後に，ＦＤに固有な注意すべき点を挙げて本章を終えたい。それは，仮想将来世代が，解決策を知っていると僭称する状況である。私たちは，未来そのものについても，未来の予測についても，私たちの無知と付き合っていかざるをえない。部屋のなかの「象」はどうすれば暴れださないでいてくれるのか，大人しく部屋から出ていってくれるのか，そもそも「象」とはどういうものなのか。それらについて完全に知っている王様は寓話の中にしか存在せず，仮想将来世代が，あるいはそのなかで導かれた結論が「象」の全体像を描出するわけではない。未来，つまり「未だ来たらざるもの」についての想像，思考，意味づけは，ときに私たちを取り扱っている具体的な事柄から遊離させ，極端な絶望感や万能感と結びつけやすい（若林, 2014）。特に，ある未来像を熱烈に待望したり，希望を見出したりするとき，私たちは往々にしてその未来像を実現するために他の人たちとの議論や交渉を始めるのではなく、他の人たちの教化や説得、ときには暴力をいとわない排除に向かいがちであることは、世界史上の多くの事例が示すとおりである。

ＦＤであれ何であれ、私たち自身の「無知」や、それゆえに未来で生じる過ちを回避したり、皆の蒙を啓いたりできるような、特権的な手法やツールを求めることの自制は極めて重要である。それは正しさにこだわることによる自縄自縛や「故意の盲点」を生むだろう。そのため、本章は一貫して、過ちをなくすことよりも、過ちが再起不能な仕方で生じないようにすることを目指し、そのための方策を論じた。

関連して、本章はＦＤの効果を、革新《イノベーション》ではなく、交渉《ネゴシエーション》の契機として位置づけている。両者とも未来をデザインするために不可欠な要素であるが、ともすれば、前者ほど華々しくない後者は閑却されがちである。一度、「象」がいることが自明の事柄として共有された場合、「象」が暴れださないようにするためには、誰かが餌代を賄ったり、糞の掃除という嫌な役回りをしたりしなければならないかもしれない。部屋の外に「象」を追い出すとなれば誰かが大怪我をするかもしれない。「象」への対処をめぐる交渉は利害関心抜きにはありえない（そうであるからこそ、人々は「部屋のなかの象」について語りたがらない）。これらの問題もまた、ＦＤのワークショップの後で検討が必要となるだろう。

謝辞　本論考は科研費（19K20513）の成果の一部である。執筆にあたり、宮田晃碩さん、松葉類さん、塩谷賢さんからいくつかの重要なコメントと提案をいただいた。記して深謝する。

注

（1）ピーター・ホーは「部屋のなかの〝黒い〟象」というメタファーを案出している。これは、「黒い白鳥」（black swan）、つまりインパクトが大きく、まれで、誰もが驚きを覚えるような予測困難な出来事と「象」の交雑種である（Ho, 2018, p. 12）。ホーは、「部屋のなかの象」の存在が否定されたり、抑圧されたり、無視されたりすると、「〝黒い〟象」に変貌する可能性があることを暗示している。

（2）Zerubavel（2006）は、やや古いが、膨大な文献一覧は、過去にどのような研究がなされてきたかを知るうえで非常に参考になる。

（3）「無知の研究」の学術成果の包括的なまとめは、Gross and McGoey（2015）で読むことができる。また、本章が扱っているような、未来予測と「無知の研究」に関する論考は、Poli（2019）で読むことができる。関心がある方は、ぜひこちらを読み進められたい。

（4）レイナーは、人が「不快な知識」を遠ざけるようとする際の典型的な4つの方法をあげる：①拒否（denial）：「不快な知識」を受け付けないようにする。②棄却（dismissal）：「不快な知識」を拒否する一方で、それが存在することは認める。③気晴らし（diversion）：「不快な知識」から注意をそらし、その知識に基づいた探求や知識の共有を防ぐ。④置換（displacement）：探究を別の方向にそらす。

（5）注意の有限性についての考察は、アルフレート・シュッツのレリヴァンスについての論考から畑村洋太郎の失敗学に至るまで、さまざまな分野で指摘されている。

（6）厄介な問題は、主に①競合する利害関係者の間の価値の乖離、②多階層・組織間のガバナンスの相違による制度的複雑性、③因果関係についての科学的説明の不確実性が重なることによって発生する。Head and Alford（2015）も参照のこと。

（7）ワークショップの参加者があたかも未来から訪れたかのようにふるまうことで、想像力を賦活する手法には、たとえば、トランジション・タウンのワークにおける「トランジション後の世界からの来訪者」などに類例がある。

（8）仮想将来世代は未来世代を代弁することの不可能性を、キャップの意味を共有している関係において演劇的に留保されるため（例：「このゲームで帽子を配られた人は仮想将来世代です」）、たとえば【S】と【T】ではキャップの種類を変えることで、その内実を分化させることは可能である（例：「帽子が野球帽の人はシナリオa、ベレー帽の人はシナリオb、麦わら帽子の人はシナリオcの仮想将来世代です」）。

第5章　労働と余暇の未来
――ケインズの未来社会論を手掛かりに

百木　漠

1　ＡＩ＋ＢＩによる革命？

経済学者の井上智洋は「人工知能とベーシックインカムによる革命」という論文のなかで次のように書いている。

遠くない未来にユートピアらしきものがもたらされるとしたら、ＡＩとＢＩの革命による以外にないものと考えられる。それは、政治的には今の民主主義体制と変わりないが、経済的には労働から解放されるという意味で、二〇万年前に人類が誕生して以来の最大の革命となる。（井上、2017, p. 125）

ここでＡＩは人工知能（Artificial Intelligence）、ＢＩはベーシックインカム（Basic Income）の略である。井上は、これからの時代はＡＩとロボットが次々と人間の雇用を奪っていくことになるだろうと予想している。その新時代に対応する社会保障の仕組みとしてベーシックインカムを導入すべきだというのが井上の提案である（井上，2016, 2017）。ベーシックインカムとは、政府がすべての国民（市民）に毎月無条件で一定額の生活費を給付する制度のことをいう。たとえば、政府が毎月七万円程度の生活費を全国民の銀行口座に振り込む、という風に。従来の生活保護とは違って、収入や財産、家族状況などに関する審査は一切なく、国民あるいは住民としての条件さえ満たせば、政府から個人に対して直接的に毎月一定の現金給付がなされるという仕組みが想定されている。

このＡＩとＢＩを組み合わせた社会設計こそが、今後われわれの目指すべき方向性であり、ＡＩ＋ＢＩの革命こそが理想的な未来社会をもたらす、と井上は考えている。つまり、ＡＩとロボットをどんどん活用してそれらに「労働」を担わせ、人間は政府から毎月支給されるベーシックインカムによって「労働」せずとも生活していくことが可能になる。労働から解放されて、自由に好きなことをしながら生きていくことができる社会。これこそが、われわれの目指すべき未来社会のあり方ではないか、というのである。

オランダ出身の歴史学者、ルトガー・ブレグマンもこれとほぼ同様の提案をしている（ブレグマン、2017）。今後、われわれはＡＩとの競争には決して勝てないのだから、ＡＩやロボットに任せられる労働はどんどん任せてしまったほうが良い。その代わりにベーシックインカムの仕組みを導入することによって、人々は働かずとも生きていくことができるようになるのだから、失業を恐れることはない。とはいえ、何らかの仕事にたずさわりたいという人は多いだろうから、毎日三時間程度の仕事をして、残りは好きなことをして過ごす、というスタイルが一番良いのではないか、とブレグマンはいう。これこそが二一世紀を生きるわれわれにとっての「可能なるユートピア」であろうと。

たしかにこうした提案は、もしそれが実現できるのであれば、素晴らしいものであるように思える。これが実現できれば、われわれはもはや毎朝、満員電車に揺られながら通勤し、嫌な上司のもとで長時間働く必要もなくなる。不景気の影響などで職を失う心配もしなくて良い。遊ぶことが好きな人はずっと遊んでいても良いし、音楽や演劇やスポーツなど、追いかけたい夢がある人はそれに向かって努力し続けることもできる。もちろん、毎月七万円程度の支給額だけでは満足のいく生活ができないという人も多いだろうから、そうした人はこれまで通りに働き続けても良い。ベーシックインカムによって最低限の収入は保証されているので、それに加えてどれだけ働くかは、それぞれのライフスタイルや人生プランに応じて自由に選ぶことができる。職を失うことへの不安も減るだろうから、無理な働かせ方をするブラック企業などはどんどん人が辞めていき、優良な企業だけが生き残るだろう、という期待もある。

このように書き連ねていくと、ベーシックインカムは夢のような理想の仕組みであるように感じられる。むしろなぜどの国でもまだこの仕組みを導入していないのか、と不思議に思われるほどかもしれない。しかし、井上やブレグマンが提唱する「ＡＩ＋ＢＩによる革命」は本当に理想的な未来社会をもたらすのだろうか、というのが本章で考えてみたい問いである。言いかえれば、それは「労働から解放」されたときに人類ははたして幸せになることができるのだろうか、という問いでもある。本章ではケインズの未来社会論を参照しながら、「労働と余暇の未来」について考えていきたい。

2　ＡＩの発達と雇用の縮小

本論に入る前に、具体的な状況を確認しておこう。

マイケル・オズボーンとベネディクト・フレイが二〇一三年と二〇一五年に発表した推計によれば、今後一〇年から二〇年のうちに英国の労働人口の約三五％、米国の労働人口の約四七％、日本の労働人口の約四九％がＡＩやロボットによって代替可能になるとの予測がなされている（Frey and Osborne, 2013; 野村総合研究所，2015）。つまり、今後二〇年間のうちに米国と日本における労働者の約半分が機械によって雇用を奪われてしまう可能性があるということだ。

さらにオズボーンとフレイは七〇二の職業を挙げて、そのうちでオートメーション化されて消滅する可能性が高い職業をリストアップしているが、その結果が興味深い。たとえば、スーパーのレジ係（九七％）、受付係（九六％）、ホテルのフロント係（九四％）、ウェイター・ウェイトレス（九四％）などが上位に来ていることは、予想の範囲内と言えるとしても（カッコ内のパーセンテージは消滅する可能性を示す）、弁護士助手（九四％）や会計士・会計監査役（九四％）などの専門知識を要求される職業や、レストランのコック（九六％）やツアーガイド（九六％）などの専門技術を要求される職業も、九〇％以上の確率で消滅すると予測されていたことは人々に驚きを与えた。

たとえば、公認会計士は現在の日本で人気の高い専門職のひとつである。公認会計士になるためには、難しい国家資格試験に合格せねばならず、かなりの勉強が必要である。二〇二〇年時点で公認会計士の合格率は一一・二％とされており、難易度は高い。そのぶん、公認会計士の資格を得て、大手の会計事務所に就職することができれば、高い収入と社会的地位を手に入れることができる。そのような人気の職業が、今後一〇—二〇年のうちに消滅する可能性が九四％もあるというのだ。

もちろん正確に言えば、この推計にはいくつかの条件がついており、実際にはそう単純に上にあげた職業のすべてが今後一〇—二〇年のうちに消滅するということにはならないと思われる。二〇年後にも弁護士助手、会計士・会計監査役、セールスマンとして働く人々はきっと残っているだろう。ただし、それらの仕事の大部分が、AIやロボットによって技術的に代替可能なものとなり、雇用される人の数が大幅に減少している可能性は大いにある。たとえば、いま三人の会計士でやっている企業の決算確認とチェックが、二〇年後には一人でできるようになっている可能性は十分あるだろう。また弁護士助手が、依頼された訴訟についての必要な資料や情報を集めたり、書類を作成したりする作業も、その大半が優れたコンピューターソフトによって、ほぼ自動でなされるようになっている可能性もあるだろう。このようにして、各職業が完全に機械によって置き換えられるのではないにしても、ＡＩやロボットの発達が雇用の減少をもたらす可能性は高い、と予測されている。

タイラー・コーエンが示すように、二〇〇〇年代以降のアメリカでは、ＧＤＰは伸びているにもかかわらず、労働参加率（子供と高齢者を除いた総人口のなかで実際に職に就いている人と職に就く意思がある失業者の合計が占める割合）は減少している（コーエン、2014：第三章）。リーマン・ショック後の欧米諸国では、ＧＤＰや企業業績などの値が回復しても、失業率がなかなか回復しない状況が続いているが、これはもはや従来の景気循環モデルでは説明がつかず、デジタル技術の進展がもたらす「構造的失業」によるものと考えねばならないというのが、ブリニョルフソンとマカフィーが『機械との競争』で示した見解であった（ブリニョルフソン＋マカフィー、2013）。また、ジェレミー・リフキンは『仕事の終わり』において、すでに一九九五年の時点で次のような見解を示していた。「私たちは世界の歴史における新しい時代に突入している。それは、世界中の人にモノやサービスを供給するために必要とされる労働者の数が、どんどん減っていく時代である」（リフキン、1996）。二一世紀に入って、デジタル技術のさらなる進歩とともに、こうした予言がまさに実現される段階に入ってきたのではないか、というのがこれらの識者が示している見解である。

3　ケインズの予言

こうした状況を受けて、近年改めて参照される機会が増えているのが、ケインズの「孫たちの時代の経済的可能性」という論文である（ケインズ、2010）。その理由のひとつは、この論文で提起された「テクノロジー的失業」という概念が、コーエンやブリニョルフソンによって立て続けに取り上げられて注目が高まったことにある。この概念は、今日ではテクノロジーの発展が新たな産業や雇用を生み出すよりも、むしろ新たな失業を生み出すことに繋がっているのではないか、という問題を提起しており、その懸念が今日いっそう切実なものとなってきていることを示している。加えて、ケインズがこの論文で予言した「一日三時間労働・週一五時間労働」という一〇〇年後の社会の予測が、IT技術やAI技術の発展とともに、再び注目を集めるようになってきたという経緯がある。たとえば、ブレグマン『隷属なき道』でもこの予言についての考察に一章が割かれている（ブレグマン、2017：第六章）

IT技術やAI技術の進歩がもたらす「テクノロジー失業」の危機に対して、だからこそBIの導入が必要なのだ、というのがブレグマンや井上による主張であった。テクノロジー的失業が今後広がっていくとすれば、従来の完全雇用を前提とした失業保険や生活保護の仕組みでは失業・貧困問題に対応していくことが難しくなることが予想される。そうであるとすれば、職に就いているか否か、収入が多いか少ないかなどの条件にかかわらず、政府が国民に一律で一定額を支給するＢＩを導入するほうが合理的であろう。面倒な労働はＡＩに任せて、人間はＢＩによって自由に生きられるようになる。これによって、ケインズが予言した「一日三時間労働」の理想も実現可能になるだろう、というのである。

しかし、ここで立ち止まって考えてみる必要がある。ケインズは本当にそのような意味で「一日三時間労働」が実現される未来社会を理想的に語っていたのだろうか。ＡＩとＢＩの組み合わせによって、ユートピア的な理想社会が実現されるとケインズは考えていたのだろうか。実際に「孫たちの世代の経済的可能性」を読むと、そのような理想論とは異なる印象を得ることに気づくはずだ。ケインズの未来社会に対する予測は、少なからず悲観的な色合いを帯びており、テクノロジーの進歩がもたらす未来社会の行く末に対して慎重な姿勢を見せている。ケインズの未来予測は、われわれにユートピア的な未来社会の到来を約束するものではなく、むしろ未来社会が抱える深い困難を予言するものであった。そしてこのことは、ＡＩ＋ＢＩという指針に再考を迫るものであるはずだ。

そこで、以下にケインズが「孫たちの世代の経済的可能性」のなかでどのような未来社会を描いていたのか、その内容を具体的に見ながら、「労働と余暇の未来」について再考していくことにしたい。

ケインズが「孫たちの世代の経済的可能性」を発表したのは、一九二九年にウォール街の株価が突如として暴落し、世界中に大恐慌の波が広がった翌年のことであった。資本主義への幻滅が広がり、社会主義とファシズムがその勢いを増していた。当時のケインズはその時流に抗って、資本主義の理念を守るために、一九二八年にケンブリッジの学生たちに対して行った講演を元にした小論を世に問うのだった（スキデルスキー＋スキデルスキー、2014, p. 28）。大恐慌の苦しみから何とか逃れようと世界中の人々がもがいているなかで、ひとり百年後の経済状態に想いを馳せていたケインズはさすがにスケールが違っている。

まず、ケインズは当時広がりつつあった資本主義への懐疑論を退けつつ、この一〇〇年間の資本と科学の進歩に鑑みるならば、今後も資本主義はまだまだ成長を遂げていくと想定すべきだとする。仮に今後、世界経済が年に二％ずつ成長していくとすれば、世界の資本設備は二〇年間でほぼ一・五倍になり、一〇〇年間では七・五倍になる。科学技術もまだまだ進歩するだろう。すると、一〇〇年後の二〇三〇年には、先進国の生活水準は現在の四倍から八倍になっていることが予想される。資本の成長速度を考えれば、これは驚くような数字ではない。

こうした予測にもとづいて、ケインズは大胆にも次のように述べる。結論として、もし大きな戦争がなく、人口の極端な増加もなければ、一〇〇年以内に経済的問題のほとんどは解決してしまうだろう。「これは将来を見通すなら、経済的な問題が人類にとって永遠の問題ではないことを意味している」（ケインズ、2010, p. 212）。

ここで経済的な問題の解決とは、人々がもはや日々の生活に心配することなく生きていけるようになることを意味すると捉えておけば良いだろう。失業や貧困などを心配することなく、誰もが豊かに生きていけるような社会。今後一〇〇年間順調に経済が成長すれば、二〇三〇年にはそのような段階に達しているだろう、とケインズは予想していたのである。これに続けてケインズは次のように壮大な問いを持ち出す。

これがどうして驚くべきことだと言えるのだろうか。なぜなら、将来ではなく過去を見ていくなら、経済的な問題が、生存競争が、これまでつねに人類にとって主な問題であり、とくに切迫した問題だったからである。いや、人類だけではなく、もっとも原始的な生命が誕生して以来、生物界全体にとってつねに主な問題、とくに切迫した問題だったのである。

したがって人類は自然によって、人間がもつ衝動や根深い本能によって、経済的な問題を解決する目的に適した方向に進化してきたのである。経済的な問題が解決されれば、人類は誕生以来の目的を奪われることになるだろう。（ケインズ、2010, p. 212）

人類にとって、いや生物全体にとって、これまでの歴史で主たる課題は「生存競争」であった。日々生きていく糧を確保し、安全に暮らしていくこと。そのために労働すること。それこそが人類が誕生以来、抱えてきた一番の課題だった。しかし、二〇三〇年の時点には、人類はそのような課題からもはや解放されているかもしれない。そのときに人々はどのように生きていくべきなのか？これこそが将来世代にとっての最重要な課題になる。ゆえにこれは人類史にとっての大きな転換点になるとケインズは考えていたのであった。

4　労働からの解放はユートピアかディストピアか

資本とテクノロジーの進歩によって、労働から解放されることは「果たして良いことなのだろうか？」とケインズは問いかけている。「額に汗して働き、その日暮らしを続けているものにとって、余暇は長年の夢だが、実際に暇ができると夢から覚める」（ケインズ、2010, p. 213）。多くの人々は、労働から解放されたいと願いながら、実際に労働から解放されるとなると、一体何をして良いのか戸惑ってしまうだろう、とケインズは予想していた。このような「暇と退屈」（國分、2011）の問題こそが将来世代にとっての最大の課題となるであろうと。

したがって、天地創造以来はじめて、人類はまともな問題、永遠の問題に直面することになる。切迫した経済的な必要から自由になった状態をいかに使い、科学と複利の力で今後に獲得できるはずの余暇をいかに使って、賢明に、快適に、裕福に暮らしていくべきなのかという問題である……。しかし思うに、余暇が十分にある豊かな時代がくると考えたとき、恐怖心を抱かない国や人はいないだろう。人はみな長年にわたって、懸命に努力するようにしつけられてきたのであり、楽しむようには育てられていない。とくに才能があるわけではない平凡な人間にとって、暇な時間をどう使うのかは恐ろしい問題である。（ケインズ、2010, p. 214）。

実際に「労働から解放」されたとき、「とくに才能があるわけではない平凡な人間」は、与えられた膨大な余暇をいかにして使えば良いのか困ってしまうのではないか、とケインズは考えている。「こうした人生に耐えられるのは、歌に縁がある人だけだろう。そして、歌うことができる人はいかに少ないことか」というわけである。音楽やスポーツなど、何かに没頭し、その夢に向けて自分を鍛え上げていけるような人はごく少数であろう。それ以外の平凡な人々は、与えられた余暇を持て余してしまい、ただ無為に退屈に日々を過ごすことになるのではないか。そしてほとんどの人はその無為と退屈に耐えられないのではないか、とケインズは危惧していたのだ。

このようなケインズの心配は、ＡＩ＋ＢＩの革命によって理想的な未来社会が訪れると考えるブレグマンや井上の考えとは大きく異なっている。ブレグマンや井上は人類が労働から解放されることは望ましいことであり、目指すべき目標だと考えている。これに対してケインズは、いや、そのような「労働からの解放」を将来世代の人々はそう簡単には喜ばないのではないか、と見ていた。なぜなら、日々の労働から解放されたとき、われわれは残された余暇をいかに退屈せずに過ごすか、という重大な課題と向き合わなければならなくなるからである。

だからこそケインズは次のように提案したのであった。

今後もかなりの時代にわたって、人間の弱さはきわめて根強いので、何らかの仕事をしなければ満足できないだろう。いまの金持ちが通常行っているよりたくさんの仕事をして、小さな義務や仕事や日課があるのをありがたく思うだろう。しかしそれ以外の点では、パンをできるかぎり薄く切ってバターをたくさん塗れるように努力すべきである。つまり、残された職をできるかぎり多くの人が分け合えるようにすべきである。一日三時間勤務、週一五時間勤務にすれば、問題をかなりの期間、先延ばしできるとも思える。一日三時間働けば、人間の弱さを満足させるのに十分ではないだろうか。（ケインズ 2010, p. 215）

こうして提案される「一日三時間労働」という構想は、ブレグマンや井上が思い描くような楽観的な理想とは随分色合いが異なっている。ケインズの考えはこうだった。テクノロジーの発達とともに雇用のパイは少なくなっていく。ならば、残された雇用のパイをできるだけ多くの人が分け合えるようにすべきである。たとえば、一日三時間勤務にして、残りの時間はそれぞれ自由に過ごす、という風にすれば、皆が幸福になれるのではないか。多くの人にとって、一日三時間程度の労働があったほうが、社会とのつながりを感じられるし、一定の人間関係も維持できるし、自分の存在意義を確認することもできる。そうした意味で、最低限の労働時間は確保しておいたほうが、個人にとっても社会にとっても望ましいだろう。

このケインズの提案は、いわゆる「ワークシェアリング」の発想に近い。いかにもケインズ主義的な発想として、未来社会においては富の再配分よりも労働時間の再配分のほうが重要になる、と考えたわけである。

現代日本でこのようなケインズに近い意見をもつ論者として萱野稔人を挙げておくことができる。萱野はベーシックインカムに対して明確に反対の態度を示している（萱野、2012, pp. 125–148）。彼の見解はこうだ。われわれはいま「成熟社会」と呼ばれる社会に直面している。右肩上がりの経済成長が終わり、低成長経済が常態化した状況にわれわれは置かれている。市場の拡大が進まないために、供給過剰の状態が続き、労働力が余ってしまう。さらに新興国の台頭による労働市場のグローバル化によって、生産拠点の海外移転が進み、国内の労働力はいっそう過剰になりやすい。

こうした状況において、「労働と所得を切り離す」ベーシックインカムを実施すればどうなるか。それは「働きたいのに仕事がない」人たちの問題を放置してしまうことにつながるだろう。「働きたいのに仕事がない」人たちが求めているのはお金ではなく仕事である。毎月現金を給付するだけではそうした人々の悩みは解決されない。言いかえれば、ベーシックインカムは「現金給付と引き換えに、労働をつうじた社会参加の回路を切断する」ことにつながる。それは、「働きたいのに働けない」人たちを労働市場の外に放置することで、新たな社会的排除を準備してしまう。

多くの失業者たちが直面しているのは、単にお金がないというだけでなく、同時に「自分は社会的に無能力で不必要な存在かもしれない」というプレッシャーである。そうした人たちに対して、ベーシックインカムは「お金をあげるから、黙って大人しく労働市場の外にいてくださいよ」というメッセージを与え、雇用や労働に対して国家がもつべき責任を免除してしまうことにつながる。具体的には、ベーシックインカムと引き換えに、生活保護や年金、失業保険や再就職のための職業訓練、その他もろもろの雇用対策などはカットされてしまう可能性が高い。これは多くの人々にとって望ましいことではないだろう。

それよりも、ベーシックインカムを実施するだけの財源があるならば、政府は公共事業をしたり、職業訓練の場を設けたり、景気対策をしたり、現物支給による社会保障の範囲を広げたりして、雇用や社会の場を創出すべきだと萱野は主張している。こうして政府による積極的な公共投資の重要性を強調し、毎月の現金給付よりもワークシェアの必要性を訴える点でも、萱野はケインズに近い立場にあると言えるだろう。

萱野のこうした主張に対して、ベーシックインカム派からは大いに反論があるだろうが、その点はここでは割愛する。筆者が伝えたいのは、「ＡＩ＋ＢＩによる革命」こそが将来に対する最善の選択肢だと主張する意見に対して、ケインズや萱野のような働くことそれ自体を重視する意見を対置させて考えることができるのではないか、ということである。このように考えることによって、「労働と余暇の未来」を構想する際に、大きく二つの道筋を描き、それらを比較検討しながら考察を深めていくことができるだろう。

５　ＡＩ＋ＢＩかＷＳか？

ここでワークシェアリングをＷＳと略して、図式的に分けて考えるならば、われわれは未来社会に対するＡＩ＋ＢＩ派とＡＩ＋ＷＳ派という二つの道筋を描き出すことができるだろう。

まずＡＩ＋ＢＩ派は次のように考える。近い将来、ＡＩやロボットの発達とともに雇用のパイが縮小していくことは避けがたいので、それならば、いっそＡＩやロボットによる技術的代替をどんどん促進し、その代わりにベーシックインカムという新しい社会保障制度を導入して、「労働しなくても生きていける社会」を作っていくのが最も望ましい選択肢であろう。そのほうが経済合理性に適っているし、社会保障や財政の観点から見ても無駄が少ない。何より、労働をしなくても良い社会が実現されること、好きなことをして生きられる余暇中心の社会が実現されるのは素晴らしいことであるはずだ、と。

他方でＡＩ＋ＷＳ派は次のように考える。ＡＩによって労働から完全に解放されたときに、本当に人間は自由で幸福になるのだろうか。むしろ一定の労働や仕事があるほうが、人は精神的に安定し、他者や社会との関係性を維持することができるのではないか。社会全体としても、多くの人々がたとえ短時間でも安定して働いてくれる社会のほうが、少数の労働者と多数の余暇人に分かれている社会よりも安定性が高いだろう。ベーシックインカムで最低限の生活費が保証されていれば、誰もが不安なく過ごすことができると考えるのはいささか単純にすぎる。それゆえ、誰もが一日三時間程度は働けるように、政府が積極的に雇用を創出し、雇用のパイを薄く広く分け与えるワークシェア的な発想のほうが重要になる。

まとめると、ＡＩ＋ＢＩ派は、テクノロジーによる労働からの解放を善きことと捉え、労働から解放されて余暇が増えるほど人間の自由度は増すと考えるのに対して、ＡＩ＋ＷＳ派は、人間は一定の労働（仕事）をしている方が個人も社会も安定すると考え、完全なる労働からの解放はむしろ個人と社会の双方を不安定にしてしまう点で問題が大きいと考えるわけである。

以上のような二つの大きな指針を踏まえたうえで、フューチャー・デザインの手法を用いて未来社会を構想してみるとどうなるだろうか。筆者はフューチャー・デザインの専門家ではないが、フューチャー・デザインとは「将来可能性をアクティベイトする社会の仕組みのデザイン」と、その実践」であると了解している。ここで将来可能性とは「現在世代が自分の利益を差し置いても、将来世代の利益を優先する可能性」のことを指す。つまり、ときには現在世代の利益を犠牲にしてでも、将来世代が豊かに生きることができるような未来社会を構想・設計し、その実現に向けて実践していく営みがフューチャー・デザインであるということになるだろう。

この考え方にもとづいて、労働と余暇をめぐる二つの構想を再考してみると、たとえば次のように考えられるのではないか。現在世代の視点から考えるならば、ＡＩ＋ＢＩのほうが経済合理的な構想であり、将来世代の自由な生き方を促進する、より良い選択肢であるように思われるかもしれない。これこそが人類を労働という苦役から解放する革新的な道ではないか、と。しかしいっぽうで将来世代からすると、必ずしも「労働からの解放」は理想的な社会をもたらさないかもしれない。ケインズが懸念したように、「労働から解放」されることによって、かえって「暇と退屈」に悩まされ、精神的に不安定になる人も出てくるかもしれないし、社会も円滑に回らなくなるかもしれない。そうであるとすれば、あえてＡＩやＢＩの導入を抑制し、その代わりに人々に広く雇用が行き渡るようにしたほうが、個人のレベルからしても社会のレベルからしても安定性が高くなるのではないか。あるいは萱野が懸念するように、ＡＩ＋ＢＩの導入を推し進めることによって、新たに「仕事をもつ人」と「仕事をもたない人」の格差が生み出されてしまうかもしれない。そのような格差を生み出さないためにも、仕事が幅広い人々に行き渡るように分配するワークシェアリングの導入を進めるべきと考えるのがＡＩ＋ＷＳ派の立場である。

もちろん将来世代のなかにもＡＩ＋ＢＩ派の考えを好む人はいるだろうし、現在世代のなかにもＡＩ＋ＷＳ派の考えを好む人もいるだろう。だから、さほど単純にこれを現在世代と将来世代の意見の対立として分けるわけにはいかないのだが、労働と余暇の未来をめぐる一つの思考実験として、このような思想の対立を考察しておくことには一定の意義があると思われる。ＡＩ＋ＢＩによる革命によって「可能なるユートピア」を実現することができるというブレグマンや井上のような楽観論に対して、その先には「暇と退屈」という大きな課題が控えていると考えるケインズや萱野のような慎重論を対置しておくことにも一定の意義があろう。そのように複数の構想を対置させることによって、現在世代からすると合理的に見える選択肢も、将来世代からすると非合理的であるかもしれない、という可能性に気づくことができるだろう。

ここでＡＩ＋ＢＩ派とＡＩ＋ＷＳ派のどちらの意見が正しいかを簡単に判定することはできないが、この二つの構想を比較検討することによって、将来に対する選択肢が一つだけとは限らないこと、複数の可能性がありうることに気づくことができるはずだ。そうした複数の選択肢があることを踏まえたうえで、「労働と余暇の未来」に対して、人工知能とロボットの導入による省人化、ベーシックインカム、ワークシェアリング、雇用の確保、余暇の充実、などのバランスをどのように保っていくべきかを、活発に議論していくことが求められているのではないか。

補足しておけば、ここまではＡＩ＋ＢＩ派とＡＩ＋ＷＳ派を図式的に対比させて論じてきたが、実際には両者の考えを両立・折衷させることも可能であろう。やり方次第では、ＡＩ＋ＢＩ＋ＷＳのような構想を考えることさえできるかもしれない。しかしそのような良いところ取りの構想には、また新たな課題が出てくることも予想される。そうした可能性も含めて、人々の間で議論を深めていくことが必要になってくるはずだ。

6　貨幣愛の克服

ケインズは論文の最後で、「経済の必要から解放された」未来社会を豊かに生きるために必要とされるものについて、次のように記している。

富の蓄積がもはや、社会にとって重要ではなくなると、倫理の考え方が大きく変わるだろう。過去二百年にわたって人々を苦しめてきた偽りの道徳原則を棄てることができる。人間の性格のうち、もっとも不快な部分を最高の徳として崇める必要はなくなる。金銭動機の真の価値をようやくまともに評価できるようになる。人生を楽しむための手段として、人生の現実を考えれば不可欠なものとして金銭を求めるのではなく、所有するだけのために金銭を求める見方を、ありのままに認識できるようになるだろう。（ケインズ、2010, pp. 215–216）

ここでのケインズは意外なほどに拝金主義に対して批判的である。「人生を楽しむための手段として」金銭を追い求める風潮、あるいは「所有するだけのために金銭を求める」風潮を彼は厳しく批判し、「貪欲は悪徳だという原則、高利は悪だという原則、金銭愛は憎むべきものだという原則」へと立ち戻ることを主張する。ケインズは偉大な経済学者であっただけでなく、官僚としてのエリートコースを歩み、投資家としても多くの富を築いた人であったが、他方で金銭の所有それ自体を目的として追い求める貪欲な人々に対してはかように厳しい視線を向けていたのであった。

あらゆる生産が貨幣を求めて行われるのが資本主義の長所であり、また短所でもあるというのがケインズの認識であった。価格システムによって資本主義は効率化するが、貨幣を利殖し、また保蔵しようとする人々の行動によって資本主義は不安定にもなるからである（柴山、2014, p. 234）。そうした資本主義経済の不安定性から人々の生活を守るためには、政府による信用や通貨のコントロールが不可欠であるというのがケインズの基本的な考えであったが、同時に彼は人々の「貨幣愛」や「金銭欲」じたいが克服されることこそが、長期的には最も望ましいと考えていた。

ロバート・スキデルスキーとエドワード・スキデルスキー親子は共著『じゅうぶん豊かで、貧しい社会』のなかで、「孫たちの世代の経済的可能性」におけるケインズの予言と誤算を再検討しながら、ケインズが見誤ったのは、人間の欲望に限りがないこと、そして資本主義が人間の貪欲さを限りなく助長してしまうことであった、という見解を示している（スキデルスキー＋スキデルスキー、2014：第一章）。ケインズは、資本が年二％ずつ成長し、生活水準が四―八倍に向上すれば、人々の基本的な物質的欲望は満たされ、それ以上の物質的豊かさを求めてあくせく働くよりも、精神的な豊かさに満ちた余暇を希求するようになるはずだと考えていた。そうした未来社会において、いかにして人々の社会的関係性や社会的尊厳を保ち、精神的な豊かさを実現するかが真に重要な課題になると彼は予想したのである。しかし、ケインズがこの予測を書いた時点から八〇年以上が経った現在においても、人々の消費欲望はとどまるところを知らない。さらなる物質的豊かさを求めて、大衆は旺盛な消費欲を発揮し続け、「貨幣愛」「金銭欲」にとらわれ続けているように見える。

スキデルスキー親子はこうした状況を克服するために、「いかにして善く生きるか」というアリストテレスの古典的な問いに立ち戻ることを提唱している。アリストテレスは「ただ生きる」だけでなく「善く生きる」ことこそが人間にとっての究極の目的（テロス）であると考えた。現代の経済学において最も見過ごされているのは、まさにこの「善く生きる」という価値であるとスキデルスキー親子は述べている。その喪失に伴って、現代経済学は「必要」と「貪欲」、あるいは「必需品」と「奢侈品」の区別を見失ってしまった。このような状況においては、たとえどれほど資本量が成長しようとも、「経済的必要性から解放された」未来社会が実現される見込みはいつまで経ってもないだろう。

「明日のことはほとんど考えない人こそ徳と英知の道を確実に歩んでいる」のであり、「昔に戻って、手段よりも目的を高く評価し、効用より善を選ぶ」ことこそが望ましいとケインズはいう。「一時間、一日を高潔に、有意義に過ごす方法を教えてくれる人、ものごとを直接に楽しめる陽気な人は、労せず紡がざる野の百合を尊敬するようになる」（ケインズ、2010, p. 218）。ケインズがここで称揚しているのは、何かの目的のための手段としてではなく、日々の生活それ自体を目的として楽しむことができるような生のあり方であり、野に咲く百合を愛でることができるような余裕をもった生のあり方である。ここにこそケインズが思い描いた「善く生きる」あり方の実践、そして理想的な「余暇」の実現のあり方を見て取ることができよう。

またケインズは次のようにも書いている。「経済的な必要から自由になったとき、豊かさを楽しむことができるのは、生活を楽しむ術を維持し洗練させて、完璧に近づけていく人、そして生活の手段にすぎないものに自分を売り渡さない人だろう」（ケインズ、2010, p. 214）。貨幣は本来、「生活の手段」にすぎないものであり、それ自体の蓄積を目的とされるべきものではない。もし経済的な必要性から解放された理想社会を実現しようとするならば、「手段」と「目的」を取り違えず、本来の「目的」(テロス)としての「善き生」を実現するための術を洗練させていかなければならない。資本主義的な欲望の無限サイクルから抜けだして、貨幣的価値(消費)にとらわれない「余暇」を豊かに享受するための技法を身につけることこそ、ケインズが最終的に最も重視したものであった。AI+BI派とAI+WS派の対立を超えて、このようなケインズの提言もまた「労働と余暇の未来」を展望するにあたって重要な指針となるはずである。

7 結語

本章では、AI技術とロボット技術の発展が今後、人間の雇用を大幅に減少させる可能性があるという予測にもとづいて、労働と余暇の未来をめぐる社会構想として、AI+BI(人工知能+ベーシックインカム)とAI+WS(人工知能+ワークシェアリング)という二つの可能性を提示した。AI+BI派は、テクノロジーの進展が人間を労働から解放することを善きことと捉え、それを可能にする未来社会の制度としてベーシックインカムの導入を進めようとする。AI+WS派は、テクノロジーの進展が人間を労働から解放することを必ずしも善きことと捉えず、ベーシックインカムの導入よりもむしろワークシェアリングの実施のほうが重要であると考える。本章の目的はこの二つの選択肢のどちらがより優れているかを提示することにあるのではなかった。むしろ、この二つの大きな構想を両極としながら、労働と余暇のあるべき未来についての考察と議論を深めていく必要があるだろうというのが本章における提案である。

経済学ではしばしば労働は負の効用（苦役）をもたらし、余暇は正の効用（喜び）をもたらすと前提するが、実際には労働（仕事）と余暇に対する人々の態度は、多種多様である。労働／仕事に生きがいや充実を見出す人もいれば、余暇の時間を重視する人もいる。その間をとってワークライフバランスの実現を目指す人もいる。たとえ生活収入が保証されても、何らかの仕事に携わり続けたいという人は多いだろう。ケインズは一〇〇年後の社会が「一日三時間しか働かなくて済む」というよりもむしろ、「一日三時間程度は労働したほうが人間の精神上良い」という意味合いで「一日三時間労働制」を提案していたことを忘れてはならない。ＡＩ＋ＢＩとＡＩ＋ＷＳのどちらの方針をとるにせよ、あるいはその折衷案を選択するにせよ、経済的合理性の観点のみならず、社会的総合性の観点から、「労働と余暇の未来」についての議論と考察を発展させていく必要があるだろう。

第二部　〈未来とつながる〉

第6章　将来世代への責任
——ハンス・ヨナスの思想

戸谷洋志

1　はじめに

本章では将来世代への責任について考察する。テクノロジーの発達によって現在世代の行為の影響力がもつ時間の地平は大きく拡大した。それによって、私たちはまだ生まれていない将来の世代に対してさえも影響を与えられるようになった。そうである以上、現在世代は将来世代が受ける影響に対して責任を負うことになる。では、その責任はどのような根拠に基づいて説明されるのだろうか。将来世代に対して責任をもつということは、具体的にはどのような実践を意味するのだろうか。

この問題にいち早く取り組み、最初の包括的な思想を残した哲学者が、ドイツ出身のユダヤ人であるハンス・ヨナス（Hans Jonas 一九〇三―一九九三年）だった。本章では、フューチャー・デザインにおける倫理学的基礎づけの局面を考察するために、ヨナスの思想を紐解きながら、将来世代への責任をめぐる一つの考え方を紹介していこう。

２　問題設定

現代のテクノロジーは遠い将来にまで影響を残す。もちろん、人類はこれまでも長い期間にわたって残り続ける様々な人工物を作り出してきた。しかし、現代のテクノロジーがもつ時間の地平はこれまでの技術とは比較を絶している。いくつか紹介しよう。

二〇〇〇年代半ばに、生命科学の領域ではゲノム編集という技術が開発された。ゲノム編集とは、人間の細胞の設計図であるＤＮＡを意図的に改変する技術であり、それまでの遺伝子組み換え技術と比べてはるかに精度が高く、遺伝子治療に代わる画期的な治療技術として注目されることになった。ゲノム編集される細胞には体細胞と生殖細胞の二つがある。体細胞のＤＮＡを改変した場合、その影響は改変を受けた個人の生涯に限定されることになる。それに対して、生殖細胞のＤＮＡを改変すると、それはまだ生まれていない子どものＤＮＡを操作することになり、その影響はその子どもの生涯だけではなく、その子どもの子どもへと、無限に受け継がれていくことになる。しかし、ＤＮＡの作用については現在においても未知な部分が多く、ゲノム編集の結果が将来においてどのような事態を引き起こすかを完全に予測することはできない。そのため、たとえば、ある個人に対してゲノム編集が行われた後、何百年も経過した後になって、はじめてその改変を原因とする遺伝子異常が発現するかも知れない。こうした懸念が存在するために、生殖細胞に対するゲノム編集は倫理的に問題視されている。

別の例を挙げよう。原子力発電はその過程で高レベルの放射性廃棄物を産出する。高レベル放射性廃棄物の放射線量が、自然放射線レベルにまで低下するのに、およそ一〇万年の歳月が必要であると言われている。そのため、放射性廃棄物を貯蔵する最終処分場は少なくとも一〇万年間の貯蔵に耐えるように設計されていなければならない。もしもその途中で事故が起き、放射性廃棄物が自然界に漏出すれば、その時代に生きている人々は深刻なダメージを受けることになる。この意味において、長期間の耐久性をもつ最終処分場を建設することは将来世代への道徳的な配慮として要請される。

ゲノム編集も、原子力発電も、将来世代への悪影響をもたらしかねないテクノロジーである。ただし、そのときに問題となる将来世代は、一世代後、数世代後などではなく、数千年後、数万年後の世代でもありえる。そして、それほど時代を隔している以上、現在世代によって脅威にさらされる将来世代が、どこにいる誰であるかがまったく特定されえない。千年後の人類の社会は現在とは似ても似つかないものになっているだろう。もはや英語は共通言語ではないだろうし、今ある国の多くが崩壊し、聞いたこともない帝国が現れているかも知れない。少なくとも歴史を顧みればそうなっていたとしても不思議ではない。将来世代への責任とは、そうした私たちと連続性が立ち切れた人々への、私たちと同じコミュニティに属していない人々への、要するにもっとも極端な意味における他者への責任なのである。

倫理学の問題圏における将来世代が帯びるこうした他者性は、現在世代と将来世代が合意を形成できないという点において、先鋭化する。言うまでもなく、現在世代と将来世代は互いに出会うことも討議することもできない。現在世代には将来世代が何を望んでいるのかを知る術が何もない。もしかしたら、私たちが将来世代のためを思って行ったことが、将来世代にとっては、結果的にまったく不必要であったり、かえって余計なお世話であったりするかも知れない。そうであるとしたら将来世代への責任はどのように担われるべきなのだろうか。

３　テクノロジーの本性をめぐる分析

ヨナスはこうした問題を解決するために、まず、そもそもテクノロジーの本質がどこにあるのかを検討している。前述の通り、ゲノム編集や原子力発電は将来世代への悪影響を露骨に示す事例である。しかしそれは、これらがたまたま例外的にそうした性格をもつテクノロジーであって、他の多くのテクノロジーに同様の問題は生じない、ということを意味するわけではない。むしろ、将来世代に影響を与えるという性格は、あらゆるテクノロジーに本質的に内在するものでもある。

ヨナスはまず、テクノロジーがもつ「強制性」を指摘する。私たちはテクノロジーを自由に扱うことができると考えているかも知れない。しかしヨナスによればそれは錯覚である。私たちは自分の意志で思うままにテクノロジーを使っているように見えて、実は、その使用を強制されているのである。ヨナスは次のように述べる。

あれやこれの新しい可能性は（ほとんどの場合には科学によって）初めて開かれ、行為によってわずかに発展させられると、それによって、その可能性はそれ自身において、大きな規模でそれを応用し、そして常により大きな規模でそれを応用するよう強制し、そしてこの応用を何らかの持続的な生活の必需にしなければならなくなる。(Jonas, 1985)

すなわち、新しいテクノロジーの可能性が開かれ、それが一度でも社会に実装されてしまえば、私たちはそのテクノロジーを発展させ、「大きな規模でそれを応用」することを余儀なくされる。そうして社会に根付いてしまったテクノロジーの使用をやめたり、発展に歯止めをかけたりすることは、もはや不可能になる。何故ならそれは私たちの社会の「必需」になるからである。この意味において、テクノロジーを社会に実装するということは、私たちがそのテクノロジーに条件づけられ、それなしには存在できなくなるという事態を引き起こす。ヨナスはこの関係を「呼吸能力と呼吸の必要性」(ebd.) に例えている。私たちは呼吸することはできるが、しかし自分の意志で呼吸をやめることはできない。それと同様に、一度テクノロジーが実装された社会は、もはや自らの意志でそれを停止させることができなくなるのである。

こうしたテクノロジーのもつ強制的な性格は、人間にはテクノロジーの使用の限界を設定することができないということ、したがってテクノロジーの発展を制御することができない、ということを意味する。

科学技術の営みは、その都度の近将来に目標を持ち、次々に発展を生み出すが、こうした発展には、独り歩きし始める傾向、自分に固有の必然的な力学を獲得するという傾向がある。すなわち、こうした発展は、自動的に働く動因を備えている。そのために、科学技術による発展は、前述のように不可逆的であるばかりか、前へ前へと駆り立てるものともなり、行為者の意志と計画を飛び越してしまう。ことがいったん始められると、行為の法則は私たちの手から奪われる。この始まりが生み出した既成事実は、次々と累積され、いったん始まったものの推進をつかさどる法則となる。(Jonas, 1979)

一度始まってしまったテクノロジーの発展は、「自分に固有の必然的な力学」を獲得し、「自動的に働く動因」によって進行し続ける。一度そうした進行が始まってしまったら、後から人間がその進行に歯止めをかけたり、コントロールしたりすることはできない。

こうしたテクノロジーの発展の自動性は、その当然の帰結として、その発展が終わりなく続くということ、つまり発展が無限に継続するということを意味する。そうである以上その影響は、そのテクノロジーが社会に実装された当の世代の後の世代まで、すなわち将来世代にまで及ぶ。

今日において、技術的な能力のすべての使用は、社会によって（ここではもはや個人は数えいれられない）、より「巨大なもの」へと成長していく傾向をもつ。……技術の集積的な影響は、場合によっては、無数の将来の世代にまで及んでいく。私たちが、いま、ここで行うことによって、そしてたいていの場合のように自分自身のための展望によって、私たちは、ここではないどこかで、将来において、莫大な数の生命に容赦なく悪影響を及ぼしてしまう。（Jonas, 1985）

こうした観点から、ヨナスは、テクノロジーが将来世代に対して悪影響を及ぼす、ということを、テクノロジーの本性そのものに基づくものとして解釈する。言い換えるなら、ゲノム編集や原子力発電のようには、すでに将来世代への悪影響が明らかになっていないテクノロジーであっても、それらが将来世代に悪影響を与えないという保証はどこにもないのである。将来世代への悪影響の蓄積は、私たちがまだ気づいていないところで、着々と進行しているかも知れないのだ。

4　将来におけるテクノロジーの価値

では、私たちはどんなテクノロジーを社会に実装するべきであり、どんなテクノロジーの使用を禁止するべきなのだろうか。その評価は、当然のことながら、将来世代に対して悪影響をもたらさないか否かによって、下されなければならない。しかし、ヨナスによれば、この評価を現在においてテクノロジーがもつ価値によって決定することはできない。ヨナスは次のように述べる。

一見して、道具の使用目的だけを顧みれば、善い技術と有害な技術を区別することは容易であるように思える。鋤は善いものであり、剣は悪いものである。救世主の時代においては、剣は鋤へと鍛え直されうる。このことは現代のテクノロジーにおいては次のように翻訳される。すなわち、原子爆弾は悪く、人類の食糧確保を助ける化学肥料はよい。しかしここで現代のテクノロジーの困惑させるようなジレンマが出現する。その「鋤」は、長期的には、「剣」のように有害なものでもありうる、ということだ！（そして、増大していく影響の「長期性」は、いま言われたように、現代の技術の使用に奥底から結びついているのだ）。（ebd.）

すなわち、現在において「善い技術」言い換えるなら「鋤」と見なされている技術が、その長期的な時間経過によって、「有害な技術」言い換えるなら「剣」へと転化する。たとえば「人類の食糧確保を助ける化学肥料」は現在においては善い技術であるが、しかし長期的には、深刻な土壌汚染や生態系の破壊を引き起こし、将来世代に悪影響を与える。このようにテクノロジーの価値は時間を通じて絶対的なものではなく、流動的なものなのである。

ここから一つの倫理学的な難問が導き出されてくる。私たちは多くの場合、ある行為の倫理的な是非を、その行為が行われた動機によって評価している。このとき善い行為とは善意に基づく行為であり、悪い行為は悪意に基づく行為である。だから、たとえば犯罪が起きたとき、その犯罪が悪意に基づくのかそうでなかったのか（つまり事故だったのか）によって、その評価は変わるのである。しかし、テクノロジーの社会的実装においては、善意に基づいて行為した結果が、結局のところ最悪の結果をもたらすという事態が想定されてしまうのだ。

> 困難は次の点にある。すなわち、技術が悪しき意図によって、つまり、悪い目的のために、誤用されるときだけではなく、それが良い意図によって、その本来的で最高に正当な目的のために投入されたとしても、それはそれ自身のうちに脅威となる側面をもつのであり、それは長い時間をかけて最後の決定権をもつようなものなのだ。(ebd.)

将来世代への責任が、このようにしてもたらされるテクノロジーの脅威を回避することであるとしたら、その責任は、もはや動機を根拠とした倫理学の原理によって説明することはできない。善意で始められたことを無条件に善と見なしている限り、私たちは決して将来世代への脅威を避けることができないからである。そうである以上、私たちは将来世代への責任を説明するために、まずそれに先立って、この事態に対応することができる新しい倫理学の原理を開発しなければならない。それがヨナスの提唱する「責任という原理」の根本的な問題関心である。

5　責任という原理

ヨナスは主著『責任という原理』（Jonas, 1979）において、将来世代への責任を説明しうる、新しい倫理学的な原理を基礎づけた。ここではその主要な部分をピックアップし、彼の倫理思想を簡単にまとめておこう。

将来世代への責任が直面する一つの理論的な困難は、現在世代と将来世代が相互的な関係にない、ということである。こうした相互性の欠如は、第一に、合意形成が不可能であることに帰結する。将来世代への道徳的な義務は、もしもそれが可能であるとしたら、将来世代との合意を得ることなく、その意向を無視した形でしか説明されえない。第二に、相互性の欠如は将来世代の権利の欠如という帰結をもたらす。当然のことながら、将来世代はまだ存在していない。存在していないものには権利がない。したがって、将来世代はいかなる権利も有していない。そのため、将来世代への道徳的義務を基本的人権の尊重によって基礎づけることはできない。では将来世代への責任はどのように基礎づけられるのだろうか？

これに対してヨナスは、これらの根拠に基づくことのない道徳的当為がありえると主張する。それが「責任 Verantwortung」に他ならない。ヨナスによれば、目の前に傷つきやすい生命が存在し、そしてその生命の存在が「私」の手に委ねられているとき、「私」はその生命に対して責任を負う。こうした責任をもっとも明証的に確信させる事例は、子どもへの責任に他ならない。「生まれたばかりの子ども。その呼吸は、周囲の者に対して、否応なく『世話をせよ』という一つの当為を向ける。見れば分かることである」（Jonas, 1979）。この責任を合意に基づいて基礎づけることはできない。なぜなら、「生まれたばかりの子ども」は「私」に対して配慮することをコミュニケーションによって要請するわけではないからだ。またこの責任は権利によって要請されるわけでもない。なぜならそれは、観念を媒介とするのではなく、子どもの存在から喚起される直接的な直観によって要請されるからである。

ここからヨナスは視点を責任概念そのものの構造へと転換していく。責任の対象、すなわちそれに対して責任が担われるところのものは、あらゆる生命である。それに対して、その責任を担うことができる者、すなわち責任の主体は、この世界において人間だけである。責任概念が現実の世界で現象として生起するためには、この責任の主体が存在しなければならならず、そして責任の主体になりえるものが人間だけである以上、人間が存在しなければならない。もしも責任の主体が存在しなければ、責任の生起もまた不可能になる。したがって、この世界において人間が存在することは、責任が生起するための可能性の条件である。そうである以上、地上における人類の存続への責任は、人類という一つの生物種に対する責任であることを超えて、責任の可能性への責任をも意味することになる。ヨナスは、こうした人類の存続への責任を、子どもへの直接的な責任から区別して、存在論的責任と呼ぶ。（戸谷，2015）

こうした分析に基づいて、ヨナスは人間が担いうる様々な責任のなかで、もっとも優先度が高い責任として、人類の存続への責任を挙げる。「人類が実在し続けることによって、人類自身を拘束する可能性、いつも超越的な可能性が、開かれ続けなければならない。……極端に言うと、責任が存在するという可能性が、すべてに先行する責任である」（ebd.）。ヨナスは後年に公刊された『哲学的探究と形而上学的推測』（Jonas, 1992）において、ここから将来世代への責任を次のように基礎づけている。

責任の現前は、責任能力をもつ被造物〔訳者注：人間〕の現実存在と結びついている。したがって責任能力は、それ自身において、責任のその都度の担い手に対して、将来の担い手が現実存在することが可能であることを義務付ける。責任に内在する命令は責任がこの世界から消えてはならないと語る。これに基づいて、将来の人間は存在すべきなのだ。（Jonas, 1992）

こうしたヨナスの基礎づけの長所は、現在世代と将来世代の非相互性を前提にしながら、将来世代への責任を基礎づけることができる、という点にある。同時に、このとき将来世代はあくまでも責任の主体として存続することを要請されるのであるから、単に将来世代が実在するというだけでは、この責任が果たされたことにはならない。すなわちこの責任は、将来世代が責任能力をもつような存在として、自由で道徳的なあり方で存在することを義務付けるものなのである。したがってヨナスは将来世代への責任の命法を「あなたの行為を原因とする影響が、地上における本当に人間らしい生き方の永続と両立するように、行為せよ」(Jonas, 1979) と表現している。

6　将来の予見

以上のような論証によって、将来世代への責任の立脚する原理が説明された。前述の通り、テクノロジーは一度社会実装されれば自動的に発展を始め、制御不能になる。したがって、将来世代への責任を果たすために、あるテクノロジーの社会実装によって将来世代が脅かされることが予見されるなら、その社会実装は避けられなければならない。この意味において、将来世代への責任を果たすためには、現在のテクノロジーや行為が将来においてどのような影響を発揮するかを、事前に予見することを必要とする。

しかしこうした予見は容易ではない。テクノロジーの社会実装は社会・経済・生態系システムに対して複合的な影響を与え、さらにそれらは相互に作用しあい、より複雑な関係を作り出す。将来の予見とは、テクノロジーによってもたらされるこうした複雑な相互作用の帰結を見通すことに他ならない。しかし、一見して明らかな通り、こうした予見に確実性を期待することはできない。ヨナスによれば、「社会内の、また生物圏内の影響関係の総体は、きわめて複雑で、あらゆる計量の試みを（電子計算をも）嘲弄するほどのものである」(Joans, 1979)。またこうした将来の予見はその間の人間の行為をも勘案していなければならない。しかし、それによって予測は決定的に不可能になる。なぜなら、「人間は本質的に究め難い存在であり、その究め難さが繰り返し私たちを驚かさずにはおかない」からであり、したがって「将来なされている発明をあらかじめ予言することは、すなわちそれをあらかじめ見越しておくことは不可能である」(Jonas, 1979)。したがって、将来の予見はそもそもその予測が不確実であることを前提にしなければならない。

将来の予見が不確実である、ということは、予見される将来が複数のシナリオ、様々な可能性へと分岐することを意味する。ヨナスによれば、「すべてが不確実である以上、予測されるさまざまな可能性はみな等しい重みを持つことになる」(Jonas, 1979)。たとえばあるテクノロジーを社会実装する際に、それによってもたらされる将来の可能性は複数並列する。そこには、望ましい将来もあれば、望ましくない将来もある。そのなかで実際に実現するシナリオを現在において確定することはできない。そうした状況においてどのシナリオをもっとも現実なものとして採用するべきなのだろうか。

ヨナスによれば、それは最悪のシナリオである。予見が不確実である以上、あるシナリオを採用する際には、その予見が外れることを前提にしなければ、無責任である。最悪のシナリオを予見して行為した場合、たとえその予見が外れたとしても、結果的に現実は最悪のシナリオよりもましになる。しかし、最悪の将来よりましなシナリオを予見して行為し、その予見が外れた場合、結果的に最悪のシナリオが実現するかも知れない。そしてそれはやはり無責任であるから、許されないのである。

では、ある最悪のシナリオを最悪と評価するさいの基準はどこにあるのだろうか。将来世代が絶滅することが最悪であることは言うまでもない。しかし、絶滅だけが避けるべき将来ではない。前述の通り、ヨナスは将来世代への責任を、あくまでも将来世代が責任の主体であることへの責任として説明していた。将来世代は単に生存するだけではなく、責任の主体にふさわしい自由な存在として、言い換えるなら「本当に人間らしい生き方」で存在しなければならない。では、その「本当に人間らしい生き方」とは何なのだろうか。

ヨナスはこうした人間らしさを規定する像を「人間像」と呼ぶ。最悪のシナリオを特定するためには、その前提として、それが傷つけられるがゆえに最悪であると評価することを可能にするような、人間像を規定することが必要になる。少なくとも常識的にはそう考えられる。しかしこうした人間像の規定は社会の価値多元性の否定と隣り合わせである。この世界には多様な人間らしさがありえるのであって、それを一つに限定することなど、それ自体がそもそも許されえない暴力である。

ただし、このように人間像を単に相対的なものとして捉えてしまえば、そもそも最悪のシナリオを評価することと自体ができなくなり、将来世代への責任を果たすこともできなくなってしまう。将来の予見はこうしたアポリアに直面してしまうのだ。

7　恐怖に基づく発見術

このアポリアを回避するために、ヨナスは「恐怖に基づく発見術 Heuristik der Furcht」という方法論を提唱している。その概要は次のように説明される。

羅針盤として何が役立つだろうか。予測される危険そのものだ！　将来から響くその警鐘の中で、その危険の地球的な広がりと人間性の深淵が姿を現す中で、倫理の諸原理は初めて発見可能になり、この諸原理から新しい力に対応する新しい義務が導出される。私はこれを「恐怖に基づく発見術」と名付ける。それは次のようなものだ。あらかじめ予見された人類の歪みが、はじめて、その歪みに対して守られるべき人間の概念を私たちに与える。ある事柄が賭けられているという事実を知ることによって、はじめて、賭けられているものが何であるかを、私たちは知る。(Jonas, 1979)

同様の内容をもう少し分かりやすく述べた文章として、次のものも引用しておこう。

人間の歪みをあらかじめ思い描くことによってしか、歪みから守られるはずの人間のあり方を把握することはできない。人間像が脅かされることが、しかも具体的な仕方で脅かされることが、私たちには必要である。その脅威を前にして初めて、私たちは真の人間像を獲得することができる。危険が知らされていない限り、何が保護されなければならないのか、なぜ保護されなければならないのかを知ることはできない。(Jonas, 1979)

ここでヨナスは、まず人間像の歪み、すなわち人間像が脅かされた状態がまず理解されることによって、そこから、守られるべき人間像が明らかになる、と主張している。

この順序は普通に考えれば逆である。まず特定の人間像が設定されて、そこからそれが脅かされる事態が何であるかが理解される、ということが常識的な発想である。しかし、前述の通り、価値多元的社会において人間像は原則的に複数ある。しかもここで論じられている問題が将来世代への責任であり、将来の人間像には見渡しがたいほど多様な複数性が認められるべきである以上、そもそも特定の人間像を前提にすることなどできない。将来において人間らしさとはこのようなものだろう、と特定することなど不可能なのである。

それに対してヨナスが提唱するのは、そうした、何が人間らしさであるかを完全に不明にしたまま、しかしその人間らしさが脅かされる事態を予見することに他ならない。こうした事態は、何らかの前提から導き出される結論のようなものではない。したがってヨナスは、この「発見術」の根拠を「恐怖」という感情のうちに見出す。私たちが、ある将来のシナリオを最悪だと評価するのは、その事態に対して私たちが「恐怖」するからであって、将来の人間像から導き出されるからではない。何故なら将来の人間像は予見不可能であるからだ。

ただし、将来世代に対して恐怖を感じることはそもそも自然なことではない。なぜなら、現在世代にとって将来世代がどれほど脅かされたとしても、それは現在世代の利害にとって無関係であるからだ。しかし、前述の通り、私たちがどう感じるかということとは無関係に、現在世代は将来世代に対して責任を負うべきである。そうである以上、私たちはたとえ自然には恐怖を感じなくても、恐怖を感じるべきなのである。ヨナスは次のように言う。

> 将来の人間の運命、まして地球の運命をイメージしてみても、こうした運命は私に直接には関わりを持たない。私と愛の絆で、あるいは直接に生活を共にするという絆で結ばれている人たちにも、やはり直接には関わりを持たない。だから、このようにイメージされた運命が、それ自体でわれわれの心に、激しい恐れを引き起こすという仕方で影響を及ぼすことはない。だが、思い浮かべられた運命は、そういう影響を及ぼす「べき」なのである。つまり、私たちが、自分の心にそうした影響を与えなければならないのである。（Jonas, 1979）

したがって、将来世代を襲う事態への恐怖は不自然であり、自ら恐怖を感じるように自己訓練することが必要になるのである。ヨナスはそうした、新しい恐怖の獲得、新しい感受性の獲得を促すために、オルダス・ハクスレーの『素晴らしい新世界』に代表されるような、ディストピアを描いたサイエンス・フィクション文学の有用性を強調している。

8　将来の可能性への責任

恐怖に基づく発見術において示唆されているのは、最悪の将来を評価する際、その評価は何か唯一の人間像に基づいて下されるのではなく、人間像があくまでも未決定のままで下されるということだ。ここからヨナスの考える将来倫理がより具体的に見えてくるようになる。

将来世代への責任とは、将来世代が私たちにとって未知な人間像を生きることと両立しなければならない。私たちは常に、人間とは何か、人間に相応しい生き方は何か、を了解しながら生きている。しかしそうした人間像は時代とともに変わっていく。普遍的な人間像を語ることなど傲慢以外の何ものでもない。現在世代にとっての幸福を将来世代に押し付けることは許されない。将来世代への責任とは、そうした将来世代の他者性を尊重すること、将来世代が私たちとは別の、私たちにとっては未知な、新しい人間像を生きることの尊重と、軌を同じくしていなければならないのである。ヨナスは次のように言う。

> 人間が何であるべきか。その答えは変わりうるものだ。この常に開かれ続けている問いに関して、私たちは、この世界史的な現在の全体的危険のなかで、第一の命法、かの問いを常にすでに基礎づけている命法、しかしこれまで一度も実際的なものになることのなかった命法へと投げ返されている。すなわち、人間は――言うまでもなく人間として――存在すべきである、という命法だ。……問題なのは、特定の人間像を永続的なものとみなすことや、あるいはそうした人間像を提起することではない。そうではなく、第一に、可能性の地平を開いたままにすることである。その地平は、人間の場合には、種属それ自体の実在によってもたらされるのであり、そして――私たちが「神の似姿」の約束のために信じなければならないように――人間の本質に常に新しいチャンスを与えるだろう。(Jonas, 1979)

ヨナスがここでいう「第一の命法」、すなわち将来世代への責任の基礎をなす規範は、人間が「人間として」存在すべきである、というものである。ここでいう「人間として」とは、前述の通り、この世界における唯一の責任の主体として、ということを意味する。しかしそれは決して「特定の人間像を永続的なものとみなすこと」ではないし、将来世代にそうした人間像を強制することでもない。むしろ、この命法は人間像の「可能性の地平を開いたままにすること」への責任を意味しているのである。

ただし、将来世代が現在世代とは異なる人間像をもつことへの尊重は、決して、現在世代と比較して将来世代の人間像が優れているということを意味するわけではない。歴史において現れる様々な人間像の間に優劣関係はない。もしもそうした優劣関係を認めてしまうなら、そうした優劣を評価するための、さらに普遍的な人間像が想定されてしまうからである。したがって、人間像は単に多様であり、単に異なるだけである。

しかし、なぜ、将来においても多様な人間像が現れてくると、私たちは信じることができるのだろうか。ヨナスはその確信の根拠を歴史のうちに見出す。人間像は自然に作り上げられるものではなく、その時代を代表する特異な人物によって、天才の思想によって作り上げられる。歴史において時として天才が現れるからこそ、人間像は刷新され、古い人間らしさに代わる新しい人間らしさが定義される。そうして形作られた過去の人間像は、現在においてさえ、その新しさを失わないのだ。こうした経験から将来における新たな人間像への希望が次のように説明される。

その時々に別々の仕方で本来的なものは、自分自身を証示することで生き残るか、あるいは無力に終わるのかの、いずれかでなければならない。したがって、人が受け入れなければならないのは（それは実際には難しくはないはずだが）、イザヤとソクラテス、ソポクレスとシェイクスピア、仏陀とアッシジのフランシス、レオナルドとレンブラント、ユークリッドとニュートン、彼らがどうしても「凌駕」されえない、ということだ。歴史を通じて発揮される彼らの輝きは、その輝きの連鎖が途絶えることはない、という希望を与えてくれる。その希望のために行いうるのは、彼らを生んだ密かな大地を枯死させないよう予防することだけである。（その枯死は、技術と、テクノロジーによって導かれたユートピアとの様々な傾向によって、創造の大地を脅かしているのである）。（Jonas, 1979）

ヨナスによれば、過去において発揮された天才たちの「輝き」が今日においても凌駕できないからこそ、私たちは、将来においてもそうした天才たちが現れ続けていくだろう、という「希望」をもつことができる。しかし、一方でその希望は「テクノロジー」によって脅かされてもいる。たとえば核戦争によって人類が絶滅すればもちろんそうした天才はもう現れない。あるいは、遺伝子操作によって人間の身体に著しいダメージが与えられることも、新しい人間像を形作る人間の能力を著しく棄損するかも知れない。こうした可能性を見出していく営みが恐怖に基づく発見術であり、そしてそれを「予防」することが、ヨナスのいう第一の命法に他ならないのである。

9　むすびにかえて

本稿ではヨナスに基づいて将来世代への責任について考察してきた。改めてその要点をまとめて

郵便はがき

恐縮ですが切手をお貼りください

112-0005

東京都文京区
水道二丁目一番一号

勁草書房
愛読者カード係行

(弊社へのご意見・ご要望などお知らせください)

・本カードをお送りいただいた方に「総合図書目録」をお送りいたします。
・HP を開いております。ご利用ください。http://www.keisoshobo.co.jp
・裏面の「書籍注文書」を弊社刊行図書のご注文にご利用ください。ご指定の書店様に至急お送り致します。書店様から入荷のご連絡を差し上げますので、連絡先(ご住所・お電話番号)を明記してください。
・代金引換えの宅配便でお届けする方法もございます。代金は現品と引換えにお支払いください。送料は全国一律100円（ただし書籍代金の合計額（税込）が1,000円以上で無料）になります。別途手数料が一回のご注文につき一律200円かかります(2013年7月改訂)。

愛読者カード

15481-4　C3010

本書名　フューチャー・デザインと哲学

お名前《ふりがな》　　　　　　　　　（　　　歳）

ご職業

ご住所　〒　　　　　　　　お電話（　　　）　　－

本書を何でお知りになりましたか
書店店頭（　　　　　　書店）／新聞広告（　　　　　　新聞）
目録、書評、チラシ、HP、その他（　　　　　　　　　　）

本書についてご意見・ご感想をお聞かせください。なお、一部をHPをはじめ広告媒体に掲載させていただくことがございます。ご了承ください。

◇書籍注文書◇

最寄りご指定書店

市　　町（区）

書店

(書名)	¥	（　　）	部
(書名)	¥	（　　）	部
(書名)	¥	（　　）	部
(書名)	¥	（　　）	部

※ご記入いただいた個人情報につきましては、弊社からお客様へのご案内以外には使用いたしません。詳しくは弊社HPのプライバシーポリシーをご覧ください。

おこう。

将来世代への責任の基礎づけが直面する大きな問題は、現在世代と将来世代が非相互的な関係にある、ということである。これに対してヨナスは、将来世代との合意やその基本的人権を根拠とするのではなく、そもそも人類がこの世界に存在するべきだから、将来世代もまた存在するべきである、という形で将来世代への責任を基礎づける。ただしその際、将来世代は単に生物として存在すればよいだけではなく、あくまでも責任の主体として存在しなければならない。したがって、将来世代がたとえ生物としては存在していても、責任の主体として、言い換えるなら人間として存在できない事態は、あくまでも回避されなければならない。そのための実践的な方法として提唱されるのが恐怖に基づく発見術であった。ただしそれは、将来世代が生きる人間像、言い換えるなら人間らしさの定義を先取りすることを意味するわけではない。むしろヨナスは、将来世代が現在世代とは異なる人間像を生きることができること、そうした可能性が開かれていることへの尊重として、将来世代への責任を説明するのである。

千年後に生まれてくる人間が誰であるか、私たちは知らない。その人々は、私たちとは違ったものを、違った仕方で大切にし、そしてそれは私たちにとってはまったく理解できない価値観かも知れない。しかし私たちはそうでありえることを守らなければならない。ヨナスのいう将来世代への責任とは、そうした他者への責任に他ならない。その思想は、フューチャー・デザインにおける倫理学的基礎づけの局面を考える上で、一つの示唆を与えるものであろう。

第7章　対話篇　住む時代の異なる人たちの間の関係とはどのようなものか、どうすれば上手くやっていけるか

廣光俊昭

第一幕　先行世代は後続世代に責務を負っている

（要旨）　二一世紀の夏、哲学科の学生、哲夫は気候変動がもたらした水害を目の当たりにする。気候変動対策を怠った過去の世代の人々に憤る哲夫に対し、飼い犬のシュヴァルツが、哲夫は先行世代に感謝する必要があると挑発する。先行世代が贅沢な生活を送ってくれていなければ、哲夫の素となった卵子と精子が出会うことはなく、哲夫の誕生は不可能であったと言う。この挑発に対し、哲夫の辿り着く一応の答えとは、後続世代を害してはならないことについて先行世代の人々の間に共通認識が存在する時、その共通認識によって、先行世代が後続世代に対して一定の責務を負うことを基礎づけることができるという考えである。

二一二三年六月最初の金曜日、哲夫は浅い眠りから覚める。指を伸ばしてボタンに触れると、真っ黒な壁が明るくなりだす。壁の向こうに付着した水滴があらわれ、吹き流れていく。みえてきたのはぼんやりとした土色で、やがてそれが地平線の端までおよぶ泥色の水であることがわかる。水面から建物がきのこのようにあたまをのぞかせている。屋根つきの民家がくるくる回転しながら流れ下る。世界中の水を浴びせたみたいだ。朝焼けに染まる空にバレーボールくらいの月が浮かび、足のはやい雲の間から黄色く輝いている。

床に黒い塊がうずくまっている。手を差し出すと、生暖かい感触がある。黒い犬が首を立て、こちらをみる。ベッドを出て哲夫は窓際に立つ。鉄橋の骨組みが民家をなぎ倒し流れ落ちてくる。高層マンション前の広場では泥水が渦を巻いている。

黒犬が首を伸ばし窓の下をみる。

黒犬　派手にやってくれたな。

哲夫　昨日までの街は面影もない。二〇世紀や二一世紀の人たちは、これほどの被害が未来に出るにも関わらず、贅沢な生活を送っていたというのか。彼らから一撃を食らったみたいなものだ。人を傷つけると、牢屋送りになるし、金も払わされる。これだけの害をもたらした原因を作った過去の人間に責任がないのは理不尽なことだ。

黒犬が哲夫を見上げる。その瞳に哲夫の丸い顔が浮かぶ。

黒犬　やつらはこの世にいない。

哲夫　知っているさ。シュヴァルツ。監獄に入れられないし、罰金を科すこともできない。文句を言って聞かせることさえできない。先行世代との関係は一方的にぼくたちがやられるだけの関係だ。傷つけるのは止してくれと声をあげたところで、彼らに届くことはない。ぼくたちは無力そのものだ。彼らの過ちを甘んじて受けるしかない。歴史に悪く書いてやるのが関の山だ。教養課程のテキストでどれほど悪し様に書かれているかを知ることができたなら、彼らも多少は行いを改めるだろうか。

黒犬　申し訳なかったという素振りくらいはしてくれるかもな。

黒犬が可笑しそうに吹き出す。

哲夫　なんだい？

黒犬　本当のところ、無力だというより、君たちにとって状況はずっと悪いのかもしれんな。哲夫、君たちがやつらから害を受けているというのは本当のことなのかい。君たちは被害者面しているけれど、それは事実ではないと言っているのだ。君たちはやつらに感謝する必要があるくらいだ。

床が揺れる。足許から軋みが上がってくる。階下に目を落とすと、マンションに大型トレーラーがぶつかってきたところだ。みるところ運転席に人かげはない。

哲夫　冗談じゃない。シュヴァルツの言いたいことは、冬の寒さがしのぎやすくなったという類の話かい。

黒犬　もっと単純な話だよ。考えてみろよ。仮に二〇世紀や二一世紀のやつらが思い切って質素な生活に切りかえていたと仮定するとして。

哲夫　仮定するとして？

黒犬　君がこの世に生まれてくることはなかったはずだ。まともな世界であれば、君の両親はまったく違う場所に生き、まったく違う仕事に就いて、ふたりは出会うことはなかったし、君の素になる卵子と精子が一緒に混ぜ合わされることはなかった。胎児の君を育んだ人工子宮も発明されていなかった。石油を浪費しつづけてくれたやつらに、君は感謝しなくちゃならない。

哲夫　ぼくたちが受けている損害は現にここにあるものだ。

黒犬　残念ながら、君の訴えは筋違いなのだよ。その損害とともに生きるいまの生活か、そもそも生まれてこないことか、二つのうちどちらかしか君には選ぶことができなかった。哲学科でいずれ教わると思うけれど、これは、二〇世紀のおわりにデレク・パーフィットというオックスフォードの哲学者が指摘した「非同一性問題」というパラドックスなのだ(1)。生まれてこなかった方がましだというくらいつらい人生を送っている。君がそこまで思いつめているのなら、昔のやつらに文句を言ってもよい。でも、それほど苦しいというわけではないのなら、黙っていることだ。もちろん、本当にしんどいというのなら、いっそ君の人生をお仕舞にするように手配してもいいのだぞ。

哲夫　止してくれ。でもね、たとえ子や孫のだれからも非難できないとしても、悪行は神さまがみていて罰せられるともいう。

黒犬　古い考えを持ち出すよな。でも、よいところをついてきた。高いところから世界を見おろす誰かがいて正邪を判別する。おれならば、そいつを社会とか人類とか呼ぶね。社会の名において、あるいは人類の名において、昔のやつらの行いを非難するわけだ。

哲夫　社会の名のもとに、昔の人たちを断罪する。

黒犬　めでたし、と言いたいところだが、社会は個人からできている。個人をひとりひとり消していけば、社会なんてものはどこにも残らない。さて、どこにも前の世代のやつらを非難できる個人がいないからには、結局、前の世代のやつらはなにも悪いことをしていないことになると思わないか。

哲夫　ぼくたちの社会は害を受けている。社会の幸せが損なわれているからには、やっぱり悪がなされているに違いない。

黒犬　気持ちは分かるぜ。一八世紀にジェレミ・ベンサムが「最大多数の最大幸福」という説を唱えたことは知っているだろう。でも、この「最大多数の最大幸福」を世代間で用いると、不都合なことが起こることが知られている。(2) もし君がどこの誰とでもいいが、子どもを作りさえすれば、その子どもは幸福な人生を送るものとする。幸福と言ってもささやかなものでよい。このような状況はさほど特殊なものではなく、充分ありうる想定だよな。

哲夫　そうだね。気候変動がこの調子でひどくなると、その想定は怪しくなるけれど、いまのところ、その子どもが生まれてこなかった方がましだったと悔やむまでのことはない。そう信じたい。ただし、実際にぼくがその子どもを作るかどうかは別問題だ。

黒犬　それはだめだ。その子を作ることは君の義務なのだ。社会の幸福の総量が増えることを知っていながら、それを実行しないのは咎められるべきことなのだ。どうだい。君だって、欲しくもない子どもを作るくらいなら、社会にとって善いなんて考えは捨ててしまった方がよいだろう。善かったり、悪かったりすることは、誰か特定のやつにとっての善悪なのだよ。

いつしか雨はあがっていた。一面の青となった空に淡い月が浮かんでいた。水の様子も落ち着き、地面がのぞくところが出ている。流されてきた樹木や自動車が水面から無残な姿をあらわしはじめている。泥水に浸かった民家の屋根から発煙筒の煙があがり、消防が救助に向かっている。

哲夫　これだけの被害が生じているからには、ぼくたちに何らかの害が加えられていると言ってもよさそうなものだ。たしかにぼくたちにはこの世界に生まれるほかの選択肢はなかった。けれども、いま目の当たりにしている惨状は、前世紀までの人たちの受忍したであろう害悪の限度を越えている。ぼくたちは一定の基準値を下回る不満足な状態に置かれている。その基準値とは、その基準以下の状態に人を置くならば、その人を害していると認めるような基準なのだ。

黒犬　人に危害を加えてはならない。昔のやつらもこの責務を負っていたはずだ。ところが、君の言う通りに危害を定義すると、昔のやつらはその責務を果たさなかったことになる。そんなところか。

哲夫　その通り。昔のひとたちはぼくたちが安全・平穏に暮らす権利を侵害した。そう考えてもよい。基準にせよ、権利にせよ、客観的に定まる線があって、その線を侵した場合、危害を加えたと考える。昔の人たちがいかに愚かであったとしても、傷つけてはならないという責務を負っていたことは知っていたはずだ。

黒犬　説得力が出てきた気がする。ロジックを明確にしよう。君の説が説得力を持つのはなぜだろうね。基準や権利を認めるのは、どこの誰なのだろうね。

哲夫　ぼくたち現代人なのかな。

黒犬　そうか？　君たちが自分たちに権利があると認めても、昔のやつらがその権利を認めていなければ、意味がないぞ。

哲夫　その通りだね。その基準や権利は、ぼくたちが認めるものというよりは、昔の人たちが認めていたはずの基準や権利なのだ。昔の人たちが自ら認めていたということが、昔の人たちからぼくたちへの責務を根拠づけるわけだ。

黒犬　先行世代が後続世代に対して負う責務について、先行世代自身の間で持つ共通の理解があって、その理解を通じ、先行世代が後続世代に負う責務が成立する。成立とは言っても、危なっかしいものではあるけれどな。

哲夫　いや、立派なものだと思う。これでパーフィットの非同一性問題を退けてみせた。先行世代内共通の理解によって、後続世代に対する責務を定立することができる。昔の人たちはその責務を果たさなかったわけで、やはり咎められるべきなのだ。

第二幕　異なる各世代は共通の利害を持っている

（要旨）　哲夫は、経済学を学ぶ妹の経子（のりこ）を部屋に連れてくる。経子は、先行世代が後続世代に責務を負うといったところで、その責務が実行される保証がないと懸念する。先行世代のうちのだれが責務を実行するかが問題になり、いずれの者も責務を果たそうとしない。経子は、代わりに、年金など大人世代が老人世代を扶養し、大人世代の老後はその下の世代が面倒をみる型の年金などにみられる世代間協力の可能性を指摘するが、気候変動問題に対して必ずしも満足のいく解決策ではないことが明らかになる。哲夫の提示したアイデアは、自分の死後も人類が存続することに、異なる世代がともに価値を見出しており、その価値の共有を通じ、異なる世代が協力しあう関係に入るという考えである。兄妹と黒犬は、このアイデアの意義を見極めるべく意見を交わす。

哲夫は黒犬を部屋に残し、下の様子をみにいった。トレーラーは押し流され、沼のようになった広場で水に浸かっていた。越水は止んでいたが、川はまだ荒れていて、大枝が飛沫を上げながら流れていく。

住宅街だったところは池のようになっていた。救助を求める民家の間をモーターボートが通っている。マンションの人々はごみを一箇所に集めはじめている。哲夫もゴム手袋を借り、ぬかるむ足場のなか泥まみれで手伝った。作業中、哲夫は同じマンションに住む、同じ父母の配偶子から生まれた経子をみかける。経子は仮設救護所でスクリーンに映った制服の男と話していた。経子は別の家族の手により育てられていたが、二人は兄妹であることを幼い頃に知らされていた。経子は哲夫と同じ大学で経済学を学んでいる。

日の高くなった頃合いを見計らって、哲夫は経子を誘って部屋で休みを取ることにする。

黒犬は跳びついて経子を迎えた。シャワーを浴び、哲夫が昼食の準備にかかっている間、経子は黒犬を侍らせソファでくつろぐ。哲夫は黒犬に早朝の話を経子にするように頼む。経子を交えて話のつづきをしたくて、彼女を自室に呼んだらしい。

経子　哲学科の学生というものは随分込み入ったことを考えるものね。先行世代が後続世代に責務を負うことを先行世代自身が認めていたはずなのだから、たしかに二一世紀の人たちは私たち二二世紀の人間に果たすべき責務があったのだ、なんてね。

経子は細い指でピザを摘まみながら言う。黒犬にはボウル一杯のドッグフードが与えられている。

哲夫　時代を異にする世代の間でも、一方から他方への責務が成り立つ。

経子　面白いわ。ただ、腑に落ちない点もあるわ。

経子がこう言うと、黒犬は器から鼻先をそらし、経子の方をみる。

経子　経済学の話をするのは場違いだとは思うけれど、いいかしら。先行世代が後続世代に責務を持つことができるとしても、その責務が実行される保証のないことが気になったのよ。気候変動を避けるために質素な生活を送るという責務に同意するとしても、先行世代は多数の個人からなる集合体だわ。各個人は責務の意義に同意してはいても、できれば、他の個人に責務を果たしてもらいたいと思うはずだわ。温暖化ガスを減らすことが必要だと考えても、その削減は自分ではなく、他人にやってもらった方がありがたいわね。実際、気候変動対策の国際的枠組みが失敗に終わったのは、どの国が削減を実行するのかがまとまらなかったことが大きかったらしいわ。当時の発展途上国は工業国に責任があると主張し、工業国は途上国も応分の負担をすべきだと反論した。そうしているうちに、中国やインドの経済発展で、どこが工業国でどこが途上国かが分からなくなって、議論の収拾がつかなくなってしまったのよ。二一世紀はじめに結ばれたパリ協定も、各国が高い目標を掲げたまではよかったけれど、革新的な技術開発が起こることを当てにしていて、真に負担を伴う努力を怠ったと言われているわ。

黒犬　インセンティブというやつだな。

経子　そう、経済学ではインセンティブでものを考える。テツの考えている問題は、経済学でいう公共財の問題と深く関わっているのよ。たとえば、誰もが国防などの公共サービスは必要だと思っているけれども、誰もそのために不可欠の資金を自発的に出すインセンティブを持たない。自分のお金は出さずに、誰か他の人に負担させるのがよいからなの。仮に自分が出しても、他の誰かが出してくれるわけではないから、お金を出した者は損するだけ。悲しいけれど、これが人間の現実なのよ。

哲夫　なるほど。自分だけカネを出すことになってもいいと言う、お人好しはいないということか。

経子　その通りよ。先行世代の後続世代への責務を見出したつもりでいたけれど、責務が実行されないのなら、その意義は半減するわね。

黒犬　昔のやつらに訊くことができれば、君たちにこれほどの損害を与えないよう振る舞う責務を負っていたことは否定しないと思うのだよ。それでも、結果的に責務は実行されず、君たちの世界は現に悲惨な目にあわされている。

黒犬は窓の方を見遣る。ヘリコプターから降ろされたロープの先でロボットが老人を抱えている。

経子　テツの哲学的思索の成果にケチをつけたようで悪かったかな。

哲夫　そうでもないさ。哲学だって、先行世代の後続世代への責務が実行されない恐れに目を瞑るわけではないさ。ギリシア語で「アクラシア」、「無抑制」という言葉がある。人間はどんなに素晴らしい道徳的理想を抱いていても、いざとなると、易きに流されることを自らに許してしまうのだ。世界は責務を遵守する人々ばかりからなる理想的状態にあるわけではない。この問題に対して哲学が無防備というわけではない。責務の実行を促すため、相互に啓発することや、話しあうことを通じ、政治的合意を得て、責務の実行を強制することができる。経済学者ご懸念の公共財の問題に、実際の社会がどう向き合っているかを考えてみればよい。国防のために必要なカネは、立法を通じ租税として徴収されている。このような政治過程を通じた責務の実行を考える学問のことを、政治哲学と言ってもよい。

黒犬　経子、この実行の問題に経済学なら、どう対応するんだい。

経子　異なる世代が協力しあうインセンティブを持つ状況を作り出してはどうかしら。世代間に相互利益の関係を作り出すの。

哲夫　のりちゃん、時間は一方にしか流れないよ。後続世代は先行世代のしたことを甘んじて受け止めるしかない。世代間には協力を行う基礎的条件がないと思うな。

経子　世代間に協力を導入した有名な経済学者のモデルとして、世代重複モデルというものがあるわ。二〇世紀半ば過ぎにポール・サミュエルソンというアメリカの経済学者が考案したモデルなの(3)。サミュエルソンは、生存期間に重複のある世代の連鎖を考え、先行世代を後続世代が扶養し、その後続世代をそのまた後続世代が扶養するという連鎖を考えているのよ。

哲夫　哲学科の学生にも理解できるように説明できないか。

黒犬　おれが説明してもよいか。デイヴィッド・ヒュームという一八世紀のスコットランドの哲学者からの引用(4)だ。

　あなたの畑の麦は今日が取り入れる頃合いで、私の畑の麦は明日そうなる。私があなたとともに労働し、あなたは明日私の手伝いをすることが、両者にとって利益となる。私にあなたを思いやる気持ちはないし、あなたに私を思いやる気持ちがないことも分かっている。それゆえ、私は、あなたのために骨を折るつもりはない。また、見返りを期待して、自分自身のためにあなたと労働するとすれば、期待は裏切られるであろうこと……が分かっている。

黒犬　農夫1（あなた）の収穫日は今日で、農夫2（私）の収穫日は明日だとする。農夫2は、今日農夫1を手伝っても、明日農夫1から手伝ってもらえることはないと思っている。すると、農夫2は、今日農夫1を手伝うのを控えるほかないよな。両者ともに望ましいのは、今日農夫2が農夫1を手伝い、明日農夫1が農夫2を手伝うというものだ。この状況で、協力を導き出す上で重要なのが、やり取りの繰り返しなのだ。収穫は繰り返し巡ってくる。農夫たちが協力からやり取りを開始し、相手が裏切るまで協力をつづけることにするなら、協力が継続する可能性がある。興味深いことは、登場人物を農夫1と2に限る必要はなく、農夫2の次の登場者を農夫3としてもよいことなのだ。農夫3にとっては、農夫2の収穫を手伝ったことを条件に、自分の収穫の時に農夫4から手伝ってもらえる見込みがあるのなら、農夫2を手伝ってもよい。農夫tは農夫t−1、農夫t＋1と重複する時期があり、はじめに農夫t−1を手伝い、ついで農夫t＋1に助けられる。この重複する農夫間の協力を、重複する世代間の協力に読み替えることは難しいことではないよな。

経子　大人がお年寄りを扶養して、その大人世代がお年寄りになった時、今度はその下の世代に面倒をみてもらう。その下の世代はさらなる下の世代の厄介になる。若者が年長者を扶養するという協力が連鎖的につづいていくのね。ここにはたしかに相互利益に基づく協力があるわ。ただし、その協力は一対一の助け合いではなく、助ける相手と助けてくれる相手が一致しない、間接的なものなの。

哲夫　なるほど。たしかに世代間に協力関係を見出したのはわかったよ。ただ、これは実際にうまくいくのかい。

経子　この協力関係は世の中で実際に使われているわ。年金をはじめとする社会保障制度が実例よ。年金には賦課方式という財政方式があるの。この方式では、お年寄りの年金の原資はお年寄りが若い時に積み立てたお金ではなく、同時代の若い人たちの払った保険料なのよ。そして、その若い人たちが年老いた時の年金は、さらに年少の人たちによって賄われる。

哲夫　でもね、その年金の話は、いまぼくたちを悩ませている気候変動問題でも機能するのかい。気候変動問題は、自分たちの年老いた親を養うことではなく、未来の人類の生活をどう守るかという問題だよね。環境問題は遠い未来の幸福のために、現在の欲求充足を断念するという問題だけれども、世代重複モデルはこれにどう役に立つのかい。

経子　そうね、環境問題向きではなかったかもしれないわね。

黒犬　そんな簡単に捨てなくていいよ、経子。ある地域の原生林を手つかずに残すべく信託するとして、その信託財産を後続世代に譲渡していく連鎖を作り出すならば、世代重複モデルでも環境保全ができる。地域の原生林を地球規模の環境に置き換えれば、君の世代重複モデルは気候変動問題の解決策になりうる。

経子　ありがとう。シュヴァルツ。

黒犬　経子、でもね、世代重複モデルには無視できない難点があるのだ。世代重複モデルでは、世代の連鎖を通じて協力関係をつなげていかなければならない。遠い未来のどこかで老親を介護するというルールが途切れるものとする。途切れた時点の爺さん世代は、自分たちは老親を介護したのに、介護を受けられないという馬鹿をみる。するとこの爺さん世代は、いっそのことはじめから介護するのを止めるだろうな。

経子　すると、そのお爺さんから扶養を受けられないもうひとつ前の世代も扶養を止め、そして、そのまたひとつ前の世代も扶養を止めるから、ついにどの世代も扶養しなくなる。

黒犬　世代重複モデルによる協力は脆いのだ。

哲夫　世代間での協力というなら、もっとストレートに世代間で協力しあう構図ができるような気がする。

経子　ストレートというと？

哲夫　異なる世代は人類という同じ船に乗っている。その船が転覆、沈没しないということに共通の利害を持っており、協力関係にある。

経子　船の乗組員同士ならわかるけれど、世代というものは時間とともに入れ替わってしまうわ。先に死んでしまった世代からみると、船が安全に航行しようが、難破しようが関係ないのよ。

哲夫　そこに根本的な間違いがあるんじゃないだろうか。乗組員は自分が下船したあとも船が平穏に航海を続けることを願っているのではないだろうか。人間は自分が死んだあとも、人類が存続し、繁栄をつづけることを願っている。むしろ、こう言ってもいい。人類が存続することこそが、ぼくたちのいまの生活が価値あるものであることを根っこで支えている。(5) たとえば、確実に自分の死後であることが分かっている数年後、地球に巨大な隕石が落下することが間違いのないことだとする。破局を避ける術がないことは分かっている。その時、ぼくならば、生きる理由の大半が失われたと感じるだろうね。たとえ、その衝突が自分の死後のことであるとしてもだ。

経子　死後も自分の子どもや孫、大切に思う人が残るから、彼らの運命を思うと憂鬱になるのは分かるわ。

哲夫　それだけではない。たとえば、明日から人類に新しい赤ん坊がひとりとしてもたらされないとする。この設定のもとでは、誰ひとりとして人生を暴力的に断ち切られる者はいない。皆が天寿を全うし、順繰りに死んで、最後に人類のいない地球がもたらされる。

黒犬　地球は平和になるな。美しく生命に溢れた星に戻るぞ。

経子　そのような人口が減っていく地球では、世代重複モデルが想定する協力は難しくなるわ。人類最後の人たちの老後を支える大人世代が不在なのだから、年金がもらえない。人類最後の人たちは年金保険料の支払いを拒否する。年金制度はただちに崩壊するわ。いましがた世代重複モデルの脆さとしてみた心配が的中するわね。

哲夫　のりちゃんの言う類の問題はあちこちで生ずるだろうね。企業は時間をかけて投資を回収するものだけれど、もはや時間のかかる投資は割に合わなくなる。でも、そんな問題はいくらでも調整できる小さな問題だと思う。人口の縮小にあわせて投資の規模を縮めていくだけのことだ。年金だって同じさ。人類最後の人々の老後を賄うだけの資源を残しておいてやれるよう、多少の工夫をすれば済む。本当の問題は別のところにある。人々の間に蔓延する無気力だ。人類が滅亡し、自分の取り組みが無になることを知ると、ぼくたちは活動に身が入らなくなる。ぼくは大学で哲学を学んでいるけれど、人類が滅びると知ると、途端に勉強の意欲が失せると思う。ジョン・ロールズが無知のベールの働きを論じたあの大部の書物を読むことの魅力は色あせてしまう。

黒犬　ロールズは、人々がベールの向こうに移り、自分の性、富、健康状態などの属性を忘れる状態を作り出す。自分が何者であるかわからない状態で人々は基本的人権の保障や恵まれない者への優遇といった正義の原理に合意する。でもな、人類がいなくなるのだから、人間どもの間で通用する正義への関心が失せるのは当たり前じゃないか。

哲夫　その「当たり前」ということが、驚きなのだよ。人類が次第に消えていくシナリオでは、無知のベールを研究する哲学者は天寿を全うするのだよ。その意味では、人類が存続するという通常の想定のもとで研究する哲学者と同じ環境が保証されている。にも関わらず、その研究はもうなされないだろう。

黒犬　その哲学者が犬の世界における正義を研究している場合はどうなるのだ。君たち人間は滅亡するけど、おれたち犬は滅亡しないという前提で考えるとして。

哲夫　その場合にも、哲学者は研究の意欲を失うはずだ。たしかに人類滅亡後も犬は生き残る。けれども、犬の正義を考えるという営み自体は、犬の営みではなく、人間の営みだ。その営みを理解し、引き継ぐ者がいないとなれば、研究への意欲は消し飛んでしまう。

経子　引き継ぐ者がないと分かっていても、とにかく犬の正義を考えるのが大好き、気持ちよくて仕方ないという方がいると思うけれど、どうなのよ。

哲夫　研究が快楽だという人間がいることを否定するつもりはない。人類の滅亡が確実になっても、刹那的な快楽は人間を動かす力を持ち続ける。人はうまいものを食いたいと思うし、ヨハン・セバスティアン・バッハを聴いて感動することだってある。けれども、人類が滅亡すると知った瞬間から、ぼくたちはこれら一時的な欲求充足以外のことに価値を見出すことができなくなる。人類の滅亡が自分の死後のことで、自分が直接経験しないとしてもそうなのだ。こうして、各世代は人類という船を自分の死後であっても転覆させないという共通の利害を持つようになる。

経子　自分の死後も人類が存続することで、はじめて自分の生存中の活動が価値を持つようになるというわけね。テツ、いいことを思いついたわ。経済学の発想を世代間問題に活かす新しい方法論なの。その方法論は異なる世代の間でも協力が可能だという、あなたの直感にかなっている。

哲夫　経済学と哲学の連携かい。

経子　その通りよ。人類の存続は、異なる世代間で共有可能な価値だと考えることができる。どの世代の人間も、人類が続くことを願うのね。すると、この人類の存続という共有の価値を介して、異なる世代は協力しあう関係に入るのよ。気候変動を防ぐためには、温暖化ガスの濃度を増やさないとっても息の長い努力が必要だわ。温暖化ガスを大気中から回収するには膨大な時間がかかる。人類が安全に排出できる温暖化ガスの量はあらかじめ決まっている。各世代は限られた排出許容量を分かち合って生きていくほかないのね。

哲夫　のりちゃん、結構じゃないか。

経子　でもね、わたしの言いたいのはここからなの。世代間の協力関係が、下手をすれば、足を引っ張り合う関係になりかねないことなのよ。いえ、むしろ経済学の得意とするインセンティブの発想からすると、足を引っ張り合うことは必然よ。先行世代にとっては、自分が質素な生活に甘んじても、後続世代が贅沢な生活をするならば、我慢は無駄だったことになる。先行世代からすると、自分たちが派手な暮らしをしても、後続世代が質素な生活をしてくれることで気候変動が防止されるならば、それが一番の得だということになる。

哲夫　その結果がいまの状態というわけか。

経子　経済学って、人の話にケチをつけるばかりで、いやだわ。でもね、どの世代もまともに温暖化ガスの排出削減に取り組んでこなかったのは事実よ。

哲夫　当たってなくはない。ただ、死後も人類が存続することに価値を置かなかった場合、各世代はもっと遠慮なく温暖化ガスを出していたに違いない。二〇世紀の終わり頃から、気候変動問題を解決しようとささやかな努力は行われていた。

経子　気休めにしかならないわ。
黒犬　この問題、君たちの属しているいまの世代の問題として考えてみる必要はないだろうか。君たち自身、人類が滅亡しないよう、切り詰めた生活ができているのかい。
哲夫　残念ながら、ぼくたちの現在の生活水準はまだ充分に慎ましいというものではない。分かってほしいのだけれど、シュヴァルツ、状況はだいぶ不利なのだよ。こうやって雨が降るたびに森が流され、植物の育つ肥沃な土壌が失われている。アフリカでは砂漠化が自然の力で勝手に進んでいる。こうして自動的に進んでいく温暖化の分も含めて巻き返す必要があって、対策のハードルは年々あがっている。

兄妹は考え込むようにして、もう二度と口を開こうとしない。
黒犬はなおも二人が議論をつづけるのを促す様子でいたが、やがて大あくびをして床に寝そべる。

第三幕　では、どうしたらよかったのか

（要旨）秋が深まった頃、兄妹と黒犬は久々に再会する。経子は、二一世紀の昔に提案された「仮想将来世代」というアイデアを披露する。未来人になりきって、長期的な影響を持つ意思決定に参画する者を人工的に作り出すという提案である。経子は、現世代と仮想将来

世代の交渉を通じ、いずれの世代にとってもよりよい状態に移行すること（パレート改善）が可能であるという。哲夫は、仮想将来世代との対話を通じ、現世代が道徳的感化を受け、より将来世代に配慮するように変化する可能性を指摘する。うまい解決策を見出したと満足気な兄妹を前に、黒犬はまだ言いたいことのある様子である。

その日は洪水からの復旧作業で暮れた。被害のない別荘地に居を構える縁者が手を差し伸べてくれ、哲夫は落ち着くまでそこで世話になることになった。犬を連れてきてもよいという。

哲夫が街に戻ったのは、台風のシーズンが過ぎ、秋も深まった頃だった。犬を連れて降り立った駅前の様子は瓦礫の撤去もままならない。廃墟そのものだった。市営バスの客は彼らだけで、バスは横転した自動車の間を縫って放棄された住宅街を進んだ。廃屋が軒を連ねる向こうにマンションの頭がみえる。その建物だけは往時の輝きを残している。

廃墟を抜けた先に広場があらわれる。黒犬が駆け出す。ベンチに経子が腰かけている。

経子　あら、今日帰ってきたの。

哲夫　本当は先週のうちにと思っていたのだけれど、雨が降っただろう。

黒犬　山から降りる鉄道が寸断しかけたのさ。

経子　街の様子には驚いたんじゃない。

経子の視線の先を追うと鉄橋が打ち捨てられたままの姿を晒している。

経子　ライフラインは来ているけれど、住人はだいぶ出て行ったわ。エントランスのロックが壊れたままで物騒だと言ってね。帰ってきたあなたに言うのも悪いけれど、わたしもここを出ようと思うのよ。

黒犬を抱きかかえ、経子は語りはじめる。

経子　あれから、どうしたらよかったのか考えていたのよ。人類の存続という価値を各世代が共有しているとして、どうしたら、世代間での協力を充分なものとすることができたのか。発見はあったわよ。つまり、わたしたちに物を言わせることができればよかったのよ。

哲夫　物を言うって、いま言っているじゃないか。

経子　違うのよ。わたしたちが二〇世紀や二一世紀の過去に戻って、その時代の人たちに対してどのような政策を取るのがよいのか、意見する機会があればよかったということなの。テツ、いいアイデアだと思わない？　わたしたちの利害にも関わる決定を、過去の人たちだけで独り占めしていたから道を誤ったのよ。わたしたちの声が代表されて然るべきだったのだわ。

哲夫　当時生まれてもいないぼくたちが、どうやって声を上げるのだい。

経子　そのことはわたしも考えたわ。昔の資料を当っていて、面白いことを言っている人たちを見付けたのよ。「仮想将来世代」という方法なの(6)。未来人になりきって、現在の意思決定に参画する者を人工的に作り出すという考え方なのよ。当時の文献によると、このやり方はアメリカ先住イロコイ族から想を得たものみたい。イロコイ族は重要な意思決定の際、七世代後の人間になりきって考えたそうよ。七世代後の人間が、かつての国際連合、合衆国連邦議会でも、全人代でもいいけど、これらの意思決定の場に代表されていたならば、きっと気候変動は回避できたはずだと思わない？　昔の人たちとわたしたちの世代の間の交渉を通じて、よりよい決定がもたらされたはずだわ。

哲夫　どう交渉するのかな。

経子　経済学でいうパレート改善的な交渉が可能だわ。昔の人たちだって本当は人類滅亡を避けたいと思っていた。昔の人たちは自分が質素な生活に甘んずることと引き換えに、後続の世代も贅沢を我慢してくれるならば、その取引を受け入れたはずよ。自分の生活水準を落としても、その分、人類の未来を安泰なものにすることができるので、昔の人たちも幸福度を下げずに済むのよ。

哲夫　気候変動についてどのような議論が交わされていたか、自分も昔のことを調べてみた。気がついたのだが、気候変動は起こらないという主張が盛んに行われていたらしい。すると、未来人になりきるといっても、その未来人にどんな主張をさせるか、意見が割れてしまう。気候変動否定論者によると、仮想将来世代は先行世代に対しなにも主張すべきことを持たない。

経子　気候変動否定論が存在したことにはわたしも気が付いたわ。けれども、当時でも権威ある学者は肯定論を展開していたのよ。たしかに昔の人たちからみて未来が不確実なのはその通りだけれど、当時の意見の主流だった肯定論に沿って仮想将来世代に主張させることは可能だったと思うわ。

黒犬　最悪の事態に備えるべきという考え方をとるならば、肯定論の方を重くみるべきだったとすることもできる。でもな、おれの疑問は別のところにあるのだ。昔のやつらからすると、後続の世代に裏切られるのではないかという懸念が、世代間交渉においてもあらわれることなのだ。昔のやつらが慎ましく暮らしたとしても、そのあとに登場する君たちが、交渉結果を尊重して質素にやってくれる保証がどこにもない。

経子　昔のひとたちは後続の世代に交渉結果を遵守させることができると想定するほかないわね。非現実的なことを言っているわけではないのよ。たとえば、憲法というルールがあるわ。このルールは改正が難しく、世代を越えて拘束力を持ち続ける。憲法に慎ましく生きよと書き込むことができれば、後続の世代も従うわ。

哲夫　パレート改善的な交渉では先行世代の価値観が一定で不変であることを想定しているね。

経子　その通りだわ。

哲夫　未来人の主張に接することで、人々が道徳的に感化される可能性がある。いまのような被害が出ていて、人類の存続が危うくなっていることを切々と訴えれば、昔の人たちも、人類の存続が持つ潜在的価値に目を開くのではないか。その時、先行世代は自発的に慎ましく暮らし、後続の世代により安全な地球を引き継ぐようになる。

経子　道徳的感化とは、経済学ではあまり考えないテーマね。でも、将来世代への責務を真剣に考慮しなかった人たちが、責務を真摯に実行する一助になると思うわ。

黒犬　道徳的感化という議論は面白い。おれがさっき持ち出した後続世代に裏切られる心配は、感化があれば、解消できる。昔のやつらが質素な生活を送っていたのだったら、君たちはその質素な生活ぶりをみて育っていたはずなのだから、自ずと質素な生活をするようになっていたはずだったのだ。道徳的感化の働く限り、昔のやつらは君たちからの裏切りを心配する必要はなかったのだ。

経子　世代間関係を上手に導く方法らしきものをつかんだような気がするわ。

哲夫　シュヴァルツからは脅かされたものだよ。非同一性問題のもとでは、ぼくたちは昔のひとたちに感謝する必要があるとまで言われていたのだ。

兄妹は笑みを交わした。

夕焼けに染まった空の対面にまんまるい月があがってきた。あたりには人っ子ひとりみえず、鳥の声もなければ、風のそよぐ音さえない。世界は静寂に包まれている。

黒犬　学生さん、お疲れさま。でもね、君たちはこれから世界の一線で活躍していくのだから、たったいまも抜本的な気候変動対策が取られずにいることをどう受け止めるかを突き詰めてほしいな。

哲夫　仮想将来世代を導き入れた本格的な討論が行われていたのなら、世界の情勢は変わっていたかもしれない。ぜひともそうしてほしかったものだ。もっとも、上手く事が運んだ反実仮想の世界では、ぼくたちが生まれてくることはなかったし、この美しく静かな夕べも存在しなかった。正直、それはちょっと惜しいとも思う。

経子　そうね。みて、お月様が……。

舞台は暗転。
黒犬だけがライトを浴びて再び登場。聴衆に向かって語る。

黒犬　おれが君たちに考えてほしいのは、まだ君たちが人類最後の人間というわけではないことなのだ。時は必ず流れるものだ。君たちのあたまから、自分たちもいずれ昔のやつらになることを抜かさないようにすることだ。たしかに君たちの世代もすでに気候変動に害されはじめている。自分は被害者だと思っているかもしれない。けれども、君たちの後続世代からみれば、君たちは加害者の一味に加えられるのだ。先行世代が人類の存続を思い、模範的行動をすれば、道徳的感化を通じ、後続の世代も模範生になる。この話と正反対のことが、いま君たちの身に起こっている。先行世代が浪費する場合、後続世代も浪費の習慣を引き継ぐから、世代を経るごとに人類は滅亡に近づいていく。後続世代がいつか悔い改め、清貧の生活を送ることで、人類を破滅の淵から救ってくれると、君たちは期待しているけれども。

おれの気に障るのは、君たちの種族が多くの生き物を巻き添えにして滅びることだ。もちろん、おれはそれでも構わない。この大地があの太陽に飲み込まれ、溶かされることが確実である以上、それまでの間のいずれかの時において間違いなくすべて滅びるのだから。

滅亡を見届けたら、おれは次のセリフで締めくくるつもりだ(7)。

過ぎ去るのと、きれいに無いのとは、全く同じことだ。永遠の創造とは、一体なんの意味だ。創造したものを、無に突き落とすなんて。過ぎ去った、ということになんの意味があろう。それなら初めから無かったのと同じではないか。それなのに、何かあるかのようにぐるぐると回っている。おれはむしろ永遠の虚無のほうが好きだな。

注

（1）**黒犬**　『理由と人格』（パーフィット、1984）を参照してくれ。この本は分厚いけれども、荒唐無稽な思考実験に溢れた面白い本だ。たとえば、君の原子の配置を正確に転写して火星に電送し、火星の物質で正確に再現した場合、その人物は君と連続した意識を持っているはずだ。さて、その人物は君なのだろうか。この火星旅行の話について掘り下げたければ、『転校生とブラック・ジャック』（永井, 2001）というこれまた愉快な本がある。

（2）**黒犬**　ベンサムについては『道徳及および立法の諸原理序説』（ベンサム、1967）を読んでほしい。ベンサムは変人だったけれど、この本では割とまともなことが書いてあり、彼を見直すと思う。ここでおれの挙げた幸福な子どものパラドックスは、Narveson（1967）からパクったものだ。

（3）**経子**　Samuelson（1958）を参照してくださいね。世代重複モデルに相当する議論は哲学でも行われているようです（ゴティエ、1999）けれど、時代的にはサミュエルソンのほうがずっと先行しています。サミュエルソンのタイプの協力のほかにも、世代間での協力を連鎖させるものとして、親が子を教育し、子がそのまた子を教育するという型も考えられます。

（4）**黒犬**　この引用については、『人間本性論　第3巻』（ヒューム、2012）の七八ページにみることができる。

（5）**哲夫**　人間は人類の存続に関心を持っているという議論は、Scheffler（2013, 2018）で展開されています。

（6）**経子**　仮想将来世代については、『フューチャー・デザイン』（西條、2015）をまず参照してください。これを実際の財政上の政策課題に応用した例として、Hiromitsu（2019）を挙げておきます。仮想将来世代になることで、人々が何を語りだすかを実証した研究に、Hiromitsu et al.（2021）があります。

（7）**黒犬**　『ファウスト』（ゲーテ、1958）第二部第五章で一度使ったことのあるセリフだ。

第8章　将来世代への同感

——ヒューム、スミス、その先へ

宇佐美誠・服部久美恵

1　同感の道徳哲学

それは二〇一九年の夏だった。本章の著者二人は、スイス中部の街ルツェルンで開かれた国際会議に参加して、それぞれ研究発表を行ったのだが、一人は私用の用務もあったので、会議の前にチューリッヒに泊まった。仕事を終えてホテルに戻ろうとすると、街の中心部の道路が歩行者天国になってごった返している。通りすがりの人に尋ねると、一年に一度のお祭りだという。珍しい機会に出くわしたものだと喜んで、そぞろ歩きをしながらホテルに戻ることにした。川辺を歩いていると、周りの人たちが川の方向を見つめているのに気づいた。つられて目を向けると、ジップラインの最中だ。反対側の岸から張られたワイヤーロープを、客が歓声を上げながら滑車で滑りおりてくる。

川面の上をかなりのスピードで滑走するから、スリル満点にちがいない。ふと気づくと、近くにいた中年女性が口に手を当てながら、固唾を飲んで見入っている。ジップラインの客がゴールに着くと、ほっと肩をなでおろした様子だ。彼女はきっと、自分自身が川面の上を滑走しているように感じていたのだろう。これをempathy（同感）という。

人間は本性上、同感的動物である。オリンピックで日本代表の選手がガッツポーズをするとき、テレビの前で一緒に小さなガッツポーズをしたことがある人は、少なくないだろう。私たちは、他の人が喜ぶのを見ると、自分もうれしい気分になり、人が悲しむのを見れば、悲しくなる。さらに、人の喜怒哀楽の様子を直接に見なくても、その境遇を知るだけで、人の感情をすぐに推し量って、自分も同じ種類の感情をもつことがある。震災で大勢の人たちが被災したと報道されれば、多額の寄付が集まり、多くのボランティアが被災地に駆けつける。同感は、文学や芸術を楽しむためにも不可欠だ。私たちの心にこの仕組みがなければ、子どもの頃に『トム・ソーヤーの冒険』を読んでもワクワクしなかったはずであり、オペラ『椿姫』を観ると目頭が熱くなるということもないだろう。

同感は道徳の基礎だとしばしば考えられている。このような考え方は、特にアメリカ人の間で根強いようだ。四歳のジャックが、隣にいたジルのおもちゃを欲しくなり、横取りしたとしよう。ジャックの父親が近くにいたら、典型的には次のように行動するだろう。ジャックの両肩に手をおいて、自分と真向かいに立たせ、彼の眼を見ながら静かにこう尋ねる。「ジャック、お前がジルの立場だったら、どう感じるかな」。他の人の立場にたって、その人がもつだろう感情を推測することは、道徳的に正しい行為をする第一歩だとされているのだ。道徳哲学者（倫理学者）のなかにも、同感こそが道徳の基礎だと主張する論者は、近年少なくない（e.g., Slote, 2010）。

フューチャー・デザインのワークショップでは、参加する住民や自治体職員の一部が、仮想将来世代と呼ばれる。この人たちは、数十年後の将来世代の立場に自分がいると仮想し、その観点から地域社会の公共的問題について発言することを求められる。ここでは、将来世代に対して同感をもつことが期待されている。さらに、他の参加者も、仮想将来世代を媒介として、まだ見ぬ将来世代に同感するように促される。私たちは、同時代を生きる他者に対して現に同感をもつが、フューチャー・デザインでは、将来の他者への同感が呼び起こされるわけだ。では、現在世代内での同感に関する道徳哲学史上の遺産は、将来世代への同感を考える上で、どこまで役に立つのだろうか。これが、本章の背後にある関心である。

1 同感の道徳哲学

同感やそれに似た共感に着目し、哲学的考察を深めた代表的な思想家は、一八世紀にスコットランドで活躍したデイヴィッド・ヒュームとアダム・スミスである。ヒュームは、古代から近現代まで続く西洋哲学の主流派である理性主義に対して、反旗をひるがえした。そして、これに代わるものとして、情念を基盤とした認識論や道徳論を提案し、その道徳論のなかで共感について考察した。ヒュームの友人でもあったスミスは、不偏的観察者（公平な観察者）（impartial spectator）による同感を中心とした道徳論を提示した。二人は、同時代人の間での共感や同感について、多くの貴重な洞察を残している。では、彼らの議論は、フューチャー・デザインに見られる将来世代への同感を理解し、それにもとづいて制度改革を構想してゆく確かな足がかりとなるのだろうか。あるいは、将来世代への同感を考える際には、彼らの思想に何かしら限界があり、私たちはその限界を乗り越えなければならないのだろうか。これを見極めることが、本章のねらいである。

考察を始める前に、まず用語について説明しておきたい。日本語では、「同感」という語は、「あなたの意見には同感だ」などという形で用いられる。自分が理性的推論をした結果か、あるいは自分がもつ感情の産物かを問わず、ともかく相手の意見に賛成するという意味だ。これに似た語に「共感」がある。「あなたの意見には共感を覚える」と言えば、「同感だ」と言うときよりもやや感情に力点があるが、その違いは大きくない。「彼の手記は広く共感を呼んだ」と言うときには、より感情に重きがおかれている。このように、理性と感情が必ずしも明確に区別されない日本語のなかで、「同感」や「共感」は用いられている。

それとは対照的に、“empathy”は、理性とはまったく異質なものとしての感情・情念に関わる語である。理性という意味を含む古代ギリシア単語は、アルファベット表記では“logos”で、理性・理論・理由・比率と、これらを表出する言語・弁論・会話の両方をさしていた。たとえば、英語の“biology”（生物学）のように、“-logy”を付けて特定の学問分野をさすのは、理性・理論という流れを汲んでいる。それに対して、ヨハネの福音書の冒頭にある「初めに言《ことば》があった」は、もちろん神が発した言葉という意味だが、原語は“logos”である。二つの意味をあわせもったこのギリシア単語は、ラテン語の時代には、"ratio"（理性・比率・計算）と"oratio"（言語・弁論・会話）に分かれる。英語の"rational"（合理的・理性的）は前者の単語の流れを、"oral"（口頭の）は後者の流れをそれぞれ受けている。

他方、"logos"とは大きく異なった意味のギリシア単語として、"pathos"がある。これはもともと苦痛や災禍を意味したが、それらが引き起こす激しい情念もさすようになる。そのラテン語訳"passio"は、キリストの磔刑を意味し、そこから転じて、キリストの死を悼む聖母マリアたちの悲嘆もさすようになった。こうした歴史的背景の下で、"empathy"は、理性と情念の峻別を前提として、他者がもつ感情に自分が入りこむことを意味している。もっとも、この語は、二〇世紀の初め、ドイツ語の"Einfühlung"の英訳として、ギリシア語の"empatheia"にならって作られた造語である。それまでは、"sympathy"（共感）がもっぱら用いられていた。これは本来、他者とともに同じ感情をもつことである。本章では、ヒュームとスミスの間にある重要な違いを踏まえて、ヒュームについては「共感」を、スミスについては「同感」を用いる。

以下ではまず、理性にもとづく道徳を唱えた道徳的理性主義を代表するラルフ・カドワースと、道徳的理性主義に対抗して現れた道徳感覚説のフランシス・ハチスンを対比する（2）。次に、ハチスンよりも包括的・根源的な仕方で理性主義全般を批判したヒュームの共感論を紹介しよう（3）。さらに、ハチスンやヒュームから影響を受けつつ、スミスが唱えた同感や不偏的観察者を概観したい（4）。最後に、ヒュームとスミスを検討して、将来世代への同感を考える際には、彼らの洞察を活かす一方で、理性にも一定の役割を認めるべきだと提案する（5）。

2　道徳的理性主義 対 道徳感覚説

西洋思想では、理性が情念や欲求を抑え、そして理性こそが人間と動物を分かつという考え方が、古代から続いてきた。プラトンは、魂が、智恵という徳をそなえた知的部分、勇気の徳をもった気概的部分、この二つの部分とともに節制の徳をもつ欲望的部分からなると考えた。そして、知的部分が他の二つの部分を制御し、各部分が他の部分に手出ししない人が、正義の人だと論じた。また、アリストテレスは、人間は"logos"をもつと述べ、この考えを受け継いで、中世スコラ学では「人間とは理性的動物である」という定義が広く知られていた。

近代になると、トマス・ホッブズが、目的に適した手段を見つける道具的理性を前提として、理性による欲求の制御を唱える。自然状態では、各人は、生存のために力を用いてよいという自然権をもつ。だが、財は希少であり、しかも諸個人の強さはおおよそ等しいので、競争が起こり相互不信が生じて、戦争状態にいたる。そこで、理性が見つける訓戒である自然法は、平和の追求、自然権を放棄するという信約の締結、この信約の遵守などを各人に対して要求し、こうして国家が成立するのだという。

古代以来、理性の捉え方は、時代によっても論者によっても大きく異なってきた。だが、理性が情念や欲求を統御するという構図は、多くの思想家によって変わらず維持されてきた。こうした理性主義の伝統の下で、一七世紀から一八世紀のイギリス道徳哲学では、理性にもとづいた道徳体系を構想する道徳的理性主義が有力だった。おもな論者として、カドワースの他、サミュエル・クラークやジョン・バルガイがいる。

カドワースは、道徳的理性主義のなかでも、一七世紀に興ったケンブリッジ・プラトン主義の代表格である。ケンブリッジ・プラトン主義者たちは、ケンブリッジ大学を卒業し、プラトンからの大きな影響の下で、神の意志を強調するカルヴァン派に対抗して、理性の重要性を主張した。カドワースは、善悪や正義・不正義が意志にもとづく制度だと考える古今の論者たちを批判する（Cudworth 1996[1731]: I.i.）。彼によれば、善悪や正義・不正義は、その本性なしに意志が行えるような恣意的なものではない（I.ii.1.）。あるものが白いのは白さという本性にもとづくように、あるものが善いのは善さという本性のゆえであり、また正しいのは正しさという本性のためである。したがって、あらゆるものは、その本性によって必然的・不変的に確定されているはずだ（I.ii.2.）。本性なしに単なる意志によって善か悪、正義か不正義であるものは、存在しない（I.ii.3, IV.vi.3.）。

では、私たちは、本性によって確定されたものをどのように認識できるか。カドワースによれば、感覚とは異なった本性をもつ思惟・知識の上位力がある（IV.vi.1.）。この上位力は、単なる外見だけでなく物事の真理にまでいたって、実在的で絶対的なものの理解に達する。上位力の対象は、物事の永久的で不変的な本質や、物事の変化しない相互関係である。そして、物事の本質・関係に対する認識は、行動を左右する。誠実性や良心の指令と、肉欲的な快や私的効用へと向かう下位の欲望からの忠告とが異なっている場合を考えよう（Cudworth, 1996[1838]: v.）。このとき、良心の指令に従えば、神の賞賛を受け、反対に欲望の忠告になびくならば、神による非難と罰に値する（xi.）。

道徳的理性主義に反対して、一八世紀初め、シャフツベリ伯（アンソニー・アシュリー・クーパー）は、内省を通じて生じた好意が、行為の動機となり、道徳的評価の対象にもなると述べた。ここに、道徳感覚説と後に呼ばれることになる思想潮流が、産声を上げた。

グラスゴー大学で教鞭をとったハチスンは、シャフツベリ伯の議論を発展させて、感覚にもとづく道徳理論を築いた。ハチスンによれば、感覚は、意志とは独立に生じる心の状態であり、快または苦をともなう（Hutcheson, 2003[1728]: I.I.2.）。彼は、初期の著作で五種類の感覚を挙げている（I.I.3-5.）。第一は、視覚・聴覚・触覚・味覚・嗅覚という外的感覚である。第二は内的感覚で、美・調和・壮麗などをさす。第三は、他者の幸福を喜び、悲惨を悲しむ公共感覚ないし共通感覚である。第四は、徳か悪徳かを判定する道徳感覚である。第五は、称賛または非難という名誉感覚である。

ハチスンはシャフツベリ伯と同じく、行為の善悪を判断する能力を道徳感覚とみなした。だが、ある行為を是認する根拠は、より単純な原理だとした（Hutcheson, 2008[1726]: II.I.I.3., II.2.X–XI., II.4.II., II.5.I.）。慈恵心（benevolence）である。これは、他人の幸福を欲求させるもので、その最も単純な例は、親の子に対する愛情である。利益をえられるだろうという期待なしにいだく愛情は、人間本性の仕組みに由来する。そのため、慈恵心にもとづく結びつきは、家族、隣人、さらには全人類へと、程度が弱まりながらも拡大してゆく。これが道徳感覚の普遍的基礎になる。そして、慈恵心は、創造主によって人間に植えつけられた生来的なものである（II.7.II.）。このように慈恵心を道徳判断の原理とするハチスンの道徳感覚説は、一方で、自己利益への欲求を行為の原動力におくホッブズらの利己的人間観への批判であり、他方では、人間の行為への道徳的判断を下すのは理性だとする道徳的理性主義への対抗でもあった。

ハチスンは、ある行為を賞賛したり非難したりする観察者（spectator）を想定していた（II.4.II.3., II.5.VIII.2., II.5.VIII.4.）。こうした観察者による道徳的判断という考えは、後にヒュームやスミスに受け継がれることになる。

3　ヒュームの共感論

若き日のヒュームは革命児だった。最初の著作『人間本性論』の冒頭で、あらゆる学問は人間がもつ自然本性に関わるから、この人間本性を明らかにすれば、さまざまな学問に変革をもたらせると述べている（Hume, 1978[1739–1740]: Intro.）。彼は、ジョン・ロックらのイギリス経験主義を徹底して、自分の心の作動をかえりみる内観や他の人々の言動を見る観察によって、人間の精神的本性を明らかにしようとした。そのなかで、道徳的理性主義を批判し、道徳感覚説を受け継いで、情念を基礎におく道徳論を提唱した。これは今日では、道徳的感情主義と呼ばれる。道徳的感情主義で重要な役割を与えられているのが、共感である。

ヒュームの道徳論を理解するためには、まず彼の知性論を押さえておく必要がある。人間の知覚は、印象と観念に大別される（1.1.1.）。印象には、視覚・聴覚などの感覚や感情が含まれるのに対して、観念とは、印象がなくなった後、思考や推論のなかに現れる印象の模造である。だから、印象と観念は同じ内容をもつが、ただ印象にある勢いや生気が、観念には欠けている。印象は、感覚からえられるものや身体的な快苦などの原初的（感覚的）印象と、情念や情動という二次的（反省的）印象に分かれる（2.1.1.）。二次的印象はさらに二つに分けられる。一方は、美醜の感覚という温和な印象であり、他方は、愛と憎しみ、喜びと悲しみ、誇りと卑屈などの激烈な印象である。

理性が情念に優先し、人間は理性に従うかぎり有徳だという考え方は誤っていると、ヒュームは主張した（2.3.3.）。この主張を裏づけるために、彼は二つのことを証明しようとする。第一に、理性は、意志ある行為の原因となることができない。そもそも人間の知性は、論証または蓋然性から判断する。論証からの判断は、先ほど触れた観念の世界にあるのに対して、意志は現実世界にあるから、理性が行う論証は行為の原因とならない。では、行為の原因となりうるのは何だろうか。情念である。私たちは、ある対象から快（善）をえられると予想すると、その対象を手にしたいという情念を感じ、反対に不快（悪）を受けると予想すれば、その対象を避けたいという情念を感じる。これらの情念が行為をもたらすというのだ。

第二に、理性は、意志を方向づける上で情念に決して反対しない。ヒュームは有名な言葉を残している。「理性は情念の奴隷であり、情念の奴隷でのみあるべきで、情念に仕えて従う以上の役割を要求することはできない」(2.3.3.4.)。感情が理に反していると言えるのは、次の二つの場合だけである。一つは、喜び・悲しみ・希望・恐怖などの情念が、本当は存在しないものが存在しているという想定に立っている場合である。もう一つは、情念が働く際に、目的に対して不十分な手段を選んでしまう場合だ。もっとも、これらの場合に理に反しているのは、じつは情念ではなく判断だという。そして、このどちらにも当てはまらないかぎり、理性は情念に反対しない。ここには、情念の対象の認識と目的に適した手段の選択という二つの機能に限定された理性の狭い解釈が表れている。

ヒュームは、名声愛を説明するなかで、人間本性のうち最も注目されるのは共感への傾向だと述べている(2.1.11.1–2.)。他人の表情がほがらかであれば、自分の気分も明るくなり、他人が悲しそうにしていると、自分の気分も暗くなる。これらの感情は、どのように生じるのか。まず、他者の表情や様子から特定の感情を知り、その感情について、先に見た観念が自らのなかに生じる。次に、この観念が、勢いや生気をえて印象へと変わり、同じ感情が生じる。これが共感である。共感には、観念が印象の原因になるという因果性が見られるが、それを促進するのは二つの要素だという。一つは類似性である。同国人・同郷人・同業者や行動・性格が似た人に対しては、そうでない人よりも共感が生じやすい。もう一つは隣接性である。隣人に対しては遠方の人よりも共感が生じやすく、血縁もときおり同じ効果をもつ。このような共感によって、名声愛の他、富裕者・権力者への敬意（2.2.5.）や哀れみ（2.2.7.）などの感情が、説明されている。

共感は、賞賛と非難、徳と悪徳という道徳的区別のおもな源泉だとされる。道徳的区別は、観念に関わる理性からではなく（3.1.1.）、印象に含まれる情念から導き出される（3.1.2.）。私たちは有徳な行為から特定の種類の快をえるが、これがすなわち、その行為を有徳だと感じることに他ならない。同様に、悪徳な行為から特定の種類の苦を受けるのが、その行為を悪徳だと感じることである。

ヒュームは、徳を人為的なものと自然的なものに大別する。人為的な徳とは、人間の状況・必要から起こる人為や工夫によって快が生じる徳である。それに対して、自然的な徳とは、人為や工夫なしに快が生じる徳をさす。おもな徳の一つである正義は、人為的な徳だという（3.2.1.）。彼は、正義をめぐる二つの問いに取り組んでいる（3.2.2.）。第一に、正義のルールは、人為によってどのように確立されるか。家族のなかでは、夫婦は愛情をいだきあい、親は子に自然な愛情をもつ。しかし、他人との間には、人間の利己性と寛大さの限定性や、財の稀少性があるため、対立が不可避的に生じる。そこで、各人による財の保有を固定する所有権が必要となる。人々は、明示の約束ではなく慣行を通じて、この所有権を確立する。第二の問いは、私たちはなぜ、正義のルールの遵守を道徳的に美しいと感じ、違反を道徳的に醜いと感じるのかである。不正義の行為は社会を害するから、他の人たちに不快感をもたらす。私たちは共感によってこの不快感を共有し、不正義な行為を悪徳な行為とみなす。このように、正義と不正義、それらに対する賞賛と非難という道徳的区別は、共感を通じて行われる。同様のことは、自然的な徳にも当てはまる（3.3.1.）。慈恵心・慈悲・寛大さなどは社会に善をもたらすが、私たちは共感によって快を共有し、これらを徳と感じる。

ここで、次のような批判が出されるだろう（3.3.1.14–17.）。共感は、相手と自分の距離によって大きく左右される。私たちは、外国人よりも同国人に、見知らぬ人よりも友人にそれぞれ共感しやすい。他方、私たちは、誰がもっていようとも、一つの道徳的資質には同一の賞賛を与え、思慮ある観察者（judicious spectator）による高評価に等しく値すると考える。私たちの共感は変化するのに、高評価は変化しないから、高評価は共感からは生じないはずだ。

こうした批判に対して、ヒュームは次のように反論している。各人が、自分に特有の観点から見える仕方でのみ性質や人格を捉えるとしたら、一緒に会話することさえ不可能だろう。そこで、より安定的な判断に達するため、私たちは、一般的観点を固定して、自分の現在の状況がどんなものであっても、思考する際にはその観点に身をおくというのだ。ヒュームは、ユリウス・カエサルの暗殺者の一人マルクス・ブルトゥスを有徳な愛国者とみなした上で、自分の勤勉な召使にいっそう愛着を感じても、ブルトゥスを称賛するようには称賛しないだろうと指摘している。では、一般的観点とは、どのような観点だろうか。ヒュームは明確な定義を与えていないが、道徳的評価の対象である行為者と直接的な結びつきや交わりのある人々がもつ観点を念頭においていたと思われる（3.3.1.15–18., 3.3.3.2.）。これは、狭い範囲の人々がもつ観点ではあるが、私たちがそれを現に共有するならば、一般的と呼ぶことができるだろう。

4　スミスの同感論

スミスは、グラスゴー大学でハチスンに師事し、ヒュームとも長年の親交があった。二人から大きな影響を受けながらも、スミスは、感情が生じる原因や、感情にもとづく行為がもたらす結果に着目して、同感にもとづく道徳論を唱えた（Smith, 2002[1759]）。彼の『道徳感情論』の目的は、第四版で追加された副題のとおり、私たちが他者の行動・性質と自らの行動・性質を自然に判断するための原理を分析することにある。なお、一七五九年の第一版公刊から一七九〇年の第六版までに、三〇年以上が経っているので、本来ならば、この長い期間におけるスミスの思想の発展や変化を追う必要がある。だが、本章では、専門的論述を避けるため、第六版だけに依拠している。

同感とは、他者が特定の状況にあるとき、自分ならばどのように感じるだろうかと想像して、つまり立場の交換を通じて、ある感情をいだくことである（I.i.1.2-3.）。当事者が特定の感情をいだいていると知り、その原因が分かると、自分も同じ感情をもつ。不幸な人を見ると、その人の悲しみを知って、自分も悲しくなる。逆に、自分が誰かの同感をえていると分かると、快をえるので、喜びを増して悲しみを減らす（I.i.2.2.）。特に、私たちには、喜びよりも悲しみを友人に分かちもってほしいと思う傾向がある。

行為のもとになる感情は、一方ではその原因との関係にもとづいて、適否が判断され、他方ではその結果との関係にもとづいて、功績・罪過が判断される（I.i.3.1, I.i.3.6-7.）。行為者の感情と観察者の感情が、同感によって完全に一致すれば、行為者の感情は観察者によって適切だとされる。しかし、多くの場合、観察者は行為者よりも小さな程度にしか同じ感情をもたない（I.iii.1.8.）。そこで、行為者は、観察者がもつだろう感情の程度を推測して、それに相当するまで感情を抑制するように努める。ここで、同感は一見するよりも複雑な構造をもつことに注意したい。ある行為の功績・罪過に関する感覚は、行為者の感情への直接同感と、行為の受け手がもつ感謝や憤激という感情に対する間接同感とから形成されるという（II.i.5.1-2.）。

代表的な徳として、正義と慈善が挙げられるが、両者は対照的である（II.ii.1.3-9.）。適切な動機による慈善は、受け手に感謝をもたらすか、観察者に同感的な感謝をもたらすから、褒賞に値する。慈善を行うかどうかは自由であって、強制されない。それとは対照的に、不適切な動機による有害行為は、受け手に復讐心をいだかせるか、観察者に同感的な復讐心をいだかせる。正義への服従は自由ではなく、強制され、違反すれば復讐心にさらされて刑罰を受ける。正義は、私たちが他者を害することを防ぐだけの消極的な徳なのである。

正義の考察のなかで、スミスは、不偏的観察者による利己心の制御を説いている（II.ii.2.1.）。人間は、自分自身を世話することに他の誰よりも向いているから、そうするのがよい。しかし、他者の幸福を妨げたり、その利用物を奪ったりすることには、不偏的観察者は賛同しない。そこで、自分の行動原理に不偏的観察者が感情移入できるように行動するには、高慢な自愛をつねに控えなければならない。このことはフェア・プレーを要求する。富・名誉・出世をめぐる競争では、競争相手を追い抜くためにできるだけ速く走ってよいが、しかし競争相手を突き倒せば、観察者は愛想をつかす。これはフェア・プレー違反だ。こうした不正義が跋扈するならば、社会はすっかり壊れてしまう（II.ii.3.）。そこで、主権者は、反逆罪以外の犯罪については、被害者の復讐心に同感して不正義への復讐を行うのであり、これが刑罰制度だとされる（cf. II.iii.2.4.）。

個人が行為する際、自分の立場から離れて他者の立場から、行為に影響した自分の感情や動機に同感できるかどうかを吟味する（III.1.2., III.1.6.）。自分の行為を検討しようと努めるときには、一人の個人は観察者と行為者に分かれ、前者が後者を裁くのだ。人間には、同胞を喜ばせたいという生来の欲求や、同胞を不快にさせたくないという生来の嫌悪感がある（III.2.6-7., III.2.31.）。だが、これらだけでは社会に適合できない。そこで、自然本性は、是認されたいという欲求だけでなく、是認されるべきものになりたいという欲求も、人間に植えつけた。賞賛への愛は、同胞の好意的感情をえたいという欲求であるのに対して、賞賛に値することへの愛は、そのような感情の適切な対象になりたいという欲求である。行為に対するいわば第一審の裁判官は人間だが、上級審の裁判官は良心ないし不偏的で情報豊富な観察者である。これに関連して、スミスが、良心だけでなく理性にも、道徳上の重要な位置を認めていたことに注意したい。徳は理性への服従にあり、また理性は道徳の一般的ルールの源泉だという（VII.iii.2.6-7.）。

では、良心や理性とも等置される不偏的観察者とは、どのような存在だろうか（III.3.1-3.）。人間本性の利己的で本源的な情念にとっては、自分自身のごく小さな利益の得失が、特別なつながりのない他人の最大の関心事よりもはるかに重要であるように見える。そこで、自分の立場でも他人の立場でもなく、そのどちらともつながりがなく不偏性をもって判断する第三者の立場から、自分と他人の利益を眺めなければならない。自愛の強い衝動を抑え込めるのは、理性であり良心であり行動の偉大な裁判官なのだという。だが、こうした想像上の不偏的観察者はいわば半神半人であって、その人間的部分のゆえにバイアスを完全には免れていない（III.2.32.）。現実の観察者が、全員一致で暴力的に行為者を非難するならば、想像上の不偏的観察者は、好意的な意見を言うとき、恐れやためらいをいだくだろう。また、行為者が過大な自尊心や僭越をもつときには、これに圧倒されて賞賛の目を向けてしまいがちである（VI.iii.30.）

感情にもとづく道徳を構想する際、感情がもつ局地性・限定性・偏向性をどう考えるかという問いを避けられない。スミスは次のように論じている。まず、感情は、その主体をとりまく社会環境に左右されるという局地的性質をもつ。慣習と流行は、美醜の観念に大きな影響をおよぼすが（V.1.）、より限られた程度では道徳感情にも影響を与える（V.2.）。職業・階級・年齢に応じて、ふさわしいとされる行動は多様なので、同じ行為が、行為者の属性次第で異なったように感じられる。まして、時代や国が違えば、非難されるべき性質や称賛に値する性質の程度も、大きく異なってくる。スミスは、文明／未開という当時の二分法にもとづいて、文明国では、人間味にもとづく徳が育まれるが、未開国では、平静さを失わずに困難や苦痛に耐えることが尊ばれると述べている。

肯定的な感情は、原則として一国内に限定される。主権国家は、私たちの行動の善悪によって幸福になったり悲惨になったりする最大の社会である（VI.ii.2.）。そのため、主権国家に対する善行が最も推奨される。他方、私たちは、どの近隣諸国の繁栄や拡張にも、悪意ある嫉妬や羨望の視線を向けやすい。紛争を解決できる共通の上位機関がない隣国同士は、警戒心と猜疑心をもつため、相手国による正義をほとんど期待せず、自国も正義をほとんど行わない（cf. III.3.42.）。だが、このように各人が大半の注意を人類社会の一部分に向けることで、人類社会の利益が最も促進される。そして、理性と感性のある全存在者の普遍的幸福に尽くすことは、神がなすべき業であって人間の業ではない（VI.ii.3.6.）。人間に割り当てられているのは、自分自身・家族・友人・祖国の幸福に尽くすことなのだという。

感情の偏りについては、どうだろうか。人間は自分を世話するのに向いているので、自分の快苦を他人の快苦よりも敏感に感じとる（VI.i.1.）。それに次いで、同居する両親・子ども・兄弟姉妹が愛情の対象となる。さらに、同僚や取引相手、隣人などがこれに続く。私たちには、ともに暮らして付き合わなければならない人たちの感情や原理と自分の感情や原理とを、できるかぎり調和させ似たものにしようとする自然な傾向がある。以上のように、スミスは、道徳的判断を行うときに感情がもつ大きな力を強調する一方で、その局地性・限定性・偏向性を冷徹に認識してもいた。

5　同感をめぐる理性と感情

フューチャー・デザインのワークショップに見られる将来世代への同感を考える際、ヒュームの共感論やスミスの同感論はどのような意義をもち、どこまで有益なのか。また、彼らの議論に限界があるならば、それをどう乗り越えられるか。これらの問いに取り組む第一歩として、ヒュームの共感論とスミスの同感論を、ハチスンも視野に入れながら比較してみよう。四つの点を取り上げたい。

第一に、ハチスンは、経験的観察をもとに道徳感覚の理論を打ち立てた。だが、他者にとっての便益が自分に快を生むことを説明するときには、生来的な慈恵心を強調し、これは神が人間に植えつけたものだと主張した。それとは対照的に、無神論的な立場をとったヒュームは、人間の精神的本性や社会的環境などの事実だけによって情念を説明しようとした。スミスも、原則的には人間の感情や言動の観察にもとづいて同感論を展開したが、その説明のなかで神や自然本性にたびたび言及している。彼は、ヒュームほどには経験主義を徹底しなかった。

第二に、ヒュームは、またより小さい程度ではスミスも、特定の個人の表情や行為を視覚によって観察することを、共感や同感が起こるプロセスの範型としている。これを視覚主義と呼ぶことができる。彼らがハチスンにならって用いた「観察者」という語は、視覚主義を背景としている。視覚主義は、本章の冒頭で触れた、ジップラインの客の姿に見入る女性の気持ちを説明できる。しかし、『トム・ソーヤーの冒険』の文字を読んでいるだけで、主人公の表情や行動を見ていない子どもの気持ちを説明できない。より重要なことに、賞賛と非難という道徳的区別を一般的な形で説明するのが難しい。道徳的区別の一般理論を構築するため、ヒュームは、古代人の行動を評価する際には、視覚主義から離れて、歴史書からの情報を念頭においた。他方、スミスは、個人の言動に焦点をあわせたヒュームと異なって、行為の原因・結果を含む状況全体を考慮に入れるから、視覚主義からかなり距離をおいた。スミスが歴史書や小説から多数の例を引いていることも、視覚主義からの距離を示している。

第三に、ヒュームもスミスも、評価対象となる特定の個人への共感・同感から考察を始めている。これを特殊主義と呼ぼう。特殊主義的な説明は、私たちの多くの日常的経験にあてはまる。テレビの前でスポーツ選手と一緒にガッツポーズをする人は、特定の個人に同感している。また、ジャックの例のように、個々の行為への道徳的評価を説明できる。だが、無数の場面で必要となる道徳的区別を特殊主義的に説明しつくそうとしても、それは不可能だ。この点に気づいていたヒュームは、不正義の行為がもたらす人々の不快感の説明や、一般的観点の主張に見られるように、共感の対象者の範囲を拡張した。スミスも、行為者への直接感情と行為の受け手への間接感情を区別し、また被害者の復讐心に対する主権者の同感によって刑罰を説明している。このように、この二人の思想家は、出発点の特殊主義に固執せず、より一般主義的な説明をときには併用した。

第四に、二人はともに、感情の局地性・限定性とならんで偏向性を認識していた。そこで、ヒュームは、外国人や古代人の行為を評価する場面では、偏向性を是正することをめざして一般的観点を主張した。他方、スミスは偏向性について、個人が自分の言動を評価する際、想像上の不偏的観察者が同感できる程度まで感情を抑制して、行為を調整すると論じる。彼は、人間の利己性や身びいきを認識しながらも、是認・賞賛に値することへの生来的欲求を主張して、不偏的観察者を説明しようとした。ここから分かるように、スミスはヒュームよりもかなり不偏主義的である。もっとも、不偏的観察者は、現実の観察者の評価や、行為者の過大な自己評価から影響を受けるから、十全に不偏的だとは言えない。また、自然本性や神への言及が示すように、スミスによる不偏性の説明は、ヒュームが徹底させた経験主義を後退させてしまった。

ここまでに見た経験主義・視覚主義・特殊主義・不偏主義を足がかりとして、将来世代への同感について考えてゆこう。現在世代が将来世代に対してどんな義務を負うかは、世代間正義の研究で検討されてきた。この研究領域では、将来世代とは、現時点ではまだ誕生していないが、これから誕生し生存するだろうすべての個人からなる集合をさす。あなたがこの章を読んでいる翌日に生まれる赤ん坊も、一〇年後に現れる人も、一〇〇〇年後の人も、みな将来世代に含まれる。なお、現在世代とは、現時点で生存している個人の集合をさし、また過去世代とは、現時点ですでに死亡している個人の集合である。

将来世代は、右の定義から分かるように、未誕生性と集合性という性質をもつ。この二つの性質から、視覚主義も特殊主義も、将来世代については説明力がない。なぜそうなのかを理解するために、現在世代と将来世代を比べてみよう。現在世代については、特殊主義と視覚主義が、個人の行為を評価する際、多くの場合にうまく機能する。たとえば、路上で誰かが別の人に殴りかかったら、その情景を見ていた人たちは、殴っている人に対して、強い義憤または恐怖をおぼえるだろう。他方、制度を評価する際には、特殊主義も視覚主義もうまく働かないことが多い。税制改革によって、低所得者層の税控除額が小さくなったという報道に接したとき、不利益を受けるのは低所得層という集団である。そこで、該当する低所得者が自分の周りにいなければ、特殊主義による同感の説明はうまく作用せず、また低所得者に会って窮状を聞かないかぎり、視覚主義も機能しない。では、将来世代についてはどうか。将来世代のどの構成員もまだ生まれていないから、視覚主義には説明力がまったくない。また、将来世代は、誰によって構成されるかがまだ確定していない集団だから、特殊主義も説明力を欠いている。

それに加えて、将来世代は、未誕生性のゆえに不可知性をもっている（宇佐美，2016: 174など）。私たちは現時点では、将来世代がどのような価値観・嗜好・習慣・科学技術などをもつかを知ることができない。しかも、遠い将来世代になるほど、その属性を予想するのが難しくなる、つまり予想可能性が低下する。二〇〇年前の日本に生きていた人たちは、いまの私たちの言語も習慣も制度も想像できなかったに違いない。それと同様に、私たちも、二〇〇年後の日本列島に住む人たちが、どのような暮らしをしているかをとうてい想像できない。今日の社会は、産業化や情報化によって加速度的に変化しているから、なおさらである。ヒュームが気づいていたように、対象者の類似性や隣接性が大きいほど、共感は生じやすくなる。同感についても、同じことが言える。将来世代が不可知であるため、類似性を厳密には語ることはできず、遠い将来世代については、予想可能性が小さいから、類似性を推測することさえ難しい。ヒュームは、空間的な隣接性や個人の相互行為上の隣接性を念頭においていた。だが、彼の想定を超えて、時間的な隣接性というものを考えるならば、将来世代は同時代人と比べて私たち一人ひとりに隣接しておらず、そして遠い将来世代ほどますます隣接していないと言える。類似性の欠如や隣接性の減少から、私たちは一般に将来世代には同感しにくいことが分かる。

ヒュームは、過去世代や外国人に対する感情の限定性や偏向性にいち早く気づき、またスミスは、近隣国への感情の限定性だけでなく、一国の現在世代内における感情の偏向性についても考察を行っている。これらの問題に対する彼らからの処方箋が、一般的観点や不偏的観察者だった。だが、将来世代との関係では、ヒュームもスミスも認めなかった別の偏向性が現れる。近視眼性である。明日一万円を受け取るか、一年後に一万円を受け取るかと尋ねられたら、ほとんどの人は明日の受け取りを選ぶだろう。ヒュームは近視眼性を想定しておらず、またスミスは、観察者ならばこれを否定するはずだと主張している（Smith, 2002[1759]: IV.2.8.）。しかし、近視眼性は現実には広く見られる。その結果、将来世代が遠くなるほど、その利害得失を割り引いて私たちは評価するので、同感が生じにくくなる。

これらの障害にもかかわらず、フューチャー・デザインのワークショップでは、将来世代への同感にもとづくと思われる参加者の意見の変化が、現に観察されている。この事実を経験主義的にどのように説明できるか。神経科学や社会神経科学の豊富な知見がここで大きな助けになると楽観する人もいるだろう。しかし、現在世代内の関係についての観察結果が、将来世代への同感の説明にただちに適用できる保証はない。将来世代への同感のメカニズムに関する科学的説明は、大きな知的課題であり続けている。そのような科学的説明がどこまで可能であるかを問わず、私たちには、将来世代への同感を推奨し方向づけるような道徳哲学もまた必要である。以下では、視覚主義・特殊主義・不偏主義を切り口に、新たな道徳哲学の可能性を考えてみたい。

視覚主義が機能しない数多くの場面でも、同感は確かに引き起こされる。深刻な被害体験をもつ人が、その体験を淡々と語るならば、聞き手は同感しないだろうか。決してそうではない。むしろ、語り手に深く同感するとともに、その自制心に感嘆するだろう（cf. Smith, 2002[1759]: VI.iii.1–11.）。あるいは、その人がいまの冷静な態度となるまでにくぐり抜けた深い苦悩に思いをいたして、いっそう同感するだろう。感情の表出される情景が生起していないか観察されないとき、同感を引き起こすのは言語である。すでに見たように、古代西洋では、言語は理性と同根だった。その後も、言語はしばしば、勝義では理性を表すものとされてきた。しかし、言語には、各人がいだく感情を表明したり、他者の感情を惹起させたりするという別の重要な側面もある。文学では前景に出ているこの側面は、最近には歴史学などでも注目されつつある。感情の媒体としての言語を哲学的観点から考察することは、同感の道徳哲学を構想してゆくための重要な準備作業となるだろう。

特殊主義が機能しない集団としての将来世代について、同感の射程を拡張するとともに、その不偏性を強化してゆくためには、新たなものを加える必要があると思われる。理性の再評価である。フューチャー・デザインの参加者は、ある地域社会で、将来世代がどのような規模になるか、どんな年齢構成となるか、どういった自然的・社会的条件の下で暮らすかなどに関して、情報を与えられると同時に、自分自身で想像するように促される。その上で、特定されえない未来の人たちを想定し、近視眼性を含む偏向性をできるかぎり抑えながら、彼ら・彼女らの立場に自分の身をおいて、どのように感じるかと問うようになるだろう。このような複雑な認知・推論・想定の過程では、理性の助けが不可欠である。

5　同感をめぐる理性と感情

同感をめぐる理性の再評価は、決して道徳的理性主義への回帰ではない。道徳的理性主義では、理性が感情・情念を制御するとされ、理性にもとづいて道徳が構想されていた。しかし、私たちの心にやどる感情は、決して制御の対象としてだけ捉えられてはならない。感情は、理性にもとづく意思決定を生み出したり方向づけたりする大きな力をそなえており、道徳的に賞賛されるべき行為にいたる場合も少なくない。そのような場合の一つが、同感である。理性は、感情を制約する役割だけでなく、感情を鼓舞する役割もになうのだ。ヒュームが打ち立てた道徳的感情主義は、道徳的理性主義の限界を明るみに出し、情念がもつ巨大な力を浮き彫りにしてみせた。だが、行為選択の場面での理性には、対象の認識や手段の適切性の判断という機能しか認められなかった。そこで、同感の射程を広げ、また不偏主義を確かなものにするためには、彼の理論では不十分だと言わなければならない。これらを考えあわせると、理性主義でも感情主義でもない第三の途が、私たちには必要である。それは、理性と感情が、前者が後者を制御する垂直的関係でなく、両者がおたがいに制約したり促進したり方向づけたりする水平的関係に立つという道徳の構想である。これを道徳的補完主義と呼ぼう。

スミスは、原則的には道徳的感情主義に立ちつつも、ときにはそこからいくらか離れて、理性主義に近づいた。彼は、不偏的で情報豊富な観察者を道徳の要にすえ、その不偏的観察者をときには理性とも呼んだ。そして、理性は、個々の経験から一般的ルールを見つけるという帰納を行うことから、理性は徳の一般的ルールの源泉であり、理性への服従こそが徳だと述べている（VII.3.ii.6.）。しかし、道徳的区別の決め手となる不偏的観察者を、感情を制御するものとして伝統的に捉えられてきた理性にあまりに近づけて理解するならば、感情が行為を生み出す大きな力の発見という感情主義の意義をそこなってしまうだろう。むしろ、理性と感情を明確に区別した上で、理性が感情を制御する側面だけでなく、適切な方向で鼓舞する側面にも目を向けるべきだろう。この二つの側面をともに視野に入れるのが、道徳的補完主義である。

ヒュームとスミスが確立した道徳的感情主義は、道徳的理性主義の伝統では見落とされてきた感情や共感・同感の構造に、西洋道徳哲学史上で初めて光をあてた。だが、二人は、おもに現在世代内で、あるいはたかだか過去世代の一部に対して作用する共感・同感を考察していた。そのため、将来世代への同感をあつかえる道徳哲学理論を構想するためには、ヒュームとスミスの遺産を活かしながらも、彼らを超えて新たな一歩を踏み出す必要がある。そのような一歩として、感情の媒体としての言語と理性の再評価とを、本章では提案した。フューチャー・デザインでの仮想将来世代という実験的試みは、新たな道徳哲学を構築してゆくきっかけを与えてくれるのである。

第三部　〈未来と対話する〉

第9章　将来世代との対話の倫理
——レヴィナス哲学を手掛かりに

松葉　類

1　はじめに——将来世代との対話の困難

人間は自分たちの利益を比較することによって、なすべき行為を選択している。駅から自宅まではより近道なルートを選ぶだろうし、買い物をするときは、手に持っている金銭と商品とを比べて、より利益となるようなものを買うはずだ。会社を運営するときは、提供するサービスと社員の賃金などを比べて、より効率のよい運営が求められる。街を作るときにも、住人の住みやすさと街づくりの費用とを比べて、全員がより満足する形で設計を行うだろう。

ところが、こうした行為の選択においては、比較しづらい利益が見過ごされてしまう場合がある。第一に、行為の結果がわかるのが遠い先の未来である場合だ。たとえば、自然環境に手を加えるようなケースを考えてみよう。海を埋め立て、山を切り拓き、森林を切り倒すことで新しい街を作る場合、実際に不利益が現れるのはまだずっと先であるならば、今まさにある、街を作ることによる利益と比較しようとしている人間たちはそれを無視してしまうかもしれない。目先の利益を追求することだけでは自然環境などのような利益をないがしろにしてしまうおそれがある。

第二に、その影響が現在の技術では予測できないというケースである。自然環境を改変することで生態系の一部を破壊したとして、それが全体のシステムにどのような変化を与えるかを正確に予測することはおそらくできない。それは、問題となっているのが因果関係の特定できるような抽象的な価値のやりとりや実験室のなかの出来事ではなく、自然というさまざまな要素が絡み合った複雑系だからだ。良くも悪くも驚くべき帰結が現れるかもしれないし、まったく何も起きない可能性もある。こうした場合に、自分たちの利益に資するような楽観的な予測に基づいて行為を選択してしまうことは問題視されうる。

以上の二つの理由から、「人口、実質GDP、化石燃料の使用量、肥料の使用量、自動車台数などの人間活動を示す指標は……加速度的に増大している。これらの人間活動に伴い、地球環境にかかわる指標……も加速度的な変化が起きている」（西條，2018）。こうした環境変化は「超加速（the Great Acceleration）」と呼ばれ――とくに人間の生活環境へのネガティブな変化が――、将来的にも問題となり続けるであろうことを示唆している。一九八七年にブルントランド委員会において示された地球環境の「持続可能性」というキーワードの登場以来、このことは人類共通の課題として認識されているにもかかわらず、全体として一向に改善傾向が見られない。

そこでフューチャー・デザインは、学問あるいは政治的議論の場にある特殊な手法を導入しようと試みている。アメリカ先住民たちの習慣にならって、数世代後の人々に成り代わって現在の課題について議論しようというのだ（西條、2015）。提唱者の一人である西條辰義は実践的な仕方で、参加者が議論の場で何百年も遠い未来の人たちになりきることで、現実には存在していない利益を今ある利益として主張することができるのではないか、というアイデアを提示している。このことによって、今さえよければいいという自分本位な考え方ではなく、自分からかけ離れた世代の人々の利益を含めた視点からも議論できるというわけだ。これはすでに述べた環境保護や人口増加などの長いスパンで考えるべき課題に沿った手法であると言えるだろう。なぜならフューチャー・デザインの理論においては、環境破壊や人口増加が進んで実際に不利益を被る時代の人々が、自分たちの立場から利益を主張することができるようになるからだ。タイムマシンに乗ってきたかのように。

実際これまでフューチャー・デザイン研究はそうした方法で具体的な問題にかかわってきた。二〇一五年の岩手県矢巾町での事例では、二〇六〇年を将来世代と設定したうえで現在よりも少子高齢化した社会における町づくりが議論されたが、その際に問題となったのは「トイレが和式か洋式か」「子供の医療費の無料化」「町営住宅の位置」といった生活に根差した論点だ（多賀谷、2018）。この事例での時間差はせいぜい三世代までだが、それでも現在にない視点が導入されることで政策への具体的な提言が行われている。大阪府吹田市、長野県松本市、京都府宇治市の事例でも、手法のマイナーチェンジはあれど、同様に具体的な議論が行われている（多賀谷、2018）。しかしそう簡単に、「現在世代」の利益と、現実にはまだ存在しない「将来世代」の利益とを正しく比較することなどできるのだろうか。いかに真剣に数世代あとのことを考えたとしても、その利益が生じるのは当然だがまだ数世代あとのことだ。どうしても自分たちの利益を優先してしまうことになるのではないか。あるいはもしフューチャー・デザインの手法を採用することに全員で納得したとしても、将来世代と適切に議論を行ったふりをしながら、実際はまったくその気がないまま議決に臨むということが可能である。最初からまったく譲歩する気がなく、議論など無意味だと心の中で思っている場合である。こうした事態が考えられるなかで、いかにして「将来世代との議論」の実現可能性が主張できるのだろうか。フューチャー・デザインは将来世代を想定し、彼らに成り代わることの困難から出発しなければならない。

まだ存在しない他者との対話にまつわる二つの困難を先に分節化しておこう。それはいまだ存在しない他者を現在において存在すると信じさせること（①）、そして、他者がどのようなものかを既存の秩序から条件づけようとすることの困難である（②）。簡単に言えば、前者は参加者が「他者に成り代わる」こと、後者は「他者を想定する」ことに関わっている。フューチャー・デザインのこれまでのワークショップにおいて、参加者が他者を想定したうえで彼に成り代わって議論が行われてきたとすれば、その正当性を論じるうえでこの根本的な困難の解消は避けて通ることができない。

2　レヴィナスの他者論

二〇世紀の哲学者、エマニュエル・レヴィナス（Emmanuel Levinas, 一九〇六—一九九五）によって展開されている「他者論」においても、同様の問題提起を見出すことができる。われわれは彼の議論を追いつつ前述の困難に対する解決策を探っていくことにする。

レヴィナスは「他者」という概念を用いて、人間の社会における営みを解釈しようとした。社会においてすべての秩序は、広い意味での言語を前提としている。法律ならば条文、数学ならば数学記号の表記、音楽ならば音符の記譜法、等々。これらの言語とはもともとは、対話相手の存在に基礎づけられている「誰かに何かを伝えるための道具」である。だとすればそれらの秩序をさかのぼれば、それが必要な対話相手との出会いがあるということになる。そこで要請され、まったく新しく生み出された言語によって秩序は生みだされる。こうした秩序を開始する特権的な対話相手が「他者」である。

この思考の新しいところは、それまでの哲学がよって立つ「存在論」という考え方がそれほど根本的でないとした点にある。存在論とは、ありとあらゆる「存在者」が「ある」ということを問うことであり、私や他者を含めたすべてのものは存在していることにおいて一元的に考えられる。言い換えれば、存在という言葉をあらゆるものの原理に置くということで、抽象的なものから具体的なもの、人間理性から目の前のペンまで、すべてのものを同じ存在者としてまとめて考えることができるとする考え方だ。ほかの「いかに存在すべきか」「存在者はいかに認識されるか」「存在者と存在者の関係はいかなるものか」といった問いはこの存在論という大きな枠組みのなかで問われる二次的な問いであることになる。この存在論を出発点とすることは、それまでとても説得力のある議論であった。なぜなら、存在していないものはそもそも考えることができないため——もし考えることができたとしたら、それは思考の対象として存在してしまうことになるから——、あらゆるものをまとめて考える際に、「存在」という言葉から考えるということは都合がよい。

これに対して、他者論が注目したのは、このような存在論自身がじつは言語によって成立しているということだった。「あらゆるもの」も「存在」も、そもそも言語のひとつであり、「誰かに何かを伝えるための道具」にすぎない。だとすれば本当に根本的なのはこの「誰かに何かを伝えること」であり、目の前の「誰か」なのではないか。このように考えることで、他者論は存在論の手前に戻ろうとした。

では、すでに述べた「秩序を開始する」他者とは誰のことか。それは、私が「何かを伝える」相手である。この他者はまず私に「何かを伝える」ように求める。もし私がこの要求を無視したところで「要求を無視した」という形で何かを伝えてしまうのであるとすれば、他者の要求は否応なく応答を求める絶対の命令のように私に降りかかってくることになる。たとえば、誰かが向こうから「おはよう」と挨拶をしてきた場面を思い浮かべてみよう。このとき私は対話相手の存在それ自体によって彼に挨拶を返すよう求められているが、「挨拶を返さない」ということすらひとつの応答になってしまうとすれば、この要求に応えないでいることがどうしてもできない。

さらに、この他者はのちに生み出されることになる言語的秩序の始点となる他者であるから、彼自身を既存の言語的秩序において考えることはできない。この意味で他者は「理解不能なもの」である。従来の存在論に囚われない力のようなものは、他者がこのように原理的に理解不能であることにこそある。この他者を前にして理解不能なものを何とか理解しようと既存の秩序をまったく別物に作り替えることが必要となるわけだ。この論点を対話者相手に関する「理解不能性」と呼ぼう(①)。

こうしたことを指して、レヴィナスは飢えた他者への「パンを与えよ」という命令を無視することができないと述べている[1]。ここで比喩的に述べられている「パンを与えよ」という命令とは、私が絶対に応答せざるをえない他者の要求のことである。飢えた他者は何も言葉を発することなく、私へと責任を負わせる。私が自分のためにたくわえていたパンでさえ、自分が食べようとまさに口に持っていったパンでさえ、この切迫した要求のために差し出さざるをえないという場面を考えることができる。当然、良心の痛みを感じながら彼の目の前で――ひとつの応答として――自分のパンを食べることはできるが、この良心の痛み、そして食べずに与えるという別の選択肢の起源はかの他者にあることになる。このように自分の利益の計算や平穏な日常といった既存の秩序を打ち壊してまで「パンを与える」こととは、他者に対して新しく「秩序を開始する」ということを指している。人間が社会生活を営んでいる以上、このような他者によって、他者に対して開始される秩序のなかに放り込まれながら、どんどん新しい秩序を生み出しているということになる。レヴィナスの考えを簡単に要約するとすればこのようになるだろう。

彼が「飢えた他者」という比喩を用いるおかげで、他者とは「かわいそうな人」であると誤解を受けることがある。じっさい、傷を負った人、病気の人、大切な誰かを亡くした人、貧しい人、間違いを犯して裁きを受ける人といった、何らかの弱い立場の人はみんな他者なのか、と彼は問われることになる。しかし、理解不能な他者という概念は、このように何らかの性質や倫理や文脈から他者を定義したり理解することを拒むはずだから、この問いはそもそも立て方が間違っているということになる。たとえば、「年収が一〇〇万円以下の世帯には一〇万円を給付する」という規則があり、それに従うことはたとえ実質的に「かわいそうな人」を救うことであったとしても、既存の秩序から一歩も出ていない。つまり、現在の秩序によって仮定される何らかの条件のもとで他者を想定するのは間違いであることになる。これは先に述べた理由からするともっともなことで、仮定された他者は実際に秩序を開始させはしないし、秩序が開始していなければそこに秩序を始める他者は存在しないからだ。いつも他者は特定の性質を持っている等々によって他者であるのではなく、私に応答を求める切迫した者であるから他者なのである。このことをわれわれは「仮定の禁止」と呼ぶことにする（②）。

3　他者の理解不能性と仮定の禁止

レヴィナスの議論において提示された他者への配慮の困難は、一見すると最初に見てきたフューチャー・デザインの困難とはまったく異なる。フューチャー・デザインが将来世代との利益の比較を問題にしていたのに対し、彼は秩序を開始するような、応答を求める目の前の他者を問題にしているからだ。しかしじつは、両者は同じ「理解不能性」（①）と「仮定の禁止」（②）を問うている。本節はこのことについて論じてゆく。

①　レヴィナスは他者を「飢えた他者」と表現することで、既存の言語で理解することのできない命令を発する者として位置づけた。言い換えると、飢えた他者がどのように困窮しており、どんな風にパンを必要としているかについて私は知りようがない。どれだけ自分が飢えていたとしても、私が受け取るのはむしろ、彼の飢えと自分の飢えとの乗り越えがたい隔たりにほかならない。もしもそれを無理やり言語で理解してしまうとすれば、それは他者の「飢え」を自分が飢えていると主張するようなものであることになる。つまり、このような他者の理解不能性を念頭に置くならば、私が他者に成り代わって考えることは許されない。

レヴィナスはこの意味での共感論ないし感情移入論を拒み続けた。もとより誰かの主観を自分のものように感じることは不可能であり、そうすることによってわかった気になることの危険の方が重大だからだ。飢えについて言えば、目の前の人の飢えを自分のもののように感じると述べることが可能であれば、「それだったらたいしたことない」「もっと助けるべき人がいる」「自分の方が飢えている」などといった過小評価がなされうる。本人は死ぬほど飢えているのに、その切迫は感情移入によって既存の秩序に飲み込まれてしまう。このとき逆説的なことに、他者であったはずのその人は、私が理解することによって新しい秩序を要求することができなくなり、他者ではなくなる。ある意味で、他者の飢えが測られるのは私がパンを与えたあとでしかない。

もしもフューチャー・デザインの目的が、将来世代に成り代わって、その不利益を自分のこととして議論することだとすれば、それはレヴィナスにおいてはまったく間違ったやり方だということになるだろう。それが目の前の人間であったとしても、誰かに感情移入して内面を理解しようとすること自体が不可能であるからだ。そのうえ、この方法によって何らかの意思決定を行うとすれば、間違ったやり方によって理解された将来世代に対して不利益を与えることを正当化するわけだから、単純に不利益を与えることよりもなおたちが悪いのではないだろうか。それは誰かの内面性を、彼の知らない基準によって測定していることを意味する。

②　さらに、このことが一定の条件下で行われるとすれば、それも問題を引き起こすことになる。①が誰かに成り代わることの困難であるとすれば、この問題はその前提として将来世代を想定する

ことの困難である。

　そもそも利益のバランスを実際に議論しながら考えなければならないのは、議論のテーブルに座っている人がほかならぬその人だからである。そうでなければ議論など行わずに数値や条件だけを見て右から左に処理すればすむ。別の言い方をすれば、いかに厳格かつ精密な規則や取り決めがあろうと、それを個別のケースに対して適用する際には、個別の事情が検討されなければならない。少なくとも近代以降の法倫理は一般的にそのように実行されてきたし、秩序の適用というものは定義上こうした考えを含んでいるはずだ。「三日何も食べていない」「胃の内容物がゼロ」「血中の糖分濃度が某パーセント」「心拍数が何回である」などといった客観的な指標が事前に立てられていたとしても、そうした条件の集合体として仮定された人間はあくまで架空の存在であり、実際に飢えた他者とはなりえない。

　もしフューチャー・デザインの手法において、将来世代が何らかの条件を背負った架空の人間として仮定されるならば、それは相手にするべき他者を欠いた議論だということになるだろう。仮定されるのが架空の大病を患う人であれ、宇宙人であれ、この種の困難は同様に突き付けられることになる。

　レヴィナスはフューチャー・デザインと、①、②で示された困難を共有している——他者への配慮の困難と、フューチャー・デザインが直面せねばならない困難とは同質のものであり、レヴィナスはそれを正しく分節化しているといえる。それはまとめて言えば「切迫」の不在という困難である。他者の飢えが切迫しているのは、それが理解不能であり、仮定条件でないほかならぬ「この人」の飢えだからだ。反対に言えば、切迫こそが他者を他者たらしめている当のものであるということになろう。どうすればいいかを考える余裕もないほどの要求を突き付けてくること、と考えればごくシンプルな発想だ。フューチャー・デザインが意義のあるものだとすれば、この切迫の不在をどう解決するかが重要となる。

4　虚構としての文学の価値

しかるに、フューチャー・デザインの用いる将来世代という概念装置は、もともとそうした困難を織り込んでいるのではないか。もしこの手法において、将来世代がそこにまさに現前していると信じ込むことが必要であるとしたら、よっぽど信じやすい人しか合議に参加してはならないことになるが、そうした内面性によって合議体の構成員をあらかじめ選別してしまうのはきわめて非民主主義的、非人道的である。冒頭で述べたように、信じ込んだふりをして議論を続けるが、実際はまったくそうではないというケースも考えられる。極端な想定だが、この問題を取り除くために、決議の前に合議体の構成員の脳波を測定したりウソ発見器を仕掛けることでこのことを客観化し、「信じた人／信じていない人」を選別する方法を考えることは可能だが、思想の自由を前提にした議論において人間の内面性を客観化するようなことは許されない[2]。真実でない事柄を信じ込ませて価値対立を生み出すなどということは、洗脳の技法と変わらないからだ。

したがって確かめられるべきは、用いられる仮定（たとえば「将来世代が対話相手である」という仮定）が真である場合にどういう議決がなされるかであってはならない。むしろ逆説的であるが、将来世代が持ち出されることの意義は、それがどう考えても偽でしかないという点にある。言い換えれば、すでに述べた困難に陥らないため、あえて「虚構」という形式を採っているのではないだろうか。

J＝M・シェフェールによれば、虚構とは真でも偽でもない言説、もっと言えば偽であるという共通認識から出発することに価値を有する遊戯的な言説――「共有された遊戯的偽装[3]」――である。殺人事件のドラマを見ているとき、最後に「このドラマはフィクションです」というテロップが出ることがあるが、そのときになって「なんだ、これは嘘っぱちか」という感想を持つ人はいないはずだ。それは虚構がそもそも真ではないことはすでに知られており、むしろそこに投影される現実性を受け取るためのものだからだ。いわば、虚構は現実のパロディである。

虚構は現実をいったん離れることによって、まったく別の価値基準を提示することができる。いくら普段倫理的な人であっても映画で人を痛めつけるブラックユーモアに大笑いしうるし、人種や国籍、文化、性別さえも越えて登場人物にやすやすと感情移入することができる。さらに、そこからかえって「これが現実だったら」と自分のことに置き換えて考えることもできてしまう。偶然的要素を含み、複雑に入り組んだ現実の社会からではなく、そのパロディである虚構の方からむしろ何らかの価値を受け取るということはおおいにありうる。

レヴィナスも同様の価値を「文学」に認めていた。幼いころからプーシキン、レールモントフ、ゴーゴリ、ツルゲーネフ、ドストエフスキー、トルストイ、シェイクスピアなどの文学作品に親しんでいた彼は、文学に「人間の存在様式のひとつ」を見出す。ある対談で彼はこう述べている。

ここで、国民的な文学の役割はとても重要です。それは、そこから言葉を学ぶからではなく、「現れていない真の生を生きる」からです……。書生論を恐れるあまり、人間の「存在論」について書物を参照することは過小評価されているようです。書物は私たちの存在のひとつの様相であるにもかかわらず、情報源、学習の「道具」、つまりマニュアルとみなされているのです。じじつ読書は、高潔な魂による善き意図や「かくあるべし」という規範的な理想に関わることなく、私たち自身の関心事についての現実主義――あるいは政治――の彼方に向かうということなのです。(4)

こうして、「あらゆる文学を通して語っているのは人間の顔である」。読書という経験がもたらすのは、人間性についての教えである。われわれがレヴィナスにおいて見出した「理解不能性」「仮定の禁止」という原則は、真偽を超えた文学において無効化されるかのようだ。そして文学の意義は、「かくあるべし」とすぐさま価値判断を下す材料を与えてくれることにはない。また別の箇所を引こう。

文学は私たちを、どんな思考も近づけない岸辺へと打ち上げる。それは思考不能なものに通じているのだ……。文学は世界の地平を跨ぎ越えていく、ただひとつの冒険なのである……。(5)

むしろ文学的意義は、あらゆる既存の秩序をいったん宙づりにし、それとはまったく別の虚構あるいは文学空間という「場なき場」を創り出す可能性にこそあるのではないか。そうすることによって文学は、また現実において新たな価値を見出す手助けをしてくれるのである。

フューチャー・デザインは「数世代あと」という通常はピンとこないほど遠く隔たった未来を想定する。だからこそ虚構＝文学として価値が出てくるのではないか。たとえば五年後、一〇年後、と言われるとどうだろう。急に現実感が増し、利益の取り合いがシビアなものになってくるのではないか。数世代あとという途方もない時間だからこそ、当事者たちは自分たちの思考が文脈化されていた各々の秩序や価値から離れて、なかば面白がって参加することができる。真ではないとわかっているからこそ、真剣になって議論することができる。この発想の源泉が「六本木のビジネスマンのブレインストーミング」ではなく「イロコイ・インディアンの慣習」でなければならなかったのもうなずける。虚構空間は、現実にある自分と遠く離れているからこそ虚構を生み出しうるからである。

5　おわりに――自分を超える思考

本章でわれわれが見てきたように、フューチャー・デザインの目的は「将来世代を理解する」あるいは「将来世代に成り代わって価値判断する」ということではけっしてない。むしろそれが不可能であるということにおいてこそその虚構的枠組みの可能性が拓かれる。すなわち、将来世代かのように対話することで、「自分自身に関する私たちの関心という現実主義」から離れることでこそ、思考は「自分を超えた」別様の思考へと誘われるのである。

一見この結論は、文学こそが答えだという穏当かつ伝統的な人文学的主張に思われるかもしれない。しかもそれは、定量的に観察できる帰結をもたらして具体的な判断基準となることはない。価値判断をいったん宙づりにして虚構のなかに入り込もうという主張は、木を百本抜くかどうかといった課題に対していかにも無力に見える。しかし、そもそも価値を比較するということが、現在存在しないものをいかに存在させるかという虚構的な営みであるとすれば、そこに文学が介入する余地を考えることはむしろ真っ当であるように思われる。

フューチャー・デザインが想定している合議体は民主主義的なものであるが、もとより民主主義とは、各利益団体が自分たちの利益を最大化するようにパイを奪い合うということにあるわけではない。しばしばそう誤解されるように、民主主義の原理とはこうした利益団体の代表者による多数決ではない。むしろそうなれば、「狼に対する狼」のようにすでにある力関係が利益対立の帰結に直接働くことになり、議論が無意味になってしまう。そこには説得や交渉の余地が存在せず、対立は議論の場に上る前にすでに決着しているはずだからだ。そうではなく、利益団体を代表する者同士が、いったんその利害関心を差し置いて「公共の福祉」なるものをゼロから考えようとしなければならない。つまり、議論の場で公平を実現するためには、自分と他者との関係を第三者的に比較考量する必要がある。第三者というこの虚構的なポジションこそが、民主主義を成り立たせているのである(6)。

虚構が働くのは政治だけではない。日常的な場面において、交渉相手がいる場合に「いったん自分の利害を離れて相手の立場を考えたうえで第三者的な視点に立つ」ことは、円滑に話を進めるために不可欠だ。サッカーの試合であれ、商売であれ、夫婦喧嘩であれ、何らかの対立を解決に導くためには、自分の欲求を最初から貫き通すのではなく、対立の実態を確かめる外的な視点が必要なのではないか。そのことによってはじめて交渉が可能となるとすれば、もとより交渉に必要なのは私と他者という二者関係を超えて一般化された虚構的関係なのであろう。

この意味での虚構を文学に含めて考えることができるのだとすれば、文学は活字のなかではなく、具体的な生活にこそ活きると言える。物事に対して直接反応する、欲求や感情のみに操られたピンボールのような存在ではないならば、私たちは他者たちとともにつねに文学的な可能性を孕んだ世界に暮らしている。つねに別様でありうるこの世界は、そもそも数値化する定量的な観察によっては捉えきれないばかりか、その観察は人間的自由への重大な介入をもたらすであろう。裏を返せば、はじめから何らかの方向性を持って虚構をコントロールしようとすることはつねに倫理的な危険性を孕んでいる。[7] むしろ人間性とは、他者たちを前にして、もしかしたら別の可能性があるかもしれないと立ち止まり、既存の秩序を自由に作り替えることにこそあるのではないか。

したがって、「将来世代」はこのような意味で生活のいたるところに存在していると言っても過言ではない。言葉を換えれば、私たちが行為する際には、「もしいつか飢えた他者が目の前に現れたら、ほかならぬこの私はどのように行為するべきか」という問いがつねに突き付けられている。フューチャー・デザインという手法はこのことを文学的可能性によって教えようとする。求められているのは、明日来るかもしれない他者をつぶさに想像して、彼のために「パンを取っておくこと」なのではないだろうか。新たな秩序が始まる可能性は、その手の「パン」にあるのだ。

注

（１）　レヴィナス（1999）p. 177 等（Levinas, 1974, p. 91）。
（２）　この意味で、「ｆＭＲＩによる解析で住民討議の場における脳内の変化を計測する研究計画のアイデア」の倫理性は慎重に吟味されるべきだろう。小林（2018）。
（３）　シェフェール（2019）p. 126 以下（Schaeffer, 1999, p. 145ff）。

（4）レヴィナス（2010）p. 16（Levinas, 2012[1982], p. 11f）。

（5）レヴィナス（1992）p. 26（Levinas, 1975, p. 18f）。

（6）小林は将来世代における価値判断を可能にする理性を「拡張された理性」と定義しているが、それは必ずしもフューチャー・デザインに限られた視点ではない。むしろ社会において日常生活を営む「ふつうの人々」は「自然に」虚構に参加できる。小林（2018）pp. 28-30.

（7）したがって、青木のように「心理学」、「生物学」、「脳科学」においてフューチャー・デザインの成果を定量化しようとする試みはつねに倫理的限界を意識しなければならないであろう。青木（2018）pp. 64-66.

第10章　あたかも共にあるかのように

——想像力と未来の他者

赤阪辰太郎

1　はじめに

この章では、フューチャー・デザイン（以下、ＦＤと表記）の基本的なコンセプトについて、「想像力」と「他者性」という観点から検討してみたい。

本文のなかで具体的に紹介するが、ＦＤは「仮想将来世代」との対話を介して、将来世代に配慮した意思決定を促すワークショップの技法だ。そうきくと、次のような疑問が浮かんでくるのではないだろうか。

「仮想された将来世代は、未来の他者と同じものだろうか」

「もしじっさいの未来の他者とは異なっているとしたら、それでもＦＤに意義があるのだろうか」

この章では、こうした問題意識を背景としながら、「想像する営みを介した関心の向けかえ」のワークとしてFDを捉え直し、その意義を明らかにしたい。

そのために、まずFDの根幹をなす問題設定について、重視されているいくつかの論点を簡潔にまとめる（2節）。その上で、すでにFDセッションの手法を用いてなされた実践の報告や考察を元にFDセッションの要点をまとめたい（3節）。それを踏まえ、FDという試みが実際のところ何に根ざし、何を行っているのか、そしてFDが将来世代という未来の他者とどのようにかかわっているのか、考察を行いたい（4、5節）。最後に、世代を超えた他者との交流として読むことと書くことについて触れ、この考えがFDの試みと接合可能かどうかを読者に問いかけたい（6節）。

2　FDの問題設定

議論の前提を共有するためにFDが提示する問題設定を確認してゆこう。西條（2015）は、環境問題をはじめとする現代のさまざまな課題を、人間の四つの特性と、二つの社会制度に起因するものと捉えている。四つの特性とは、①変化に鋭い反応を示す「相対性」、②複数の個体間で協力して目的を達成する「社会性」、③「目の前においしそうなものがあれば我慢できずについ食べてしまう」というような「近視性」、④そして将来のリスクを小さく見積もる「楽観性」である。(1)

西條の仮説によれば、これらの特性を背景として、人間は市場と民主制という二つの制度を生み出し、社会を営んできた。市場においては需給の釣り合いがなされる一方で、地縁血縁をはじめとする共同体的な価値観と結びついた「社会性」は消去されるという。(2) さらに、「近視性」ゆえに人びとは市場を介して消費を加速させ、限りある資源を湯水の如く使う。その結果、人類は将来世代の資源を「惜しみなく奪」っている。(3) これに対して、(間接)民主制においては、社会における重要事項について、人びとが代議士を通じて利害を表明し、調整し、政策等に反映するが、そこでは利害関係者が現世代に限定されるため、将来世代への財の配分が行われない。こうした事態から、人類は進行中の環境問題や資源の枯渇、長期的かつ多額の投資や管理が必要なインフラの整備といった将来世代の利益とかかわる意思決定の方法をもつことができていない。

こうした人間本性についての認識と、社会制度への問題意識を背景に、近視性を排除し、将来世代の利益を考慮に入れた意思決定のあり方をデザインする仕組みづくりが行われている。これがFDである。

西條は「たとえ、現在の利得が減るとしても、これが将来世代を豊かにするのなら、この意思決定・行動、さらにはそのように考えることそのものがヒトをより幸福にするという性質」を「将来可能性」と呼ぶが、(4) 将来可能性を発揮してもらう仕組みを整えることによって、人びとの意思決定のあり方を変容させることがFDの目的である。

3　FDセッション

以上の問題意識を背景として、ある特殊な制度を設計することで意思決定のあり方を変容させる具体的な取り組みがFDセッションである。[5] このセッションはおおまかに二つのプロセスを持っている。①社会環境を含む将来像の設定と、②「仮想将来世代」と呼ばれる、将来世代の利害を主張し交渉する人びととの対話である。

将来像の設定は大きく四つの方法を組み合わせることで取り組まれているようだ。①現在および過去のデータから出発し、統計的な手法で将来の社会のあり方（人口動態やCO2排出量の推移等）を予想する「フォアキャスティング」、②将来の具体的な目標や望ましい（あるいは望ましくない）姿を設定し、それに至るシナリオを逆算的に作成する「バックキャスティング」（木下、2015）、③未来の社会のあり方をストーリー仕立てのイメージを通じて共有する「紙芝居」（高知工科大学フューチャー・デザイン研究所、2020）、などのツールを組み合わせながら、④当該地域の特色や願い、将来において想定される問題等を反映しつつ、参加者は将来の社会環境を設定する。[6]

次いでこの将来像を元にして、そこからやって来た「仮想将来世代」を設定し、現世代と仮想将来世代とのあいだで対話を行う。このことによって、近視眼的ではなく「将来可能性」を織り込んだ意思決定を行うことができるという。

4　近視性は人間の特性なのだろうか

ＦＤが前提する人間の特性のなかで、将来世代の不利益ともっとも緊密に結びついているのが近視性であろう。「目の前にものがあれば食べてしまう」「資源があればあるだけ使う」といった後のことを考えない人間の特性から、将来世代から「惜しみなく奪う」という事態が起こる、という見立てだ。

しかし、「近視性」は人間にほんらい備わった特性なのだろうか。あるいはむしろ、一定の条件のなかで振る舞う人間の行動の特徴をグルーピングし、純化し、名前を与えたものがこの特質なのではないだろうか。このように考えるなら、「近視性」は人間本性というよりも、ある特定の状況に置かれた人間が取る行動の類型である、ということになるだろう。

人間の性質をあらかじめ定まった本性のようなものと捉えるのではなく、人びとが生まれ落ち、社会のなかで行動するなかで自身の性格や性質を徐々に形作ってゆく、と考える実存主義的な人間観に基づいて、どのようなときに人は近視的となるのか、考えてみたい。そのために、一度「近視性」という特性をカッコにいれ、ある人間がさまざまなモノに囲まれながら行為を組み立てる場面を記述し、この特性について検討し直してみたい。

たとえば、次のような場面を考えてみよう。

私はいま原稿を書いている。ここは自宅のリビングであり、持ち込んだノートパソコンで作業を進めている。妻は外出している。エアコンが効いているので不快な暑さはない。時刻は朝の一〇時頃。ノートパソコンのほか、テーブルには何冊かの本と筆記用具、小皿に盛られたナッツ、コーヒーの入ったマグカップ、スマートフォンが置かれている。締め切りが迫っているから、私は朝食を摂らずに作業を続けている。場合によっては昼食の時間をずらすかもしれない。何を食べようか、アイデアがないし、胃が重く食欲がない。眠気に襲われないよう、作業に入る前にコーヒーに口をつけたが、飲みすぎると集中に支障をきたすため、カップにはまだ半分ほど残っているはずだ。今日はナッツには手をつけていない――昨晩、作業をしながら口にしたせいか、あまり魅力的に感じない。カシューナッツばかり食べるから、アーモンドとクルミが残っている。A4の用紙に書きなぐったメモと、書籍に貼った付箋のあいだを行ったり来たりしつつ、私はキーボードを叩く。前傾姿勢を続けているせいか、背中と腰にだるさを感じる。ここで突然スマートフォンが振動し、勤務先からの連絡と、通販サイトからの商品紹介メールが届いたことを知らせる。私は通知画面に映った件名を確認し、通販サイトからのメールを削除する。メーラーを閉じると、待受画面に表示されたカレンダーが目に入る。行こうと決めていた展覧会は昨日で終わっていた。原稿を書き上げたら、図録だけでも手に入れられないか調べてみよう。そう考えてスマートフォンをテーブルに戻す。私はもう一度メモに目をやる。なんの気なしにマグカップに手をのばす。淹れたのは九時前だから、コーヒーはすでにぬるくなっていた。カップを置いて、私は執筆を再開する。

この一連の記述のなかで、私は「原稿を書き上げる」という目的を中心に、さまざまな物、道具といった環境（ノートパソコン、机、筆記用具）、他者（妻、メールの送り主、原稿の依頼者）、予定（締切、昼食）、過去（昨晩ナッツを食べたこと）、自分のもつ他の関心事（勤務先での業務、展覧会）、身体の状態（疲労感、空腹感）といった多様な要素を組織づけている。このように、ある主体が目下取り組んでいる行為を中心として組織された諸要素の全体性をここで「状況」と呼ぼう。状況には焦点と背景が存在する。自らが置かれた環境のなかで、われわれは自分の側で文脈づけられたニーズ（原稿を書き上げたい、空腹だ、疲れている）と、環境（ノートパソコン、ナッツ、寝室の布団）とを関連づけながら、目的を立て、行為を遂行する。目的の光によってあるものにスポットライトが当たっているときには（書くためのノートパソコンの画面とキーボード）、その要素が優先され、他の要素は背景に退く（コーヒー、書籍等々）。また、主目的を果たすための行為は、新たな要素が切迫してくることで（スマートフォンの振動）、あるいは「なんの気なし」の行為によって、中断されたり、迂回されたりする。それに相関する形で、状況内でスポットライトが当たる事物は移り変わってゆく。

主目的が優先されるとき、他のものは先延ばしにされたり、無視されたりする。出来事も事物と同様に、主体の関心にしたがってスポットライトを浴びたり、背景に退いたりする。

また、焦点化されづらいが行為を下支えしている無数の要素もある（床やエアコンを動かすための電力、その発電所等々）。このように、状況は、焦点化された部分とその背景という構造をもちつつ、全体として存在している。そのなかで、われわれは状況に内属しつつ、事物や記憶・出来事といった要素を活用しながら、行為を組み立てている。

ここで、私は目の前にナッツがあるからといって食べないし、ネット通販で物を買ったりしないし、コーヒーをあるだけ飲み干すわけではない。何を状況における焦点と見定め、何に向けて行為するのかは一律の基準（「食べ物があれば食べてしまう」等）によって定めることはできないし、「目先のもの」が未来における目的の実現であるならば、そのとき現在はむしろ背景化されており、「近視性」は解除されている。こうしてみれば、人間はミクロな場面においては近視的であったりそうでなかったりする、とみるほうがむしろ自然なのではないだろうか。

また、近視的なあり方そのものについても、状況の焦点化という考えは新たな視点を与える。焦点化が他の関心事の背景化とセットになっている以上、「近視性」とは、他の関心事を選択的に考慮の範囲外に追いやることでもある。このように、「状況の焦点化と向けかえ」という観点を通じて、資源を消費し、将来における枯渇にまで推し進めようとするわれわれの「近視的」と呼べる振る舞いを、より広い視野から再解釈できるだろう。将来が背景に退き、考慮の対象とならないほどに、現在におけるある種の必要性が際立っているのだ、と。目の前に食べ物があれば食べてしまう人は、空腹のなかにあり、明日その食べ物が手に入らないかもしれない、という不安のなかで食べ物を口にするのだろう。一方で、家に帰れば十分な食べ物があり、いつでも食べられるならば、目の前の食べ物を誰かに譲ったり、明日食べるために取っておいたりする余裕も生まれうる(7)。あるいは、自分が空腹であっても、目の前により空腹そうで今にも死にかかった人がいるならば、私は自分の腹を満たすのを諦めるかもしれない。こうしてみれば、「近視性」が人間の特性として際立ち、積極的に記述されるとき、そこではわれわれの関心を現在の利益のために集中させ、状況を組織化するように駆り立てる何らかの要因が、状況のなかに、そして主体にとっての脈絡として存在すると考えられる(8)。将来以上に現在に余裕がないからこそ、現在の利益にばかり目がゆき、巨視的にみたときに短絡的にも思えるような行為に身を投じざるをえなくなるのである。

このように、行為と状況という発想を出発点とするならば、人間本性とみなされた「近視性」は、現在における余裕のなさという観点から再解釈できる。現代とは、われわれの本性を「近視性」によって描かざるをえないほどにまで、われわれが現在へと拘束された時代なのだ。

こうした前提に立って、以下ではなぜFDセッションにおいて「「近視性」を解除し、「将来可能性」をアクティベイトする」というストーリーを描くことができるのかについて、私の見解を述べたい。いくつかの事例を参照するかぎり、たしかにFDセッションの参加者は意思決定のあり方を、仮想将来世代を尊重したものへと変化させているようである。

私の考えでは、意思決定のあり方が変容するとすれば、それはFD研究者が指摘するように将来世代をステークホルダーとして導入できるからだという理由からではなく、このセッションの仕組みが想像力と他者性を巧みに結びつけることによって、現在世代にとっての状況の焦点をずらすからだ。以下では、順にFDセッションにおける将来像の設定と、仮想将来世代の導入について検討してゆく。

5　仮想された将来は未来とかかわっているのだろうか

さきに確認したように、FDセッションは次のような目的をもっている。人間の「近視性」を解除し、「将来可能性」をアクティベイトすることによって、将来世代の利害を反映した意思決定を行うことだ（前節では状況における焦点と背景ということばで再整理した）。

その方法は、二つに分かれている。将来における社会環境の設定と、仮想将来世代との対話である。FDの理論においては、このセッションを通じて将来世代の利害を反映した意思決定へと思考と行動を変容させることができる、とされている。

これに対し、私は次のような観点から考察を試みたい。第一に、将来の環境設定を行う際の想像力の問題に注意を向けたい。その結果、将来のイメージとは現在ないし過去の知識の蓄積か、それが変容されたものである、という指摘がなされるだろう。つづいて、にもかかわらず、現在の状況のなかでの意思決定がなぜ「仮想将来世代」との対話を通じて変化するのか、ということについて、

「他者性の委託」という観点から仮説を述べてみたい。

将来の社会環境の設定が抱える限界――想像力

３節で確認したように、ＦＤセッションでは仮想将来世代の導入にあたり、将来像（社会環境等）の設定を行う。この将来像は、さきに取り上げた四つの方法の場合、フォアキャスティングにおいては現在の知識と過去のデータおよびそこから導き出される統計的数値を元にして、バックキャスティングにおいては現在の状況を踏まえて設定された目標（値）や社会像を元に構成される。イメージの力に訴える「紙芝居」を用いた手法や、住民の自由な発想を土台としたものは参加者の想像力の賜である。これらを総合的にまとめあげたものが将来像だとすれば、将来像を組み上げるために用いられるのは、過去と現在のデータをもとにした統計的なモデルと、われわれの想像力だということになる。

ここで一度、想像によって構成されたもののもつ性格について考察してみたい。われわれはしばしばイマジネーションの産物を、現実を乗り越え、未知の可能性へと開かれた創造的なものとして理解しがちである。しかし、こうした考えには再考の余地がある。

考察を進めるために、ここでフランスの哲学者ジャン＝ポール・サルトルによる想像する意識についての議論を参照しよう。この議論はＦＤが取り組む将来像の設定と関連すると思われるからだ。

サルトルは著書『イマジネール』のなかで、われわれの意識の特異な能力である「非現実化する」力、すなわち想像力に注目している。(9) 彼は同書のなかで、想像する意識のあり方や、イメージ形成のプロセス等について、心理学や美学、哲学を背景にさまざまな仕方で論じている。サルトルが分析したのは「想像する」という活動のただなかにある意識のあり方であったため、必ずしもFDのワークショップ内で起こるすべての事象を説明するものではないのだが、なかでも想像力およびイメージそのものの特徴として指摘した次の二点は、「将来像を構想する」というこのセッションの特徴を理解する上で重要なものであるように思われる。サルトルの考えを、ここで必要な文脈にそって私なりにまとめると次のようになる。

①非現実の対象を思い浮かべることは、現実の否定と表裏の関係にある。(10)
②私たちは想像力の構成物から新しい知識を得ることはできない。(11)

①から順に説明しよう。たとえば、私がうっかり職場に置いてきた傘のことを思い浮かべているとする。ここで私が行っているのは、私がその傘についてもっている知識（形状、色、材質など）を動員して、ある対象を構成することである。ここで、サルトルはこの対象の構成の際に、（知覚などの場合とは異なった）イメージ特有の判断が伴っているとする。それが、現実の否定である。

私は傘を思い浮かべると同時に、その傘が「ここにはない」＝不在である、という判断を下している。この判断は、想像上の傘という対象についてのものであると同時に、私がいま作業を進めているリビングを「傘がない＝傘不在の世界」として捉え直すこと、すなわち現実世界全体の否定的な把握と一体となっている(12)。

ユニコーンのような実在しない動物を思い浮かべるときも同様だ。われわれは絵画や物語を通じて得た知識や、かつて見た馬の毛並み、サイやイッカクなどの動物の尖った角などについての知識を動員し、それらを適宜変容しながら組み合わせ、ひとつのイメージを形成する。ここでも同様に、ユニコーンの想像には、この想像上の動物が存在しない生き物であるという判断が伴っている。それと同時に、この判断は、ユニコーンが実在し「ない」世界としてこの世界を捉え直すことと表裏一体の関係にある。

このような形で、われわれは特定の対象を想像するとき、その対象を非存在物ないし不在のものとして判断していると同時に、世界全体を「想像の対象を欠いたもの」として意識している。これがひとつめの特徴だ(13)。

第二の特徴は、イメージ構成のリソースとかかわっている。ペガサスであれ、七世代先の未来における移動手段であれ、職場に置いてきた傘であれ、それが想像する意識のはたらきによって構成されるとき、想像された対象は私の知識に由来する。過去の経験や本で得た情報、さまざまなデータなどを組み合わせ、変容させ、独特のものに加工していたとしても、素材そのものは私の知っていた、馴染みのものである。端的にいえば、想像されたものは自分にとって意外ではなく、奥行きがない。そのため、驚きをもって接するようなものではないのだ。だから、自分が構成したイメージを通じて新情報を獲得したり、学びを得たりすることはできない。この特徴をサルトルはイメージの「本質的なまずしさ」と呼んでいる(14)。

第一の特徴は、将来像を思い描くときにそれが「存在しないものだ」という判断を伴う、という点を指摘するものであり、この特徴は将来像のリアリティを損なう恐れがある。

第二の特徴は、将来像がひとつのイメージである以上、異他的なものではなくむしろ馴染みのものであり、意外性をもたず自分自身の常識の範囲内から飛び出すことがない奥行きを欠いた存在にとどまってしまう可能性を示唆している。さらに、知識の出どころが現在と過去であるならば、将来についてのイメージは、これらの素材を組み合わせ、変容することで形成されたものだということになるだろう。

将来像が現在における意思決定を左右するほどまでに力をもつためには、このリアリティ、奥行き、異他性という三つの要素にかかわる困難を乗り越える必要があるが、FDセッションではこれを、集団での将来像の設定と、仮想将来世代の設定によって巧みに乗り越えている。

他者性を委託する仕組み——FDセッション

上では想像力がもたらす三つの乗り越えるべき課題を取り上げた。現在および過去を素材にして構成された、奥行きを欠いた、非現実の対象を前にして、ひとびとは自身の意思決定のあり方を変えるだろうか——この問題を巧みに回避する仕組みがFDのセッションには備わっている。これを将来像の設定と、仮想将来世代の導入に分けて、それぞれ説明しよう。

上ではサルトルの議論を参照したが、想像する意識作用の解明を目的とした彼の議論では、基本的には、単一の主体による想像が想定されていた。そこでイメージとは、自分に由来する、馴染み深い対象にすぎなかった。

しかし、集団でひとつのイメージを構成するならばどうだろうか。誰かが五〇年後のある自治体における生活実態について想像し、それをグループ内で共有する。他の参加者にとっては、共有された将来像は未知のものである。提出されたイメージを元にして、さらに参加者が情報を付け加えていくならば、それは最初にイメージを提出した参加者にとっても、未知の情報が付け加わった新たな対象となるだろう。また、イメージの共有の際にはすべての必要な情報が共有されるわけではない。このような仕方で言い落されたものが、構成された将来像にいまだ知られざる部分としての奥行きをもたらす。ここで共有されたイメージは、一方で、自分自身がその構成にかかわっているという理由で馴染みのものだが、他方で、他の参加者が付け加えた新たな相貌がこの対象に異他性、あるいは隔たりの感覚を付与している。未規定性を織り込んだ将来像の構成は、個人による将来像の構成において排除されていた奥行きを取り戻させてくれる。

第一のワークを踏まえ、仮想された将来からやってきた仮想将来世代を設定し対話する第二のワークでは、構想された社会における利害を表現する役割を、参加者の一部が担う。この参加者の「一部が担う」という部分が重要なポイントだと私は捉えている。

「将来の他者」という役割を担った人物が目の前にあらわれ、交渉をもちかけてくるとき、現実では「ない」ものとして、存在しないものとして構成されていた将来像は、眼前の他者がそこからやってきたような場所として捉え直され、たんなる想像上の対象以上のリアリティを獲得するだろう。[15] われわれは、目の前にあらわれ、語りかけてくる他者を無視することはできない。私の利害と対立し、自身の利益を主張するような他者は、私にとって異質な、無視できない、ありありとした存在である。このように、第二のワークでは、ほんらい自分たちの想像力に由来する将来像を「特定の誰か」に担わせることによって、想像された将来に他者性を帯びさせ、考慮せざるをえない交渉相手として切迫させる、ということが行われているのではないだろうか。このとき、目の前にいて、われわれと交渉する仮想将来人こそが、前節の表現をもちいるならば「状況の焦点」となっている。そして、彼らの切迫が現在のわれわれにとっての利害を相対化し、背景に追いやるのだ。その結果、現在のわれわれにとっての目先の利害は優先度を下げ、「近視性」が解除される。こうして、意思決定のあり方は変化するだろう。仮想将来世代という想像力の産物を、現実に生きる生身の誰かに担わせること。これがFDセッションのもっとも巧みな部分であり、これによって、たんなる将来予測とは異なった水準で、想像上の「将来」がリアリティと切迫性を獲得することができ、ひいては意思決定のあり方の変化にまで至る、というわけである。[16]

ここで、これまでの議論を振り返った上で、将来像は「未来」という時間とかかわっているのかどうか、検討しよう。上で述べてきたように、将来像の設定のプロセスにおいて、参加者が参照軸としているのは現在および過去である。未来はいまだ存在せず、そのあり方を正確に捉えることはできない。仮想将来世代との対話のプロセスにおいても、将来人の役を担ったひとは現在のひとであり、将来人としてふるまうなかで想定された将来の社会のあり方に根ざして振る舞うかもしれないが、この振る舞いを下支えする将来「像」自体が現在と過去に由来するのだから、未来という時間からこの仮想将来世代を捉えることはできないだろう。にもかかわらず、参加者が現在の自分たちではなく、未来の他者のためを思って意思決定をしているように感じるとすれば、想像上の将来世代が切迫し、それに対応せざるをえない状況において、現在の自己利益の優先度を下げつつ他者に応じる、という体験をしているからではないか。ここでの意思決定がじっさいに将来世代の利益になるかどうかは明らかではない。

以上の記述から、将来像は現在ないし過去の変容体として描かれる以上、FDを未来の他者との交流という視点で捉えることは難しい。しかし、このことはけっしてネガティブな意味をもつのではない。というのも、FDが取り組む課題とは、現在に局限された意思決定のあり方の変容であり、資源の枯渇や環境問題への対応、持続可能な開発、インフラ等の長期的な整備など、長いスパンでの取り組みが必要な課題へとわれわれの状況の焦点を置きかえることだからである。

6　世代を超えた他者との交流——読む・書くことの時間性

ここで、冒頭で掲げた本章の問いに立ち戻ろう。私はFDが世代を超えた、未来の他者との対話であるか、検討してきた。その結果、仮想将来世代との対話を未来の他者との交流とみなすには問題があることがあきらかとなった。しかし、参加者たちがFDセッションを通じて意思決定のあり方を変えたとすれば、その結果は未来に波及し、（もし地上に生命が存続するならば）未来の他者たちに届く。時を隔てた他者とは、われわれの行為そのものによってではなく、行為の結果の伝達という仕方で交流するのである。

行為の結果を残すこと、そして、過去の他者たちによって残された行為の痕跡を解読すること——このような営みのなかであれば、世代を超えた他者とのコミュニケーションは可能だ。こうした交流がもっともわかりやすい形であらわれるのが、読む・書くという行為のなかではないだろうか。

過去に誰かが書いたものを読むとき、小説であれ、論文であれ、詩であれ、手紙であれ、メールであれ、インスタントメッセージであれ、それを書いた者の生きた持続を感じずにはいられない。書かれたものには、そのテクストが提示する内容や筋立てだけでなく、書き手の思考の展開、経験の流れ、感情の動きなどが織り込まれている。しかし、書き手という過去を生きた人間の持続は、現在の読者による読む行為のなかでしか再現されない。ここに、複数の時間性の交錯がある。読む現在、読むことによって展開されている作品の筋立てや内容がもつ（仮想的な）時間、書き手が生きた過去の時間、いま書かれたものを読むことで垣間見られる過去――これらの複数の時間性が、読むというただ一つの行為のなかで同時に展開されるのだ。こうして、読み手は、読むという行為のなかで過去の時間に触れる。書かれたものが前の世代に属するものであるならば、ここでの交流は世代を超えたものだ。この交流は双方向的なものではないが、想像上の他者との交流などではなく、実在した前世代の他者へのアプローチである。

書き手という観点からわれわれが未来の他者に対してできることは、書くことを通じて、未来の他者に向けて「読んでくれ」と呼びかけることである（澤田、2002）。もしも運よく読者が存在すれば、交流は果たされるだろう。しかし、それまで人類が存続するだろうか……こうしてみれば、将来世代との交流とは常に結果の分からない賭けという側面を持つことになる。しかし、書くという選択を行う以上、書き手は読み手が存在する未来の方に賭けている。未来の他者が受け取ることで初めて成立する方法で何かを表現する以上、書くことは常に将来世代の存続への願いなのだ。

将来世代の存続の方へ、書くことを通じて賭ける――こうした試みをユニークな仕方で実行しているのが、ノルウェーのオスロで進行中のアート・プロジェクト「フューチャー・ライブラリー」[17]だ。スコットランドの作家ケイティ・パターソンが開始したこのプロジェクトでは、毎年ひとりの作家がプロジェクトのための作品を書き下ろし、他の誰にも見せることなくオスロ市内の保管所に収める。収められた作品は二一一四年まで日の目をみることなく保管される。読むことができるのは、およそ一〇〇年後の人びとだけだ。プロジェクトではノルウェーのノルドマルカに植林を行っており、二一一四年にはこの植林によって生まれた森の木を材料として作品が出版される予定である。このプロジェクトでは、現在執筆した作品が将来世代にだけ直接届くような仕組みを、作品の保管と森林の保全という二つの仕方で構築した。じっさいにこのプロジェクトが成功するか否かは「フューチャー・ライブラリー」に携わる人びとと、彼ら彼女らが属する人間社会全体のあり方に依存している。このプロジェクトを継続し、注目を集め続けることは、将来世代とのコミュニケーションの実現を願うことであり、その実現の可能性の条件たる将来世代の存続を願うことにほかならない。

読む・書く行為は、他者と直接対面して双方向的なコミュニケーションをとる対話とは異なった仕方ではあるが、過去と未来の他者たちと交流する回路を開いてくれる。こうした取り組みが、今後、ＦＤのあり方をさらに効果的で充実したものへと改良するためのヒントになるのではないだろうか。

注

（1）　西條（2015）. 4-5, 15-18頁。前半三つの特性は神経科学者サポルスキーに由来する。

（2）前掲書 p. 6.
（3）「奪う」という表現について本章では詳しく立ち入らないが、この表現が稀少性の概念とかかわっている点に注意を促したい。「現在における消費は未来の資源を「奪う」ことと同義である」と言いうるのは、誰かが消費した資源を他の人が消費できないという事実、すなわち稀少性ゆえである。この事実に注目するならば、現在の私の消費は、未来における消費可能性を奪うのと同様、今を生きる他の人びとによる消費の可能性を奪うことでもある。ここでなぜ将来世代のみが優先されるかは問われてよいはずである。
（4）西條（2018）p. 31.
（5）このセッションはすでに岩手県矢巾町や京都府宇治市、大阪府吹田市等の自治体で導入されている。矢巾町にかんする報告は吉岡（2018）参照。
（6）これらの他に、過去のある時点での出来事を現在の視点から再評価することで、過去にとっての将来世代としての視点を培う「パスト・デザイン」を導入する場合もある。中川・西條（2020）参照。
（7）二〇一八年に発表された有名な「マシュマロ・テスト」の再試験によれば、子どもの近視性を抑制するのは社会経済的な安定である。Watts, Duncan, and Quan（2018）
（8）雇用の不安定化や低賃金だけでなく、たえず他者との差異化を求め続ける現代社会のあり方がわれわれを目先のものに釘づけにしていると捉えるなら、批判されるべきは人間本性ではなく、資本主義社会である。
（9）サルトル（2020）p. 33（Sartre, 2010, p. 13.［以下では「原書」と表記し、頁数をアラビア数字で示す。］）
（10）前掲書 p. 53（原書 p. 30）では「想像的意識は対象を一つの無として立てる」と表現されている。同書結論部第一節をも参照せよ。
（11）前掲書 p. 49（原書 p. 27）では次のように記述されている。「イメージに関しては、すでに知っている以外のものを学習することはできない」。
（12）想像された対象への意識が、対象の不在についての判断と一体となっている、という指摘は重要である。この判断は反省によるメタ認知ではない。そうではなく、想像するとは、想像されたものが存在しないと判断することとコインの表裏のような関係にあるのだ。

(13)　この特徴は、たとえばNakagawa（2020）が報告するような、FDセッションにおける「逆説的思考」の現象を解釈するための手助けとなりうるだろう。セッション参加者が将来のイメージを構成する際、現在のあり方を反転させたり、否定したりすることで、現在のしがらみから思考を解き放ち、自由に将来のあり方を構想する事例が報告されている。これは、われわれが想像上の対象を構成するときに行っている現実否定の判断と関連しているように思われる。
(14)　前掲書p. 48（原書p. 26）。
(15)　ここで仮想将来人の身体的現前が重要である一方で、仮想将来人「役」のひとの演技力はFDセッションの成否にさほど影響しないか、あるいは影響するようであれば逆に問題だと私は捉えている。目の前にいるひとをすぐれて「将来人らしい」と考えているとき、それを捉えているひとは、自分が考える「将来人らしさ」を想定したうえで、その基準に当てはまる身ぶりを他者に期待しているのではないか。現実に生きる人間が、特定の属性をもつひと「らしく」振る舞うとは限らないのと同様に、未来人が未来人「らしく」ないことはありうる。紋切り型に満ちたイメージに合致しなければリアリティを感じられないとすれば、そのリアリティこそが幻想である。
(16)　ここで私は仮想将来人の視点からではなく、仮想将来人と対面する参加者にもたらされうる効果という観点から記述を進めている。参加者が仮想将来人としてふるまう際に生じるメタ認知の機能についてはすでに研究が進められている。それによれば、仮想将来人役の参加者には「現在の自分」と「将来世代としての自分」の二つあり方について、両者をモニタリングしコントロールする傾向と、二つのアイデンティティを調和させる傾向がみられるという。その結果として、現在中心的な発想がゆるめられ、意思決定のあり方は変化を被る（Nakagawa and Saijo, 2020）。演技をするために「演じる役者」と「役柄」のあいだの主観的な葛藤が必要不可欠というわけではない、という事実を考慮する必要はあるが（近年のロボット演劇の成功などを想起されたい）、FDセッションの成立にとってこのメタ認知プロセスがもつとされる機能については今後も注視されるべきだろう。
(17)　https://www.futurelibrary.no/（二〇二〇年八月三一日閲覧）

第11章　人は本当に対話したいのか、どうすれば対話したいと思うのか

谷川嘉浩

「そんなもの、なんにも違わないのよ。なーんにも」

——九井諒子「現代神話」

1　対話のトラブルは避けるべきなのか

将来世代を考慮に入れ、よりよい合意を作ろうとするフューチャー・デザインという試みを聞いて、「なんていい考えなんだろう」と多くの人は思っただろう。実際、代弁的擁護者を立てることで将来世代の利害を考慮しようとするフューチャー・デザインは、熟議の先進的で興味深い事例として取り上げられてもいる(1)。けれども、自分の周囲に目を凝らせば、すぐそばにいる隣人とすらうまく話し合えていないどころか、自分たちが必ずしも熟議や対話を望んでいるわけではなさそうに思われることに気づくかもしれない。はたまた、それぞれのすれ違いや党派性を確認するだけで何か妥協や調整を行うつもりがないような、見かけだけの対話の事例を見つけるかもしれない。

この章では、フューチャー・デザインが暗に前提している「多様な人に配慮する」「相手と言葉を交わす」といった基本的な事柄が、それほど単純には成立しないという現実からスタートする。すなわち、潜在的な対話相手を実質的な対話相手とみなさずに排除してしまう心の習慣を直視することから始めたい。相手の声を聞きたがらない自分の心性と、どう向き合えばよいのだろうか。その問いに取り組むことが、本章の課題である。

そもそも、日常の私たちは言い争いや対立を避けたがる。しかし、まさに争いの回避そのものによって、誰かを対話から実質的に締め出している可能性がある。バールーフ・デ・スピノザという哲学者は、「主人と奴隷には、親子の間ほど目に見えて争いが生じないけれども、親が子どもを支配して黙らせ、奴隷並みに扱うことは平和ではないし、家庭生活のためにもならない」という趣旨のたとえ話をしている(2)。同意できない人物を黙らせ支配することは、隷従関係でしかなく、平和とも合意とも呼べない。争いがないことは必ずしも平和を意味しないのである。

まともに対話したいのなら、争いを避けてはならない。むしろ、ちゃんと言い争い続けられるような関係が必要だとすら言えるかもしれない。実際、哲学者のジュディス・バトラーは、社会秩序を攪乱するような「トラブル」の意義を論じている(3)。この種の視点からすれば、批評的な表現やプロテスト（抗議活動）は、「なかったこと」にされていた問題を社会に体感させ、秩序を動揺させる試みだと理解することができる。トラブルを起こさなければ、社会の大勢は、そこに問題があるとも気づかないか、気づいても素通りして実際に対応しようともしないものだ(4)。

対立について考えるために、川崎バス闘争（一九七六—七八）を例に挙げよう[5]。バス乗車の際に車椅子を使用できるようにすることなどを求めた障害者や介護人と、それを規制しようとするバス関係者・乗客の間で起きた一連の闘争である（障害者側に共感的な乗客もいた）。障害者団体「青い芝の会」が運輸省やバス会社と話し合いを度々持ったものの、（とりわけバス会社との）話し合いは平行線だった。障害当事者らの要望はたらい回しにされ、結局はバス車両の仕様などを理由に問題は温存された。話し合いでも現場レベルでも解決が難しい状況で、バス停やバスでの籠城を行う、拡声器で演説する、バスから排除された場合には地べたに這いつくばるといったプロテストが行われた。特に多数のプロテスターが集まった一九七七年四月一二日には、破壊行為（消火器をぶちまける、窓ガラスを壊すなど）に出る者もいた。

そもそも一九七〇年代には、障害者は施設・病院や自宅などにおいて隔離された形で世話されるものだとの認識が根強かった。それゆえ、一般店舗への入店拒否は珍しくなく、バスにおいても頻繁に乗車拒否に遭った上に、当時のバスは床の高いものばかりで、車椅子のためのリフトやスロープ板すらなかった。地域に障害者の姿がないことが当然視され、その認識に基づいて状況が形作られていたのである。公共交通機関は「公共」といっても、障害者を排除した公共性に過ぎず、マジョリティは障害者にただ我慢を強いていた。川崎バス闘争はマスメディアでも大きく報じられたので、抗議手法には批判が集まったものの社会的な注目が集まり、バリアフリー化への一石が投じられた。

川崎バス闘争について知ったとき、主張に共感しても「破壊行為はよくない」「もっとうまい言い方があったのではないか」と思うかもしれない。だが、「彼らが我慢し続けていれば、いつか気を利かせた国や企業が対応しただろうか」と想像してみることは役に立つ。何度も話し合いが行われたが実質的な対応はなされず、状況は変わらなかったし、問題なく公共交通機関を利用できる大抵の人間は、障害者の困りごとに気づきすらせず素通りしていたのである。そうした不作為と無関心が、現状を変えるための対話を止めているにもかかわらず、自分の不作為と無関心を棚に上げ、「その表現はよくない」と言い方を取り締まったり（トーンポリシング）、「制度や体制が変わるまで黙って我慢していろ」ということを実際には意味する事柄を誠実そうな顔で言ったりすることが、健常者のなすべきことなのだろうか。

もちろん、違法行為はそれとして取り締まらねばならない。けれども、障害者の望みの些細さや抱え続けている苦痛を考慮し、その苦痛がいかに素通りされてきたかを想像する必要がある。違法性を云々するより前に、トラブルの背景にある「マジョリティの不作為と無関心」こそが問題にされねばならない(6)。その意味で、彼らの起こした過激なトラブルは、マジョリティが社会を変える責任を果たさなかったために起こるべくして起こった。変えていく責任を果たさないばかりか、彼らを闘争にまで追い込み、それにもかかわらず彼らを責めたのである。障害学において「ディスアビリティ」と呼ばれるのは、こうして非対称に歪んだ公共性や対話のあり方にほかならない。不快感を伴うトラブルや対立を避け、「平和」な話し合いを求めることは、実質的にはマイノリティから言葉を奪う行為なのである。

2　ドナルド・トランプのツイート教育

しかし、対立を忌避しないだけでは問題は解決しない。たとえば、英国アカデミー賞の演説で、俳優のホアキン・フェニックスが、「抑圧システムを壊すことは、そのシステムを作り出し、存続させ、その恩恵を受けている人たちの義務だと思う」と述べ、自分たち白人のようなマジョリティが社会秩序を動揺させ、変えていく責任を持っていると訴えていたけれども、みなが彼のように考えるわけではない。

多元的社会では、競合する利害（interests）の間に対抗や敵対心が存在する。その闘争の主たる手段は、それぞれが個別の利益のために政治システムを活用することである。したがって、民主的過程には、止むことなく様々な緊張があり、主張と反論の応酬は容易くバベルのようになる。(7)

障害者も当たり前のように公共交通機関を利用できて然るべきだとか、黒人が警察から過剰な暴力を受けずに安心していられるべきだとかいった主題も、平行線のやりとり、緊張、闘争の渦中にある。(8)マイノリティへの配慮を訴えることに「関心（interests）」を抱く人の主張は、そうすべきでないと訴えることに「関心」を抱く人から敵意ある反論や嘲笑に遭い、言葉が重ねられる中で、互いの愚かさを批判する空中戦が始まる。ソーシャルメディアなどでよく見かけるが、どうしてそのような事態が生まれるのだろうか。

哲学者のジェイムズ・ガウアンロックによると、「私たちはお気に入りの考えを強化するようなものだけを読んだり、聞いたりする。私たちは、一つの見方にあまりに惹きつけられているので、証拠が自分の見解を間違いなく支持していると決めてかかる。自分たちとは違う見解を持つ集団は、確実に愚かだし、恐らくどうかしていて、たぶん邪悪でもあるのだと思って、自分を安心させている」(9)。大抵の場合、人は居心地のいい環境に留まるので周囲は似たような背景を持つ人たちが多くなり、次第に自分とは異なる社会・経済・文化的背景を持つ人たちへの想像力が鈍くなる。いやそれどころか、自分のことは棚に上げながら、他者の愚かさをあげつらうことに夢中になっているのである。

先鋭化した対立は、会話を成り立たせなくする。愚かなのだから知的な議論には参加できないと考えて、意見が異なる人を対話相手とすらみなさない。そうすると、互いの声を聞かずに習慣的に言葉を投げ合うだけの言論空間が生まれる。相手が無理解に思え、対立はますます先鋭化する。こうしたバベル的な事態を生み出すことに秀でた人物を私たちは知っている。第四五代アメリカ大統領ドナルド・トランプである。彼は、相手の愚かさを揶揄し、対話を嘲笑の応酬に変え、主題をうやむやにして相手を黙らせ、（対話や議論というより）論破した雰囲気をただよわせることに長けて

いる。この姿勢は、彼のTwitter（@realDonaldTrump）運用に色濃く表れている。(10)

二〇二〇年二月四日、トランプ大統領の一般教書演説の際に、民主党のナンシー・ペローシ下院議長は、拍手代わりに手元の演説書類を破り捨てた。演説当日、形式的な握手をトランプに求めた際に拒絶されたことが直接のきっかけである。しかし、両者は以前から対立を繰り返しており、二人の拒絶的な動作の背景にはこうした因縁があったと言える。トランプは、対立候補の妨害に他国勢力を用いたり、それに関わる証言を阻止したりといった越権行為の疑いなどがあり、弾劾裁判にかけられようとしていたのである。そうした時期にあって、原稿を破り捨てるペローシのパフォーマンスは、ソーシャルメディアでも話題を呼んだ。

トランプは、支持者らがソーシャルメディアに投げ込んだペローシを嘲笑・批判する言葉や画像を積極的にリツイート（拡散）した。そこでシェアされたのが、#PelosiTantrum（ペローシの癇癪）というハッシュタグつきの投稿ばかりだったことは注目に値する。ハッシュタグに出会ったフォロワーは、同様の嘲笑を数多く見ることができるので、自分でその話法を容易に真似てみることができる。かくして彼のタイムラインやハッシュタグには、ペローシの出来事をめぐる研ぎ澄まされた嫌悪や嘲笑があふれた。こうしたことが日常茶飯事である。二月一三日には、政治家のマイケル・ブルームバーグをこきおろすために、「ミニ・マイク・ブルームバーグは、金はあるけどディベートできないし、存在感ゼロ。彼が敗者だと、じきにわかる」などとコメントを加えて、彼をいわゆる小人症のように加工した画像（こうした類のものはクソコラ画像と通称される）をトランプはリツイートしている。もちろん、ここに軋轢はあっても対話はない。

彼のアカウントからは、「このテーマで団結して書き込め」「このハッシュタグを見ろ」「リベラルは愚かだ」「対立陣営をこう揶揄しろ」というメッセージを読み取ることができ、フォロワーは、他者の愚かさを批判する話法をトランプのタイムラインから学んでいく。それゆえ、上述の事例から読み取れるのは、彼のソーシャルメディアが、憎悪の言語やイメージを生み出す習慣をフォロワーに埋め込む教育装置と化していることである。トラブルを通じてマジョリティ向けに作られた社会秩序を動揺させて変化を起こそうとする戦略は、世界最大級の権力者によって、対話の場で相手側を揶揄で圧倒する技術として転用されたのである。

クソコラ、コメントスクラム（いわゆるクソリプ）、対抗陣営の嘲笑、差別的発言、自陣営の称揚と功績アピール、それらのリツイートを通じて、炎上をタイムラインに生み出すことは、トランプにとって一種の教育であり、宣伝であり、疑義や批判などからの目くらましでもある。[11] たとえそこに虚偽や差別意識が含まれていても問題ではない。それらの投稿が持つ効果は、支持者や潜在的な支持層に対して、自陣営の宣揚と他陣営の嘲笑をデモンストレーションすることだからだ。世界最大級のフォロワー数を誇る以上、トランプという「教育課程」を経る人は膨大にいる（二〇二〇年一二月時点で八千万以上のフォロワー）。そして、その母数を考えれば、トランプの言動をなぞる人がわずか数％でもいたとすれば、敵だと思った人とは決して議論も会話もしない人物が相当数生まれていることになる。

トランプは「建前」や「理想」を蹴って笑い飛ばし、差別と言われても意に介さない。慣習や常識でも、共和党の建前でも、歴史的事実や専門家の助言でも、気に入らなければ、それを批判し嘲笑う。「ディケンズを焼くまでもない。トランプは数々の暴言によって政治の世界における言論の地位を徹底的に失墜させた。（中略）トランプは、『ＩＳＩＳはオバマとヒラリーが作った』といった発言に代表されるように、相手を批判するためなら自分すら真実と信じていないような出まかせ」を次々口にしたのだ。(12)

3　スティーブン・キングと映画「アラジン」から考える疎外の感覚

こうした「教育」が実際に機能してしまう背景には、ある嫌悪が存在すると思われる。「マイノリティに配慮せよ」というリベラルな価値に対する、直情的な嫌悪である。というのも、この命法はマジョリティにその他の市民と対等であること、つまり「ワン・オブ・ゼム」であることを要求するからだ。たとえば、男性であるがゆえに優位を保てている中年男性や、そうした優位を暗に期待していた若い男性にとって、「女性に配慮せよ」という命法は、「お前は以前ほど社会的に目立てなくなることを受け入れろ」ということを実質的には意味している。他者と対等であるために、それ以前に持っていた特権を捨てることを求められているからだ。もちろん女性だけでなく、セクシャルマイノリティ、有色人種、障害者、難病当事者なども配慮の対象とされており、その範囲は拡大している。　対等であるために特権を捨てるというニュアンスを、現代の作品を通して示しておこう。

スティーブン・キングのミステリ小説『ミスター・メルセデス』（2014）は、定年退職した元警官の白人男性が、白人男性殺人鬼を追い詰めるものであり、ファム・ファタール（運命の女）としてユーモアのある魅力的な白人女性が登場するというように、古典的なハードボイルド小説の文法に則って中盤までの物語は進む。しかし、ファム・ファタールの唐突な退場と前後して、アフロアメリカンの早熟な男子高校生と過干渉の親の下で心を病んでひきこもっている中年の白人女性が活躍し、孤高の探偵だった白人男性は、彼らとともにチームで捜査を進めるようになる。荒事と地道な証拠集めを主人公が担う一方で、直観と知性に秀でた二人が推理役を担うことで、事件は解決へと向かっていく。孤高の白人男性を主役に、彼を導き励ます女性が配されるというハードボイルド小説の文法に、キングは、属性が混在した「多様かつ対等な捜査チーム」という現代的なひねりを加えたのだ(13)。

二〇一九年公開の実写映画「アラジン」（ガイ・リッチー監督）は、男性たるアラジンとほぼ同等の分量を割いて、女性という属性や政治指導者の子という重圧と対峙するジャスミンと、奴隷的役割に縛られているランプの精ジーニーのストーリーを描いている。原作のアニメ版と比べ、ジャスミンやジーニーの歌唱パートが飛躍的に増え、アラジンとほぼ同等になっている。彼らは、それぞれが対等に語られるべき物語を持っているのだ。要するに、ジャスミンたちは、アラジンを盛り立てる飾りや添え物ではなく、アラジンたちと一緒にストーリーを作っていく存在として登場している。もちろん、そのためにアラジンの登場する割合は相対的に減った。

これらの作品は、かつてなら、白人／男性などの属性のおかげで無条件に社会的優位（特権）を保つことのできた人物が、他の様々な他者と対等になった結果、ワンマンショーを演じられなくなったさまを寓意的に示している。(14) マジョリティは、この変化や喪失感を通じて、「社会から軽視されている」という感覚を抱く可能性がある。トランプ支持者の背景の一つにあるとされるのは、こうしたマジョリティの疎外感にほかならず、トランプは、ソーシャルメディアを通じてこの喪失感をうまく増幅しつつ、その情念を「他者の愚かさの批判」へと費やすよう導いている。

様々なマイノリティが被っている不公正を批判し、対等であろうとするリベラルな価値観に反発が生じ、女性・黒人・障害者への配慮を訴える声を意識的に軽視する人がいることを思えば、ただ単に「将来世代に配慮せよ」と述べることはあまりに素朴である。いかなる配慮にも関心を持たない人、そうした提案や実践を嘲笑する人が相当数いる現実を無視して語られる「対話」に関する議論は、何であれ空々しいものになるのではないか。マイノリティ、つまり、構造的に差別を受けている人々への配慮を訴える試みの一切を愚かだと思う人々の感情と鏡合わせのように、マイノリティへの配慮を訴える側も、そうした人の無理解を愚かだと思っているところがあるのではないか。私たちは、もはや互いを対話しうる相手として扱っていないのではないか。自分たちとは違う意見を持つ人々は、「確実に愚かだし、恐らくどうかしていて、たぶん邪悪でもあるのだと思って、自

分を安心させている」――将来世代への配慮を訴えるとき、自分がそうした思考に陥っていると考えるべきではないのか。(15)

フューチャー・デザインは、こうした危うさや空々しさの穴にいつでも落ちる可能性がある。「配慮すべきなのだから、対話に参加してほしい」という直接的なメッセージを発しても何とかなる関係性を私たちは持ち合わせていないのだ。(16)誰に対するものであれ、配慮などという事柄が煩わしいと思われている状態で、「将来世代にどんな配慮が必要か」といった具体的な対話を始めることはできない。それどころか、そもそも将来世代に関わる議論のテーブルについてもらうことも難しい。しかしまた、そうした人を「愚かだし、恐らくどうかしていて、たぶん邪悪でもあるのだと思って、自分を安心させる」ことは、避けねばならない。互いの愚かさを批判し合うことに慣れると、私たちは相手側に対話能力の欠如を見出すようになり、互いの声を聞かずに済ませるようになるだろう。それでもなお、何か話し合うべきことがあるのだとすれば、そもそも交わっていない二つの場所にどのように橋をかけられるだろうか。

4　安易な共感ではなく、「理解」すること

恐らく私たちは、「この人が対話相手たりうるか」をやりとりが始まる以前に判断している。相手は自分と同じ輪にいる、つまり、共同性があると信じられるときにはじめて、言葉のやりとりは

成立する。こうした「対話以前の共同性」を問題にするとき、共感は一つの鍵となるだろう。共感は多義的な言葉だが、ここでは情緒的な意味に言葉の範囲を絞りたい。いわばここでの共感は、「わかる」と直感的に思うかどうかの話である。一見、共感は他者とつながることを助けてくれそうだが、そこには厄介な問題もある。

若いギャングの社会復帰支援などに取り組む永井陽右は、「共感は人の心を揺さぶる」し、「人をつなぎ、団結させ、まだ見ぬ可能性を形にしていく」力があるとしながらも、同時にその危険性を重く受け止めている。

……国際協力や社会貢献の対象として、子ども、女性、難民は共感しやすく、それ故に支援者や援助資金が多く集まるという現実がある。が、これは決して良いことではない。

まず、共感されない人と共感を生めない人は取り残されることになってしまう。さらに、共感の奪い合いを生むことにもつながる。そうして支援を手に入れるために共感を生むことが目的化してくると、往々にして本来の目的からずれていくことになる。……まず、そもそもこの世界には個人として決して共感できない存在が潜在的に数えきれないほどいて、個々人の主義主張や信条、共感するポイントは異なる。そして人間一人が共感できる数にはおそらく限界があるため、共感はどうしてもスポットライト的性質を持つことになるのだ。[17]

だとすると、共感は対話の土台となる共同性を拡大する上での足かせになることがある。

こうした共感の特性を踏まえ、共感だけで勝負することを諦め、「頭で理解する」という戦略をとるべきではないかと永井は指摘する。永井の発想を受けて、文学研究者のロバート・キャンベルはこう議論を展開した。

私はLGBTの権利拡張のために頑張っている人たちとよく話しますし、彼ら彼女らが書くものもたくさん読みます。そして私自身もゲイです。ただ、レズビアンの友達に心から共感しているかと言われれば……おそらくできていません。でも、たとえばレズビアンの家庭で子育てしている人がどれぐらいの不条理に遭っているのか、差別に遭っているのか。その状況全体を「理解」することはできる。多様性を尊重するというのは、「共感はできなくても理解はする」ということに他なりません。(18)

こうした発想を語るのは、永井やキャンベルに限らない。小説家の小川哲は、様々な立場や境遇の人たちを描くという仕事上の経験から、似たことを述べている。小川は、多様性を尊重する社会に生きるための手がかりは、安易な想像ではなく、事実に基づく理解だと語った。(19)感覚的に思い描ける範囲で相手を想像することの危うさを批判する一方で、知識を得て事実を積み上げることで、実感できないことも含め、相手の生活や感覚を理解することの大切さを訴えている。

つまるところ、共感は偏る。[20] 私たちは身近な人や似ていると感じる人への共感を強く働かせるが、そうでない人に「不思議」「変わっている」「怖い」「異質」「愚か」「邪悪」などのラベルを貼りかねない。また、安易にわかろうとするあまり、目前の他者の多様性や個別性を無視しかねない。だからこそ、直感的に自分の延長にいると想像できない人に対しては、知識や事実を丁寧に積み上げて「理解」することが必要だ。心情や感情ではわかるとは言いづらい人たちに配慮の羽を伸ばすために、知や理を頼る。相手が十分に対話相手たりうるということを頭で理解し、その学びの中で想像力を拡げていく。情緒的な共感をうまく働かせるためにこそ、知的な理解が必要なのだ。

この提案は大きな魅力と実効性がある。政治学者のジェイムズ・フィシュキンは、知識が増えた人ほど意見に変化がみられ、根拠を提示する発言は根拠を示さない発言よりも人の考えを変える力が強いことを明らかにしている。[21] これは、知識や事実に基づくアプローチの有効性を示すものだ。

しかし、理解によるアプローチに魅力があるとしても、それでもなお限界がある。対話に参加するのは、元々何らかの対話に参加したいと思っている人だからだ。つまり、直感的な共感が及ばない他者を尊重するために、事実や知識を学びたいと思えるのは、できうる限り共同性を拡げたいし、そうあるべきだと心のどこかですでに願っている人なのだ。だから、ここで問題となるのは、「どうすればそう願えるのか」である。

5　禁止でも命令でもなく、他者への配慮を欲望すること——感情教育

先に述べたのは、いわば理知的なアプローチだった。そもそも、より多くの人を対話相手とすべきだという発想を持っている人にだけそれは通用する。とすれば、対話のための共同性を拡大するには、たとえ利害や関心が自分と一致していなくても、潜在的な対話相手として尊重を示したいし、寛大でありたいという衝動がなければならない。

哲学者のリチャード・ローティによると、「他者と進んで語り合い、彼らに耳を傾け、自分の行為が他者に与える結果を考量する徳」は、理論化や論証によって効果的に伝えられるものではない[22]。普遍的な価値を論証したり、その絶対的な根拠を提示したりするような実効性に乏しいやり方ではなく、想像や情感に訴える物語・報道・会話などに彼は期待をかけた。奴隷廃止への世論を喚起し、大統領となるエイブラハム・リンカンに影響を与えた『アンクル・トムの小屋』、労働条件や社会環境の改善に取り組んだ資本家のロバート・オウエンの姿勢、紛争下にある人たちへの親近感を抱かせる報道などが、具体例として挙げられている[23]。こうした表現を通じて他者との感情的紐帯への欲望を育むアプローチは、「感情教育（sentiment education）」と呼ばれる。

朱喜哲によると、感情教育は互いに感情的紐帯を作りうると「論じる」ことによってではなく、ただ単に情緒に訴える物語や会話を通じて他者への想像の習慣を「育む」ことによって達成される[24]。

感情教育が目指すのは、理や論よりも情や意のような、情緒的なアプローチによって他者尊重への欲望、共感への欲望を涵養することだ。感情教育とは、「差別するな」「配慮せよ」という禁止や命令の語法ではなく、「ただ単にそうしたいからそうする」という仕方で、他者への配慮を一種の欲望として自己の内に育てることにほかならない。こうした触発的なアプローチは、確かに対話の共同性を拡大するだろう。

ローティは、人物・物語・報道などを例に挙げているが、消費や生産の中で日常的に接する広告やデザインにも、無視できない感情教育的効果があるだろう。国際的なファッションブランドのUNITED COLORS OF BENETTON.は、世界の首脳同士がキスをしている合成写真を用いる「UNHATE」キャンペーン、ＨＩＶ・差別・紛争などへの問題提起を行う写真家のオリビエーロ・トスカーニとのコラボレーションなどの広告で知られる。ベネトンは、企業の姿勢や社会を変える責任を果たすためのツールとして広告を捉え、それに触れる者の他者配慮への欲望を耕そうとしている。こうした流れに呼応するように、近年のデザイン理論では、問題提起や問題発見、ユーモアなどをベースにした「スペキュラティヴ・デザイン」、マジョリティに都合よく作られがちな現在の社会秩序を相対化するような批評性を持つ「クリティカル・デザイン」と呼ばれる立場が構想されている。[25] いずれも、単に理知的というよりも感情に具体的な変化を起こそうとするアプローチだという点で共通している。

潜在的な対話相手を排除しないような共同性を持つために必要なのは、共同性を拡げたいという衝動にほかならず、そうした欲望を育むという視点から組み立てられたのが、ローティの感情教育論だった。感情教育のための素材が、こうして日常に多数埋め込まれているとしても、やはりこのアプローチにも限界はある。感情教育は重要である。もちろん、北米で行われている刑務所読書会の実践などからもわかるように、感情教育は重要である。いくつかの事例報告では、受刑者と本について語り合うことが、読書会のオーガナイザーを含む多くの参加者にゆっくりと影響を及ぼすさまを感じ取ることもできる。[26]しかし、感情教育は「気づき」が起こるようにとの期待に基づいているので、共同性への衝動が実際に育まれるかはわからないし、いつ実を結ぶかもわからない。感情教育は、必ずしも手品のように人を変えるわけではない。「感情の力というものは弱すぎて、何かもっと強いものが必要だという意識」に――それを問題視する形で――言及しているように、ローティも感情教育の避けられない弱点を認識していた。[27]

6　対話のデザインとインフォーマルな会話

とはいえ、ほかならぬ対話の只中において、互いをまともな対話相手とみなさず、嘲笑のやりとりや言葉の空中戦に終始するようなコミュニケーションを越えていこうとする試みもある。ここで瞥見するのは、パブリック・カンバセーション・プロジェクト（ＰＣＰ）と呼ばれる実践である。ＰＣＰはボストンの家族セラピーに関わった集団が考案した対話手法だが、今や世界各地で実践されている。同グループは、中絶の問題をめぐって対立陣営への敵意と暴力が蔓延している現状を痛ましく思っていた。相手陣営の人間を非道徳的であり、邪悪だと非難し合うだけでなく、この憎悪が現実の暴力につながっている。彼らはこの状況を変える責任を果たしたいと考えた。社会心理学者のガーゲンらは、ＰＣＰを「攻撃、誹謗中傷、報復につながらない会話形式」と呼び、そのデザインされた対話をこう解説する。

通常、敵対関係にあるグループの代表者が招待を受け、夕方に顔を合わせます。すぐに議論には入らず、まずは食事を共にします。このとき、自分たちを分断する問題について話すことは許されません。それどころか、この段階では参加者が問題についての互いの立場を特定することができないようになっています。このため、食事の間中話題に上るのは、仕事、子ども、天気のことなど、互いに関心のあることになります。

参加者はたいてい、同じような人間性を持ち合わせているという感覚に陥ります。ディスカッションのプログラムが開始されると、それぞれの立場でおなじみの主義主張を戦わせるのではなく、経験に基づいた個人的な話をするよう進行役が念を押します。[28]

ボストンのＰＣＰは一定の成果を生んだようだが、本論にとって重要なのは、そうした成果をもたらすような「対話」が、日常的な「会話」の後で生じているということである。インフォーマルな「会話」を経由することで、互いを隣人と感じるだけの共同性を確保できるのだ。ここから逆照射されるのは、そうした工夫なしに、時に対立を伴う「対話」という特殊な言論空間に入ることは難しいこともあるという事実だ[29]。

ガーゲンらによると、何気ない日常会話や一緒にすごす時間の共有は、目の前の他者を、思想的に対立する誰かでなく、個性ある具体的な人物として捉えさせる。党派や属性ではなく、個人として見るようになるのだ。そうして目前の他者への理解を積み上げた上で、参加者に促されるのは、公式に掲げられた立場に反するような自分の「グレーゾーン」を開示することである。

> その後、参加者たちは自分の「グレーゾーン」、つまり、自分の立場に対して感じる疑念についても話すよう指示されます。ここまで来ると参加者は、反対の立場に近い「第二の声」で話し始めるようになります[30]。

このような対話設計は、ファシリテーターの誘導が過ぎるようにも思われるかもしれない。しかし少なくとも、当事者の自己認識を波立たせ、硬直的な対立図式とお決まりの主張合戦の構図を書き換えようという実践的な意図は、非常に重要である。というのも、対話において「意見を戦わせる」ことを前面に押し出すとき、対話相手がどんな人かという個別性に直面することも、自分自身の立場を問い直すことも、私たちは忘れがちだからだ。

ＰＣＰは、具体的な対話以前の共同性を作る工夫に満ちており、対話を適切にデザインすることで、利害対立を超えて冷静に議論する可能性を実地に示している。フィシュキンは、印象的なエピソードに言及することで、この論点を深めている。保守的な考えの人物が、ある参加者と知り合った直後、その人の生活保護受給や家族構成などを道徳的に非難したのだが、知り合ってからしばらくすると、彼はそのことを恥じ、最終的には謝罪したという挿話である。フィシュキンによると、「道徳的な議論の証は、影響を被る人々の立場から問題を見ることを学ぶことである。一種の理想的な役割取得だ。この場合は、……ずっと彼女と同じディスカッション・グループにいたことで、男性は自分の視点だけでなく、彼女の視点からも世界を見られるようになったのだ[31]」。

この事例から示唆されるのは、インフォーマルな会話が、「この立場の人だから」「こういう属性を持っているから」という党派的で自動的な言葉の応酬を避けるのを助けてくれるということだ。議論以前のインフォーマルな会話が、このときこの場所でほかでもない私とその人の間だから生じるやりとりだという一回性に目を向けさせているのだろう。インフォーマリティが、「個人と個人」として関係を築くよう促すのである。個別性の強いやりとりこそが、関心や意見が異なる人との党派的な言葉のループから私たちを連れ出し、「この人は世界をどんな風に見ているか」と想像させてくれる。相手を属性に還元してお決まりの主張や嘲笑を投げ合うのではなく、一人の人間同士として出会って言葉を交わすべく、罪のない日常的で個人的なやりとりから関係を始めることは、潜在的な対話相手を排除しないために有効なのである。現代のメディア環境において人々がいかにバラバラであるかを論じた後、ある社会学者はこう言っている。「しかし、意見を変える最も効果的で直接的な脈絡（context）は、インフォーマルに話し合う人々だというのは、今日でもなお正しい。『すべての会話は、誰かを惹きつける経験（a magnetic experience）なのだ』と、ラルフ・ウォルドー・エマーソンは書いたことがある(32)」。

小説の読者は、その作品が自分のために書かれていると感じることがあるだろう。思想家の吉本隆明は、ほかでもない自分に向けられていると感じさせる表現を文学的価値と結びつけている(33)。その発想に倣えば、対話には、文学作品を読むときのように相手を扱うことが伴っている。対話から誰かを締め出したくないなら、人は文学を読むときのように互いを読み解かねばならない。そしてそのような関係を結ぶには、議論以前の日常的で個人的な会話が効果的なのだ。

7　対話するために必要な遠回り

利害や関心を共有できず、共感が難しい場合、私たちは、潜在的な対話相手たる他者を、実質的には対話に値しない人物としてしばしば扱う。トランプ現象は、こうした対話の機能不全を極端な形で示している。それは極端であるがゆえに特別注目されるべき事例であるにせよ、私たちは、トランプを批判することで「自分は問題ない」と安心しない方がよい。ガウアンロックが言うように、私たちは、自分とは違う意見を持つ集団が「確実に愚かだし、恐らくどうかしていて、たぶん邪悪でもあるのだと思って、自分を安心させている」[34]。私たちは誰も、こうした心の傾向から完全に自由にはなれないのだろう。

そうすると、本章で紹介したアプローチはいずれも、対話の輪を拡げ、互いにちゃんと対立し合うための解決策として弱点を補い合うような関係にある。共感の及ばない他者への想像を働かせ続けるために、事実や知識を積み上げることが必要であると同時に、他者との結びつきを得たいという欲望を育てる試み（感情教育）が必要である。そして、議論以前のインフォーマルな会話を通じて、対立する思想同士の関係ではなく、個人と個人としての関係を築くことで、実質的な対話を行う足場が形作られる。逆に言えば、こうした基本的な足場がなければ、フューチャー・デザインのような「いい話」は絵に描いた餅であり、すでに関心を共有している人々と互いの関心を確認し合うような、自家中毒めいたコミュニケーションに堕しかねない。

将来世代に配慮した対話という「普通」の話をするのに、どうして対話の前提を掘り崩すような回り道を選んだのだろうか。本稿の迂遠さは、現代アメリカの作家が「いわゆる『普通』のアメリカ人を描くには、念入りに語られた複数の物語がぶつかりあう（あるいはすれ違う）」[35]という、ともすれば迂遠にも見えかねない道が必要とされる」のと似ている。どの社会にも、気づかずに素通りされる問題を抱えた隣人がいる。共感を向け損なったり、言葉を交わしても実質的にはまともに取り扱わなかったり、まともな対話相手とみなさなかったりしてしまう人が、私たちのすぐ隣にいる。

私たちが欲望すべき共同性には「将来」も含まれてしかるべきだという主張はもっともに聞こえるし、その対話を実際に体験できるフューチャー・デザインには意義があるのだろう。しかし、すでに隣にある多様性を指摘したり、私たちが他者の愚かさを批判し、対話を切り上げたがっていることを指摘したりするという遠回りなしに、将来世代との対話について語ることはできなかった。そして恐らくどんな道のりも、遠回りから始めねばならないのだ。

注

（1）たとえば、田村（2020）

（2）スピノザ（1940）. p. 65.

（3）バトラー（2018）. ここでは核心に触れない仕方でしかバトラー思想を扱っていない。藤高（2018）が最良の入口となるだろう。

（4）ケイン・上原（2019）15章を参照。なお、本章での「マイノリティ／マジョリティ」は、いわば専門的な意味で用いている。富裕層は数としては少数だがマジョリティであるというように、「数」ではなく非対称に固定された社会構造に焦点を当てた概念である。

（5）川崎バス闘争の記述については、廣野（2015）を参考にした。また、同運動に関連する「ケア（の社会化）」や「自立生活（運動）」などの論点については下記を参照のこと。市野川（2000）. 市野川ほか（2009）. 萱（2010）. また、本節の記述について、助言をくれたケイン樹里安氏に感謝したい。

（6）二〇一六年より施行された障害者差別解消法によって、健常者向けに作られた環境の中で、健常者が享受しているのと同等の権利を享受できるように個々人に応じて社会的困難を取り除く調整や配慮を行うこと、つまり「合理的配慮」を行うことが、事業者に対して義務化された。

（7） Gouinlock (1986). p. 3.「バベルのようになる」というのは、旧約聖書の創成記11章の、いわゆる「バベルの塔」をベースにした表現。元々世界中の人々は同じ言葉を使って同じように話していたが、石の代わりに煉瓦を、漆喰の代わりにアスファルトを使い、天まで届く建物を作ろうとしたところ、それを見咎めた神の判断によって言葉を混乱させられ、互いの言葉を聞き分けられなくなったというもの。ここでは、「互いに言葉が通じないかのような平行線のやりとり」くらいの意味になる。

（8） Black Lives Matter 運動を念頭に置いている。黒人差別が根強く残るアメリカのある州では、若年の黒人男性の死因の第六位が警察からの暴力であることからもわかる通り、差別意識は根深い。

（9） Gouinlock (1986). p. 4.

（10） 二〇二一年一月六日に、暴徒化したトランプ支持者の一部が連邦議会議事堂を占拠した影響もあり、八日に当該アカウントは永久停止された。加えて、ほぼ同時期に彼が移行すると宣言したメディアプラットフォームの Parler も、Apple や Google のアプリストアから削除されるなど、フェイクや扇動に対するテック企業のスタンスにも変化が見られる。

（11） 興味深いことに、哲学者のリー・マッキンタイアはトランプ現象を巡る著作で、トランピズム（トランプ現象）に象徴される政治的潮流の核心を、非事実や無根拠ではなく、事実であるか嘘であるかに頓着せず、それらの区別自体を軽視する姿勢に見ている。プロパガンダに関する専門家であるジェイソン・スタンリーを引きながら、「……スタンリーが主張することだが、現実を軽視するこの手の権威主義は、実際きわめて広く耳目を集めることができる。嘘をつき咎められずに済むことは、政治的なコントロールの第一歩だ。スタンリーはハンナ・アーレントの言葉をこう言い換えている。『大衆を納得させるのは事実でもなければ、でっちあげられた事実でさえない。むしろ、大衆は公然たる軽視を信じるのだ』」(McIntyre, 2020, 148)。また、プロパガンダの目的は、何らかの情報提供や伝達ではなく、自陣営の権威に対する「忠誠心を築くこと」、つまり人々に「徒党を組ませること」にあると指摘している (Ibid., 147)。これらの議論は、本論とも整合的であると言える。

(12) 高村 (2017). p. 170.
(13) 『ミスター・メルセデス』は、『ファインダーズ・キーパーズ』『任務の終わり』と続く三部作でいずれも日本語訳があり、海外でドラマ化もなされている。池田 (2017) は、同作を論じている。なお、定年退職した警官という設定に加えて、一作目の序盤に様々な刑事ドラマへの言及があることを考慮すれば、キングが探偵小説や刑事物語の形を自覚的に借りながら、それを変質させていることがわかる。
(14) 実際のところ、これらの作品は単に「リベラルな価値」を体現したにすぎないものではない。むしろ、周到な戦略によって「感情教育」の機能を果たすものだ。しかしここではわかりやすさのために、「マジョリティにかつてのようには目立てないことを要求するもの」として単純化した。
(15) Gouinlock (1986). p. 4.
(16) 渡辺 (2017). p. 89.
(17) 永井 (2018). 永井の活動については、永井 (2016) を参照。
(18) 永井・キャンベル (2019).
(19) 小川 (2018).
(20) 哲学者のヒュームは共感が元々偏る性質を持つと考えていた節がある。Hume (1978). 他方で、ローティに影響を与えたジョン・デューイは、人の共感が当初は家族や隣人や同じ階級の人たちに偏っているのはそう学習したからだと指摘する。Boydston (1967). pp. 285-286.
(21) Fishkin (2009). p. 108, p. 127. 曽根 (2011). p. 169, p. 198.
(22) ローティ (2014). pp. 467-468.
(23) ローティ (1998). p. 159.
(24) 朱 (2017). pp. 58-59.
(25) ダン・レイビー (2015) ならびにマルパス (2019) を参照。
(26) ウォームズリー (2016), ブロットマン (2017).
(27) ローティ (1998). pp. 158-159.

(28) ガーゲン・ガーゲン (2018). pp. 124-125.
(29) 多くの論者が指摘するような「セイフティ(心理的安全)」のことを念頭に置いている。たとえば、河野(2018).
(30) ガーゲン・ガーゲン (2018). p. 125.
(31) Fishkin (2009). p. 125, pp. 194-195.
(32) Mills (1984). p. 451.
(33) 吉本 (2011). pp. 70-73.
(34) Gouinlock (1986). p. 4.
(35) 諏訪部 (2017). p. 162.

おわりに

西條辰義・宮田晃碩・松葉　類

1　フューチャー・デザインという発想

現在、われわれが生を営む世界において、環境問題は深刻化し、自然資源は底をつき、生物多様性は危機に瀕している。それだけでなく、政治、経済、宗教、文化の各分野において短期的にはとうてい解決しがたい課題に直面している。前世代から受け継ぎ、そして一世代で達成しえないそうした課題を、いかにして自分のものと受け止め、そして次世代へと譲り渡していくのか。こうした問いに対し、フューチャー・デザインは「将来可能性」という概念を見出して応えようとする。

しかし、それはたんにアカデミックな関心からではない。言葉を換えれば、フューチャー・デザインは生態学や倫理学の研究成果に対して一定の距離を取りながら構想されている。この点で、両分野の既存研究に参与している者にとっては奇妙に映るかもしれない。その理由は、この新しい研究領域が何を問題としてきたかを見ることによって明らかとなるだろう。

フューチャー・デザインは次に掲げる二つの源泉を持っている。第一の源泉は、二〇世紀前半のミーゼス、ハイエク、ランゲ等による計画経済論争とその批判である。(1) この論争は生産手段の私的所有を廃絶し、計画経済を実行する社会主義の経済システムが有効に機能するのかを争点とする。ランゲは計画経済であっても合理的手法——現在ならスーパーコンピューターによる計算等——によって財・サービスの適正な価格を発見可能であり、それを用いて効率的な資源配分ができるとした。しかしこの主張に対し、現実にはシステム内の個人のインセンティブが均等でないがゆえに、計画されたようには経済活動を制御できず、脱税や闇取引などの逸脱行為を生むのではないかとの疑問が呈された。じじつこれがソ連の崩壊の一因となったことからも、この問題提起は正しかったと言えるだろう。他方、私的所有を基礎とする市場システムもまた、同様の問題を孕んでいることが歴史的に示された。つまり二〇世紀の半ば以降、理論的には資源配分を効率的に行うとされたはずの市場システムは、個人が自分の利益を最大化しようとするインセンティブを制御できず、内部の安定性を保証しえないことが明らかとなった。そこでこれら両システムの共有する問題を補うために、経済システムのデザインそのものを課題にしたのが、「メカニズム・デザイン」という分野であった。

ところがこのメカニズム・デザインでは、現在の個人のインセンティブを前提としている点で、長期的な課題を扱う場合に不都合を生じる。たとえば、炭素・窒素循環、気候変動、資源の枯渇、大気・海洋汚染、原子力問題といった、現在世代の行為が遠い将来世代に影響を与えるような課題である。つまりここで問題とすべきは、インセンティブそのものを不変とする思考枠組みの根本的な見直しであり、現在世代と将来世代とがウィン・ウィンになるような長期的なインセンティブの構築のための道筋や社会の仕組みのデザインである。

フューチャー・デザインの第二の源泉は、二〇世紀後半から始まった「社会科学実験」である。理論形成に重点を置いた計画経済論争以降の議論とは異なり、それは実際の社会で何事が起こるのかを示す理論である。そこで採用される方法とは主に――ある国そのものを実験対象とするわけにはいかないから――、ラボで再現された状況下での実験や、フィールドでの実験である。これらの実験が明らかにしたのは、理論上成立する社会システムが再現性をもたないことがあるという事実である。言い換えれば、社会科学が科学の要件としての再現性を具えるためには、この実験による検証を経なければならない。

したがってフューチャー・デザインは、この二つの源泉から出発し、「長期的なインセンティブの構築」のために「人々の考え方やあり方そのものを変える社会システムの設計」を課題として「実験による検証」を行うことを旨とする。こうしてこの新たな社会科学は、あるシステムをデザインし、それを実験によって検証し、特定の地域でその結果を確認するという理論・実験・実践というサイクルを開始したのである。

当然その際、何よりもまず考えられなければならないのは、このシステムが内包する倫理的・哲学的な問題であった。フューチャー・デザインが提唱された当初から扱われてきたそれらの問題を具体的に明示することこそが、本書の存在意義である。目の前の喫緊の課題と長期的な目標に向かって行われるべき実践は、まだ実現していない学問領域を必要としており、したがって倫理的・哲学的にも新たな領域によって検証がなされなければならないからだ。いわばフューチャー・デザインという仕組みはすでに動き出しつつあり、それ自体が実験の途上にあるのである。本書を通覧してみればわかる通り、それは「将来をどう予測するか」、「将来世代とインセンティブを共有するとはどういうことか」、「この新たな枠組みを共有するためにどうすればよいか」という問いである。各章における議論の方法は違えど、扱うべき問題はこのように共有されている。

2　本書はどのように成立したのか

最後に、本書が成立した経緯を簡単に示しておこう。二〇一二年、西條によってフューチャー・デザインが着想され、概念として形成されるに至るまでの経緯は、本書の前作にあたる『フューチャー・デザイン』（勁草書房、二〇一五年）に譲るが、当該著作ではさらにこの新しい学問領域において、取り組まれるべき課題とその方法論が様々な角度から提示された。ただ、当時それらはまだいわばパンフレットに掲げられた理想にとどまり、現在ほど十分に実践的内容を伴っていたとは言いがたい。その後、高知工科大学にフューチャー・デザイン研究所が設立され、多数の自治体において実際にワークショップが開催されるなど、当初の理想が一つずつ実現されてゆくにしたがって、改めてフューチャー・デザインの土台の再確認が必要となってきた。

そこで、二〇一九年二月四日に総合地球環境学研究所内で行われたのがワークショップ「Philosophy for Futurability――フューチャー・デザイン＋哲学」である。哲学を専門とする参加者を迎え、フューチャー・デザインがいかなる哲学的な問題を提供するかについて議論が行われることとなった。哲学は古来から様々な形で「未来」「将来」といった概念を用いてきたが、それが倫理的・政治的な課題として立ち現れたのはとりわけ二〇世紀半ばである。それは、観測技術の向上によって長期的なスパンでの未来予測が可能となり、また原子力や資源開発など、これまでの時間感覚を超越するような変化をもたらす科学技術が生み出された時期である。それに伴って様々な哲学的な概念が問い直されることとなり、よく知られるように「世代間倫理」なる学問領域が提示され、現代が将来世代に対していかに行為すべきかが主題化された。したがって、当ワークショップの目的は、こうした広い意味での世代間倫理を考えるために、参加者の間でフューチャー・デザインの問題意識とその現代的意義を共有することであった。

その後二〇二〇年九月一九日、前年のワークショップの延長上に、さらに数名の哲学者を加えたワークショップ「フューチャー・デザイン×哲学」が開催された。新型コロナウイルスの感染拡大を受けてオンライン開催されたこのワークショップでは、前回の内容を踏まえてさらに具体的な方法論や存在しない将来世代との「共感」の可能性についてとくに議論が活発に行われた。当日は総勢一二名の発表者を迎えたが、それぞれから本企画書籍化へ向けての具体的な提案がなされ、西條の取りまとめのもとで本書の成立へ至ることとなった。

結果として本書は一二名の著者による一一の論考の集成という形をとっており、それぞれが完結した内容を持っているが、すでに述べたように通底する問題関心は同一のものである。それらは、たんに自分の研究関心に引きつけて書かれたのではなく、今まさに現実に起きている問題に取り組むために自分たちがどうすればよいかについて、それぞれの著者が真剣に考察した思考の跡である。論考のうちのどれか一つでも、読者諸氏のさらなる思考に資することがあれば、書き手にとっては無上の喜びである。

最後になったが、総合地球環境学研究所ならびに高知工科大学フューチャー・デザイン研究所の諸氏、本企画の成立から出版までを支えてくださった勁草書房の永田悠一氏に、この場を借りて厚く御礼を申し上げたい。

注

（1）この点につき、くわしくは鈴村（1982）を参照のこと。

執筆者紹介

西條辰義（さいじょう たつよし）編者，第 1 章
ミネソタ大学大学院経済学研究科修了。Ph.D.（経済学）。現在，総合地球環境学研究所特任教授，高知工科大学フューチャー・デザイン研究所長，東京財団政策研究所主席研究員。専門は制度設計工学，公共経済学。著書に『フューチャー・デザイン』（編著，勁草書房，2015）。

宮田晃碩（みやた あきひろ）編者，第 2 章
東京大学大学院総合文化研究科博士後期課程在籍。専門は現象学。
論文に「住まうことと語ること」（*Heidegger-Forum* vol. 14, 2020, 1-18）。

松葉　類（まつば るい）編者，第 9 章
京都大学文学研究科後期博士課程修了。博士（文学）。現在，同志社大学グローバル・コミュニケーション学部非常勤講師。専門は現代フランス哲学，ユダヤ思想。訳書に『国家に抗するデモクラシー』（共訳，法政大学出版局，2019）ほか。

佐藤麻貴（さとう まき）第 3 章
東京大学大学院総合文化研究科修了。博士（グローバル研究）。現在，東京大学教養学部特任准教授（東アジア藝文書院兼務）。専門は環境哲学。著書に『社寺会堂から探る江戸東京の精神文化』（共編著，勁草書房，2020）。

太田和彦（おおた かずひこ）第 4 章
東京農工大学連合農学研究科博士課程修了。博士（農学）。現在，南山大学総合政策学部准教授。専門は環境倫理学，風土論。訳書に『食農倫理学の長い旅』（勁草書房，2021）。

百木　漠（ももき ばく）第 5 章
京都大学人間・環境学研究科博士後期課程修了。博士（人間・環境学）。現

在，関西大学法学部准教授。専門は政治思想史。著書に『アーレントのマルクス』（人文書院，2018）。

戸谷洋志（とや ひろし）第6章
大阪大学大学院文学研究科博士後期課程修了。博士（文学）。現在，関西外国語大学英語国際学部准教授。専門は哲学，倫理学。著書に『ハンス・ヨナス　未来への責任：やがて来たる子どもたちのための倫理学』（慶應義塾大学出版会，2021）。

廣光俊昭（ひろみつ としあき）第7章
一橋大学大学院経済学研究科修了。博士（経済学）。現在，財務総合政策研究所客員研究員（在アメリカ合衆国日本国大使館公使）。専門は財政学，規範経済学。著書に『図説 日本の財政（令和2（,3）年度版）』（編著，財経詳報社，2020, 2021）。

宇佐美 誠（うさみ まこと）第8章
名古屋大学大学院法学研究科博士課程（前期）修了。博士（法学）。現在，京都大学大学院地球環境学堂教授。高知工科大学客員教授を兼任。専門は法哲学。著書に『気候正義』（編著，勁草書房，2019）。

服部久美恵（はっとり くみえ）第8章
京都大学大学院地球環境学舎博士課程生。専門は法哲学。論文に「距離を置いた法的言明」（法哲学年報 2019，185-198）。

赤阪辰太郎（あかさか しんたろう）第10章
大阪大学大学院人間科学研究科博士後期課程修了。博士（人間科学）。現在，大阪大学大学院人間科学研究科助教。専門は現代フランス哲学。訳書に『マルク・リシール現象学入門』（ナカニシヤ出版，2020）。

谷川嘉浩（たにがわ よしひろ）第11章
京都大学人間・環境学研究科博士後期課程修了。博士（人間・環境学）。現在，京都市立芸術大学美術学部／大学院美術研究科デザイン科プロダクト・デザイン専攻特任講師。専門は哲学。著書に『信仰と想像力の哲学』（勁草書房，2021）。

索　引

あ　行

か　行

さ　行

た 行

な 行

は 行

参考文献

はじめに

ドレングソン，A.（編著）井上有一（訳）(2001)．ディープ・エコロジー　昭和堂

ヨナス，H. 加藤尚武（訳）(2000)．責任という原理　東信堂

西條辰義（編著）(2015)．フューチャー・デザイン：七世代先を見据えた社会　勁草書房

シュレーダー＝フレチェット，K.（編著）京都生命倫理研究会（訳）(1993)．環境の倫理〈上〉〈下〉　晃洋書房

第１章

Allen, R.C. (2009). *The British Industrial Revolution in Global Perspective*; Cambridge University Press.

Bogoch, I. I., Watts, A., Thomas-Bachli, A., Huber, C., Kraemer, M. U., & Khan, K. (2020). Pneumonia of unknown aetiology in Wuhan, China: potential for international spread via commercial air travel. *Journal of travel medicine, 27*(2), taaa008.

Calvo, G. (1978). Some notes on time inconsistency and Rawls' maximin criterion. *The Review of Economic Studies, 45*, 97–102.

Crutzen, P. J. (2002). Geology of mankind. *Nature, 415*, 23.

Crutzen, P. J. &. Stoermer, E. F. (2000). The "Anthropocene". *Global Change Newsletters, 41*, 17–18.

Demeny, P. (1986). Pronatalist polices in low-fertility countries: Patterns, performance, and prospects. *Population and Development Review, 12*, 335–358.

Deneen, P. J. (2018). *Why Liberalism Failed*. New Haven: Yale University Press.

Hansen, G. D. & İmrohoroğlu, S. (2016). Fiscal reform and government debt in Japan: A neoclassical perspective. *Review of Economic Dynamics, 21*, 201–224.

Hauser, O. P., Rand, D. G., Peysakhovich, A., & Nowak, M.A. (2014). Cooperating with the future. *Nature, 511*, 220–223.

Hobbes, T. (1651). *Leviathan*; Glasgow: Oxford University Pess.

Hume, D. (1992). *Treatise of Human Nature*. NY, Buffalo: Prometheus Books.

Iacus, S. M., Natale, F., Santamaria, C., Spyratos, S., & Vespe, M. (2020). Estimating and projecting air passenger traffic during the COVID-19 coronavirus outbreak

and its socio-economic impact. *Safety Science, 129*, 104791.
IMF (2021). Gross debt position. https://www.imf.org/external/datamapper/G_XWDG_G01_GDP_PT@FM/ADVEC/%20FM_EMG/FM_LIDC
伊藤邦武・山内志朗・中島隆博・納富信留（編）(2020). 世界哲学史6—近代Ⅰ 啓蒙と人間感情論 筑摩書房
Kamijo, Y., Hizen, Y., Saijo, T., & Tamura, T. (2019). Voting on behalf of a future generation: A laboratory experiment. *Sustainability, 11*, 4271.
Kamijo, Y., Komiya, A., Mifune, N., & Saijo, T. (2017). Negotiating with the future: incorporating imaginary future generations into negotiations. *Sustainability Science, 12*, 409–420.
Katsuki, S. & Hizen, Y. (2020). Does Voting Solve Intergenerational Sustainability Dilemma? *Sustainability, 12*, 6311.
Klaser, K., Sacconi, L., & Faillo, M. (2021). Climate Change and Intergenerational Social Contract: Insights from a Laboratory Experiment in Rawlsian Perspective. *International Environmental Agreements: Politics, Law and Economics.*
小林慶一郎 (2019). 時間の経済学：自由・正義・歴史の復讐 ミネルヴァ書房
國分功一郎 (2015). 近代政治哲学：自然・主権・行政 筑摩書房
Krznaric, R. (2020). *The Good Ancestor: How to Think Long Term in a Short-term World*. London: WH Allen.
Locke, J. (1690). *An Essay Concerning Human Understanding*. IA, Indianapolis: Hackett Publishing.
中村隆行 (2018). はじめての経済思想史：アダム・スミスから現在まで 講談社
重田園江 (2013). 社会契約論 筑摩書房
Rawls, J. (1971). *A Theory of Justice*. Cambridge: Harvard University Press.
Raworth, K. (2017). *Doughnut Economics: Seven Ways to Think Like a 21st-Century Economist*. VT, Chelsea: Chelsea Green Publishing.
Rockström, J., Steffen, W., Noone, K., Persson, Åsa, Chapin, F.S., Lambin, E.F., ...Foley, J. A. (2009). A safe operating space for humanity. *Nature, 461*, 472–475.
西條辰義 (2015). フューチャー・デザイン 西條辰義（編著）フューチャー・デザイン：七世代先を見据えた社会 (pp. 1–26) 勁草書房
Saijo, T. (2019). Future Design. In M. Laslier, & Z. Sanver (Eds.). *Future of Economic Design: The Continuing Development of a Field as Envisioned by Its Researchers*. Berlin, Heidelberg: Springer.
Saijo, T. (ed.) (2020). *Future Design: Incorporating Preferences of Future Generations for Sustainability*. Springer.
Saijo, T. (2020). Future Design: Bequeathing Sustainable Natural Environments and Sustainable Societies to Future Generations. *Sustainability, 12*(16), 64–67.
Sapolsky, R.M. (2012). Super humanity. *Scientific American, 307*, 40–43.

Schäfer, A. W., & Waitz, I. A. (2014). Air transportation and the environment. *Transport policy*, 34, 1-4.

Sharot, T. (2011). The optimism bias. *Current Biology, 21*, R941-R945.

Steffen, W., Broadgate, W., Deutsch, L., Gaffney, O., & Ludwig, C. (2015a). The trajectory of the Anthropocene: The great acceleration. *Annual Review of Anthropology, 2*, 81-98.

Steffen, W., Richardson, K., Rockström, J., Cornell, S. E., Fetzer, I., Bennett, E.M., ...Sörlin, S. (2015b). Planetary boundaries: Guiding human development on a changing planet. *Science, 347*, 1259855.

Steffen, W., Rockström, J., Richardson, K., Lenton, T. M., Folke, C., Liverman, D., ... Schellnhuber, H. J. (2018). Trajectories of the Earth System in the Anthropocene. *Proceedings of the National Academy of Sciences of the United States of America, 115*, 8252-8259.

Timilsina, R., Kotani, K., Nakagawa, Y., & Saijo, T. (2018). Concerns for Future Generations in Societies: A Deliberative Analysis on Intergenerational Sustainability Dilemma. SDES-2018-16, Kochi University of Technology.

Timilsina, R., Kotani, K., Nakagawa, Y., & Saijo, T. (2019). Accountability as a resolution for intergenerational sustainability dilemma, SDES-2019-2, Kochi University of Technology.

アンダーウッド, P.星川淳（訳）(1998). 一万年の旅路：ネイティヴ・アメリカンの口承史　翔泳社

宇野重規 (2013). 民主主義のつくり方　筑摩書房

Wikipedia (2021). COVID-19 pandemic by country and territory https://en.wikipedia.org/wiki/COVID-19_pandemic_by_country_and_territory

Wolf, S. & Dron, C. (2020). The effect of an experimental veil of ignorance on intergenerational resource sharing: Empirical evidence from a sequential multi-person dictator game. *Ecological Economics, 175*, 106662.

Worldometer (2021). Reported Cases and Deaths by Country or Territory https://www.worldometers.info/coronavirus/#countries

https://www.mdpi.com/journal/sustainability/special_issues/Sustainable_Future_Societies

第２章

アドルノ, T. W. 笠原賢介（訳）(1992). 本来性という隠語：ドイツ的なイデオロギーについて　未來社

De-Shalit, A. (2005). *Why Posterity Matters*. Taylor and Francis (Kindle 版).

Heidegger, M. (2006). *Sein und Zeit*, 19. Aufl., Tübingen: Max Niemeyer Verlag. (ハイデガー, M. 高田珠樹（訳）(2013). 存在と時間　作品社 など)

参考文献

森一郎（2018）．ハイデガーと哲学の可能性：世界・時間・政治　法政大学出版局
Nakagawa, Y., Hara, K., & Saijo, T. (2017). Becoming sympathetic to the needs of future generations: A phenomenological study of participation in future design workshops. SDES-2017-4, Kochi University of Technology.
サルトル，J.-P. 伊吹武彦（訳）（1996）．実存主義とは何か　人文書院

第3章

ベルクソン，H.（2001）．時間と自由　岩波書店
伊藤計劃（2010）．〈harmony/〉　早川書房
Kant, I. (1795). *Zum Ewigen Frieden*. Königsberg : bey Friedrich Nicolovius.
Kaya, Y., Yamaji, K., & Akimoto, K. (2015). *Climate Change and Energy: Japanese Perspectives on Climate Change Mitigation Strategy*. London, Covent Garden: Imperial College Press.
国土交通省（2013）．（1）人口構造の変化　平成24年度国土交通白書　https://www.mlit.go.jp/hakusyo/mlit/h24/hakusho/h25/html/n1111000.html
国土交通省（2016）．社会資本の老朽化対策情報ポータルサイト https://www.mlit.go.jp/sogoseisaku/maintenance/
九鬼周造（2016）．時間論　岩波書店
真木悠介（1981）．時間の比較社会学　岩波書店
森田恒之（2001）．IPCC排出シナリオ（SRES）に関するサーベイ　環境省地球環境局　4つの社会・経済シナリオについて：「温室効果ガス排出量削減シナリオ策定調査報告書」https://www.env.go.jp/earth/report/h13-01/h13-01-5.pdf
森田恒之・増井利彦（2000）．気候変化予測のための排出シナリオ　天気，47, 696-701. https://www.metsoc.jp/tenki/pdf/2000/2000_10_0696.pdf
大森正蔵（2011）．時は流れず――時間と運動の無縁　飯田隆・丹治信春・野家啓一・野矢茂樹（編）大森正蔵セレクション　平凡社
ロヴェッリ，C.（2019）．時間は存在しない　NHK出版
資源エネルギー庁（2017）．原発のコストを考える　https://www.enecho.meti.go.jp/about/special/tokushu/nuclear/nuclearcost.html
総務省（2017）．（3）期待される労働市場の底上げ　情報通信白書平成29年版 https://www.soumu.go.jp/johotsusintokei/whitepaper/ja/h29/html/nc135230.html
杉山大志（2020a）．シミュレーションは温暖化を過大評価している　http://ieei.or.jp/2020/11/sugiyama201109/
杉山大志（2020b）．地球温暖化ファクトシート　キヤノングローバル戦略研究所 https://cigs.canon/uploads/2020/10/working%20paper%20sugiyama1.pdf
高津春繁（1960）．ギリシア・ローマ神話辞典　岩波書店

第４章

デ・ボーノ，E. 川本英明（訳）(2015)．６つの帽子思考法　パンローリング

Connerton, P. (2008). Seven types of forgetting. *Memory Studies, 1*(1), 59-71.

Day, G. S., & Shoemaker, P. J. (2004). Peripheral vision: Sensing and acting on weak signals. *Long Range Planning, Special Issue, 37*(2), 117-196.

Gross, M., & McGoey, L. (2015). Introduction. In M. Gross & L. McGoey (Eds.), *Routledge international handbook of ignorance studies* (pp. 1-24). London: Routledge.

Gross, M., & McGoey, L. (Eds.). (2015). *Routledge international handbook of ignorance studies.* Routledge.

原圭史郎（2016)．フューチャーデザイン：仮想将来世代との共創による未来ビジョン形成と地域実践　公共研究，*12*(1), 64-71.

畑村洋太郎（2002)．決定版 失敗学の法則　文藝春秋

Head, B. W., & Alford, J. (2015). Wicked problems: Implications for public policy and management. *Administration and Society, 47*, 711-739.

Heazle, M. (2010). *Uncertainty in policy making. Values and evidence in complex decisions.* London/Washington, DC: Earthscan.

Heffernan, M. (2011). *Willful blindness. Why we ignore the obvious at our peril.* New York: Simon & Schuster.

Ho, P. (2018). *The challenges of governance in a complex world.* Singapore: World Scientific Publishers.

Kolliarakis, G. (2017). Quest of reflexivity: Towards an anticipatory governance regime for security. In M. Friedewald et al. (Eds.), *Surveillance, privacy and security: Citizens' perspectives.* New York: Routledge.

Kolliarakis G. (2019) Anticipation and Wicked Problems in Public Policy. In: Poli R. (eds) *Handbook of Anticipation.* Springer, Cham.

Lindblom, C. E. (1979). Still muddling, not yet through. *Public Administration Review, 39*, 517-526.

Neugarten, M. (2006). Foresight - Are we looking in the right direction? *Futures, 38*, 894-907.

太田和彦（2017)．持続可能性概念に付随する時間認識の形式の再検討：未来可能性概念の導入の提起　環境思想・教育研究，*10*, 144-152.

太田和彦（2018)．社会教育プログラムおよび意思決定プログラムとしてのフューチャー・デザイン　学術の動向，*23*(6), 6_34-6_35.

Pelkmans, M., & Bovensiepen, J. (2019). Dynamics of willful blindness: an introduction. *Critique of Anthropology.*

Poli, R. (Ed.). (2019). *Handbook of anticipation: Theoretical and applied aspects of the use of future in decision making.* New York: Springer.

Rayner, S. (2012). Uncomfortable knowledge: The social construction of ignorance in science and environmental policy discourses. *Economy and Society, 41*(1), 107–125.

Rittel, H. W. J., & Webber, M. M. (1973). Dilemmas in a general theory of planning. *Policy Sciences, 4*, 155–169.

Roberts, J. (2013). Organisational ignorance: Towards a managerial perspective on the unknown. *Management Learning, 44*(3), 215–236.

Sotolongo, P. L. (2004). Complexity and TINA. *Emergence: Complexity & Organization*, 6(4).

Verweij, M., & Thompson, M. (2006). *Clumsy solutions for a complex world: Governance, politics and plural perceptions.* Basingstoke: Palgrave Macmillan.

若林幹夫（2014）．未来の社会学　河出書房新社

Zerubavel, E. (2006). *The elephant in the room: Silence and denial in everyday life.* Oxford University Press.

第5章

ブレグマン，R. 野中香方子（訳）（2017）．隷属なき道：AI との競争に勝つベーシックインカムと一日三時間労働　文藝春秋社

ブリニョルフソン，E.・マカフィー，A. 村井章子（訳）（2013）．機械との競争　日経 BP

コーエン，T. 池村千秋（訳）（2014）．大格差：機械の知能は仕事と所得をどう変えるか　NTT 出版

Frey, C. B. & Osborne, M. A. (2013). The future of employment: how susceptible are jobs to computerisation? https://www.oxfordmartin.ox.ac.uk/downloads/academic/The_Future_of_Employment.pdf

井上智洋（2016）．人工知能と経済の未来：2030 年雇用大崩壊　文藝春秋社

井上智洋（2017）．人工知能とベーシックインカムによる革命：ハンナ・アーレントの望む世界へ　at プラス，*32*, 112–125.

萱野稔人（編）（2012）．ベーシックインカムは究極の社会保障か：「競争」と「平等」のセーフティネット　堀之内出版

ケインズ，J. M. 山岡洋一（訳）（2010）．孫の世代の経済的可能性（一九三〇年）ケインズ説得論集（pp. 205–220）日本経済新聞出版社

國分功一郎（2011）．暇と退屈の倫理学　朝日出版社

リフキン，J. 松浦雅之（訳）（1996）．大失業時代　阪急コミュニケーションズ

柴山桂太（2014）．ハイエク、ケインズ、マルクス　桂木隆夫（編）ハイエクを読む　ナカニシヤ出版

スキデルスキー，R.・スキデルスキー，E. 村井章子（訳）（2014）．じゅうぶん豊かで、貧しい社会：理念なき資本主義の末路　筑摩書房

野村総合研究所（2015）

第6章

Jonas, H.（1979）. *Das Prinzip Verantwortung: Versuch einer Ethik für die technologische Zivilisation.* Insel.（ヨナス，H. 加藤尚武（監訳）（2000）. 責任という原理：科学技術文明のための倫理学の試み　東信堂）

Jonas, H.（1985）. *Technik, Medizin und Ethik: Zur Praxis des Prinzips Verantwortung.* Suhrkamp.

Jonas, H.（1992）. *Philosophische Untersuchungen und metaphysische Vermutungen.* Insel.

戸谷洋志（2015）. ヨーナスにおける個別的命令と存在論的命令の区別について　メタフィシカ，*46*, 31-44.

第7章

ベンサム，J. 山下重一（訳）（1967）. 道徳および立法の諸原理序説　関嘉彦（編）世界の名著 第38　中央公論社

フォン・ゲーテ，J. W. 相良守峯（訳）（1958）. ファウスト（第1部、第2部）　岩波書店

ゴティエ，D. 小林公（訳）（1999）. 合意による道徳　木鐸社

Hiromitsu, T.（2019）. Consideration of keys to solving problems in long-term fiscal policy through laboratory research. *International Journal of Economic Policy Studies, 13*(1), pp. 147-172.

Hiromitsu, T., Kitakaji, Y., Hara, K., & Saijo, T.（2021）. What Do People Say When They become "Future People"?: Positioning Imaginary Future Generations（IFGs）in General Rules for Good Decision Making. *Sastainability*, 13(6631)

ヒューム，D. 伊勢俊彦・石川徹・中釜浩一（訳）（2012）. 人間本性論　第三巻：道徳について　法政大学出版局

永井均（2001）. 転校生とブラック・ジャック：独在性をめぐるセミナー　岩波書店

Narveson, J.（1967）. Utilitarianism and New Generations. *Mind, New Series, 76*(301), 62-72.

西條辰義（編著）（2015）. フューチャー・デザイン：七世代先を見据えた社会　勁草書房

Samuelson, P.（1958）. An Exact Consumption Loan Model of Interest with or without the Social Contrivance of Money. *Journal of Political Economy, 6*6, 467-482.

Scheffler, S.（2013）. *Death and the Afterlife.* Oxford University Press.

Scheffler, S.（2018）. *Why Worry About Future Generations?* Oxford University Press.

パーフィット，D. 森村進（訳）（1984）. 理由と人格　勁草書房

第８章

Cudworth, R. (1996[1731/1838]). *A Treatise Concerning Eternal and Immutable Morality: With A Treatise of Freewill*, edited by Sarah Hutton, Cambridge University Press.

Hume, D. (1978[1739-1740]). *A Treatise of Human Nature*, 2nd ed., Analytical Index by L. A. Selby-Bigge, text revised and notes by Peter H. Nidditch, Oxford University Press（木曾好能（訳）(2019[2011]）人間本性論 第一巻 知性について　法政大学出版局; 石川徹・中釜浩一・伊勢俊彦（訳）(2019[2011]). 人間本性論 第二巻 情念について　法政大学出版局; 伊勢俊彦・石川徹・中釜浩一（訳）(2019[2011]). 人間本性論 第三巻 道徳について　法政大学出版局）

Hutcheson, F. (2003[1728]). *An Essay on the Nature and Conduct of the Passions and Affections, with Illustrations on the Moral Sense*, edited and with an introduction by Aaron Garrett, Liberty Fund.

Hutcheson, F. (2008[1726]). *An Inquiry into the Original of Our Ideas of Beauty and Virtue*, edited and with an introduction by Wolfgang Leidhold, Liberty Fund.（山田英彦（訳）(1983). 美と徳の観念の起原　玉川大学出版部）

Slote, M. (2010). *Moral Sentimentalism*, Oxford University Press.

Smith, A. (Ed.). (2002[1759]). *The Theory of Moral Sentiments*, edited by Knud Haakonssen, Cambridge University Press（村井章子・北川知子（訳）(2014). 道徳感情論　日経ＢＰ社）

宇佐美誠（2016). 世代間正義の根拠と目標　楜澤能生（編）持続可能社会への転換と法・法律学（pp. 71-95）成文堂

第９章

青木隆太（2018). ニューロ・フューチャー・デザインの展望　学術の動向, *23*, 64-67.

小林慶一郎（2018). 経済教室　日本経済新聞、2018 年 2 月 13 日

小林慶一郎（2018). フューチャー・デザインについての三つの課題　学術の動向, *23*, 28-30.

Levinas, E. (1974). *Autrement qu'être ou au-delà de l'essence*, La Haye: Martinus Nijhoff.（レヴィナス, E. 合田正人（訳）(1999). 存在の彼方へ　講談社）

Levinas, E. (1975). *Sur Marurice Blanchot*, Montpellier: Fata Morgana.（レヴィナス, E. 内田樹（訳）(1992). モーリス・ブランショ　国文社）

Levinas, E. (2012 [1982]). *Éthique et infini*, Paris: Le Livre de Poche.（レヴィナス, E. 西山雄二（訳）(2010). 倫理と無限　筑摩書房）

西條辰義（2018). フューチャー・デザイン：持続可能な自然と社会を将来世代に引き継ぐために　環境経済・政策研究, *11*(2), 29-42.

西條辰義（編著）(2015). フューチャー・デザイン：七世代先を見据えた社会　勁草

書房
Schaeffer, J.-M. (1999), Pourquoi la fiction ? Paris : Seuil.（シェフェール，J.-M. 久保昭博（訳）(2019)，なぜフィクションか？――ごっこ遊びからバーチャルリアリティまで　慶応義塾大学出版会）
多賀谷克彦（2018）．波聞風問　朝日新聞 2018 年 10 月 2 日，7.

第 10 章

木下裕介（2015）．長期的な将来社会ビジョン構想のためのバックキャスティング　西條辰義（編著）フューチャー・デザイン：七世代先を見据えた社会（pp. 59-86）勁草書房
高知工科大学フューチャー・デザイン研究所（2020）．紙芝居　http://www.souken.kochi-tech.ac.jp/seido/practice/information/picturestoryshow.html（2020 年 8 月 31 日閲覧）
Nakagawa, Y. (2020). Taking a Future Generation's Perspective as a Facilitator of Insight Problem-Solving: Sustainable Water Supply Management. *Sustainability 2020*, 12(3), 1000.
Nakagawa, Y. & Saijo, T. (2020). Future Design as a Metacognitive Intervention for Presentism. *Sustainability, 12*(18), 7552.
中川善典・西條辰義（2020）．ポスト・コロナのフューチャー・デザイン　小林慶一郎・森川正之（編）コロナ危機の経済学　日本経済新聞社
Paterson, K. futurelibrary https://www.futurelibrary.no/（2020 年 8 月 31 日閲覧）
西條辰義（2015）．フューチャー・デザイン　西條辰義（編著）フューチャー・デザイン：七世代先を見据えた社会（pp. 1-26）勁草書房
西條辰義（2018）．フューチャー・デザイン：持続可能な自然と社会を将来世代に引き継ぐために　環境経済・政策研究，*11*(2), 29-42.
Sartre, J.-P. (2010). *L'imaginaire*. Paris : Gallimard.（サルトル，J.-P. 澤田直・水野浩二（訳）(2020)．イマジネール　講談社）
澤田直（2002）．〈呼びかけ〉の経験　人文書院
Watts, T. W., Duncan, G. J., & Quan, H (2018). Revisiting the Marshmallow Test: A Conceptual Replication Investigating Links Between Early Delay of Gratification and Later Outcomes. *Psychological Science, 29*, 1159-1177.
吉岡律司（2018）．矢巾町におけるフューチャー・デザイン　学術の動向，*23*, 10-12.

第 11 章

Boydston, J. A. (ed.). (1967). *The Collected Works of John Dewey, The Early Works, 1882-1898*, vol. 2. Southern Illinois University Press.
ブロットマン，M. 川添節子（訳）(2017). 刑務所の読書クラブ：教授が囚人たちと 10 の古典文学を読んだら　原書房

参考文献

バトラー，J. 竹村和子（訳）(2018)．ジェンダートラブル：フェミニズムとアイデンティティの攪乱　青土社

ダン，A.・レイビー，F. 久保田晃弘（監修）千葉敏生（訳）(2015)．スペキュラティヴ・デザイン：問題解決から、問題提起へ。──未来を思索するためにデザインができること　ビー・エヌ・エヌ新社

Fishkin, J. S. (2009). *When the People Speak: Deliberative Democracy & Public Consultation.* Oxford University Press.（フィシュキン，J. S. 曽根泰教（監修）岩木貴子（訳）(2011)．人々の声が響き合うとき：熟議空間と民主主義　早川書房）

藤高和輝（2018)．ジュディス・バトラー：生と哲学を賭けた闘い　以文社

ガーゲン．K.・ガーゲン，M. 伊藤守（監訳）二宮美樹（翻訳統括）(2018)．現実はいつも対話から生まれる：社会構成主義入門　ディスカヴァー・トゥエンティワン

Gouinlock, J. (1986). *Excellence in Public Discourse: John Stuart Mill, John Dewey and Social Intelligence,* Teachers College Press.

廣野俊輔（2015)．川崎バス闘争の再検討：障害者が直面した困難とは？　社会福祉学，*55*(4), 43-55

Hume, D. (1978). *A Treatise of Human Nature,* Oxford University Press.

市野川容孝（2000)，ケアの社会化をめぐって　現代思想，*28*(4), 114-125.

市野川容孝・杉田俊介・堀田 義太郎（2009)．『ケアの社会化』の此／彼岸：障害者と介助者の敵対的自律へ向けて　現代思想，*37*(2), 119-155.

池田純一（2017)．多分これからも都市の空気は自由にする　ユリイカ，*49*, 71-81.

朱喜哲（2017)．ジェノサイドに抗するための、R. ローティ『感情教育』論再考　待兼山論叢，*51*, 53-68.

菅由起子（2010)．自立生活における身体障害者と介助者の介助関係に関する研究の現状と課題　関西福祉大学社会福祉学部研究紀要，*13*, 41-48.

ケイン樹里安・上原健太郎（編）(2019)．ふれる社会学　北樹出版

河野哲也（2018)．じぶんで考えじぶんで話せるこどもを育てる哲学レッスン　河出書房新社

マルパス，M. 水野大二郎・太田知也（監訳）野見山桜（訳）(2019)．クリティカル・デザインとはなにか？：問いと物語を構築するためのデザイン理論入門　BNN 新社

McIntyre, L. C. (2018). *Post-Truth,* MIT Press.（マッキンタイア，L. C. 大橋完太郎（監訳）(2020)．ポストトゥルース　人文書院）

Mills, C. W. (1963). *Power, Politics and People.* Oxford University Press.（ミルズ，C. W. 青井和夫・本間康平（監訳）(1984)．権力・政治・民衆　みすず書房）

永井陽右（2016)．僕らはソマリアギャングと夢を語る：「テロリストではない未来」をつくる挑戦　英治出版

永井陽右（2018)．〈01〉世界最悪の紛争地から考える「共感」の限界　朝日新聞デジ

タル& M https://www.asahi.com/and_M/20180809/154953/
永井陽右・キャンベル，R.（2019）．〈07〉「感動ポルノの題材にされるのは、いい気はしない」 今求められる“安易な共感”の無効化　朝日新聞デジタル& M https://www.asahi.com/and_M/20190607/2916532/
小川哲（2018）．【新・仕事の周辺】小川哲（作家）「相手の立場になる」よりも　産経新聞 https://www.sankei.com/life/news/180708/lif1807080026-n1.html
ローティ，R.（1998）．人権、理性、感情　シュート，S.・ハーリー，S.（編）中島吉弘・松田まゆみ（訳）人権について　みすず書房
ローティ，R. 室井尚・吉岡洋・加藤哲弘・浜日出夫・庁茂（訳）（2014）．プラグマティズムの帰結　筑摩書房
スピノザ，B. de 畠中尚志（訳）（1940）．国家論　岩波書店
諏訪部浩一（2017）．「偉大なアメリカ小説」を取り戻す？：「世界文学」時代のアメリカ小説　ユリイカ，*49*, 157-163.
高村峰生（2017）．「忘れられた人々」が思い出されるとき：トランプ時代に読まれるシンクレア・ルイス　ユリイカ，*49*, 164-171.
田村哲樹（2020）．熟議をナッジする？　那須耕介・橋本努（編著）ナッジ⁉：自由でおせっかいなリバタリアン・パターナリズム（pp.125-150）　勁草書房
ウォームズリー，A. 向井和美（訳）（2016）．プリズン・ブック・クラブ：コリンズ・ベイ刑務所読書会の一年　紀伊國屋書店
渡辺由佳里（2017）．今だからこそ、届けたいストーリー　ユリイカ，*49*, 88-91.
吉本隆明（2011）．真贋　講談社

おわりに

鈴村興太郎（1982）．経済計画理論　筑摩書房

フューチャー・デザインと哲学
世代を超えた対話

2021年10月20日　第1版第1刷発行

編　者　西　條　辰　義
宮　田　晃　碩
松　葉　　　類

発行者　井　村　寿　人

発行所　株式会社　勁《けい》　草《そう》　書　房

112-0005 東京都文京区水道2-1-1　振替 00150-2-175253
（編集）電話 03-3815-5277／FAX 03-3814-6968
（営業）電話 03-3814-6861／FAX 03-3814-6854
三秀舎・松岳社

ISBN978-4-326-15481-4　Printed in Japan